自然从不飞跃。

——戈特弗里德·威廉·莱布尼茨

巴芒演义

可复制的价值投资

WARREN BUFFETT&CHARLIE MUNGER

沃伦·巴菲特

一部关于价值投资的百年历史
一张"股神"精心编织的大网
一代投资大师们的精彩人生
一条关于成功投资的康庄大道

查理·芒格

唐朝 著

REPLICABLE
VALUE INVESTMENT

中国经济出版社
CHINA ECONOMIC PUBLISHING HOUSE
·北京·

图书在版编目（CIP）数据

巴芒演义：可复制的价值投资／唐朝著.
—北京：中国经济出版社，2020.3（2021.6 重印）
ISBN 978－7－5136－4607－9

Ⅰ.①巴… Ⅱ.①唐… Ⅲ.①投资—基本知识 Ⅳ.①F830.59

中国版本图书馆 CIP 数据核字（2020）第 032593 号

责任编辑　燕丽丽
责任印制　巢新强
封面设计　赵　飞

出版发行　中国经济出版社
印 刷 者　北京富泰印刷有限责任公司
经 销 者　各地新华书店
开　　本　710mm×1000mm　1/16
印　　张　23.75
字　　数　320 千字
版　　次　2020 年 3 月第 1 版
印　　次　2021 年 6 月第 4 次
定　　价　69.00 元
广告经营许可证　京西工商广字第 8179 号

中国经济出版社 **网址** www.economyph.com **社址** 北京市东城区安定门外大街 58 号 **邮编** 100011
本版图书如存在印装质量问题，请与本社销售中心联系调换（联系电话：010－57512564）

推荐序

在严肃的历史中潇洒穿行

杨天南

北京金石致远投资管理有限公司 CEO

投资界著名的隐士唐朝先生刚刚完成一本新书——《巴芒演义：可复制的价值投资》，这是一本表里俱佳、文质彬彬的书。

“巴芒”顾名思义指的是巴菲特、芒格。《巴芒演义》是以巴芒故事为中心、以中国传统章回体形式写就的一本财经图书，这种形式我还是第一次见到。

这本书记录了价值投资产生的历史背景、发展脉络，以巴菲特、芒格这对老搭档为中心，展现了一个个历史上伟大投资家活灵活现的故事，以及他们之间盘根错节、拐弯抹角的细腻交织，有着类似“七大姑家二舅的侄子在干吗”之类的细节，既有史海钩沉，也有投资理念、投资案例的讲述。

它覆盖了近一个世纪的美国金融界的宏大历史，记述了财经大舞台上很多故事的来龙去脉，从格雷厄姆、多德到施洛斯、鲁安师生两代的流光溢彩，从蔡至勇到米尔肯玩转华尔街的精彩旁门，从香农、凯利到索普、尤金的象牙塔学术发展，从收购伯克希尔“错失千亿美元的错误”到华盛顿邮报的死里逃生……这是一本严肃的具有史料价值的财经历史书。

老唐为了此书的写作，附录中列出的参考书籍达到72本之多，就像蚕需要吃进许多桑叶才能吐出丝一样，老唐也是要消化融会了很多书后，才能写出如此酣畅淋漓的锦绣文章。这也为大家节省了——阅读并在大脑中将这些书相互串联、彼此印证的时间和精力。

《巴芒演义》的一个重大特色是表达通俗，以中国人的思维习惯写作。通常，财经类书籍多以枯燥无味为特征，更由于多是舶来品的缘故，很多图书在翻译的过程中也多存在言不达意、晦涩难懂的问题，使阅读体验大打折扣。

老唐再一次展现了其一贯卓越的“中翻中”才能，不但文字表述流畅，还将每一章的题目呈现为传统的章回体，也就是《三国演义》《封神演义》目录的样子。全书共四十二回，带着浓郁的中国风在严肃的历史中潇洒穿行。

这是唐朝的第四本著作，也是我为他写的第三篇书序，记得最初他邀我为《手把手教你读财报2：18节课看透银行业》一书写序，催稿甚急，以至“夜中不能寐”，害得我凌晨三点就披衣捉笔，终于在黎明时分完成了那篇《工匠精神话唐朝》。时光一晃已三年，如今读来那是我写过的最佳书序。

当市场还在遭受因疫情的恐慌节后大跌8%的折磨，当全世界还在担心4000亿蝗虫去向的时候，老唐已经悄然完成了一本可以流传后世的新著。

他曾经生意受骗，曾经投资爆仓，自谦“学历不高”、读书多又

“话痨”，但在同样的环境中，他已练就了不一样的心态，就像苏轼的那首《定风波》中所写“同行皆狼狈，余独不觉”。从东坡居士这首词中抽出四句，也正是对老唐很好的描述：

莫听穿林打叶声，何妨吟啸且徐行。

一蓑烟雨任平生，也无风雨也无晴。

不消沉、不放纵、不怨天尤人，嬉笑怒骂，快意恩仇，这正是老唐的潇洒。老唐是投资江湖中的隐者，从不抛头露面，从来隐姓埋名。提起老唐，你脑海中会出现什么形象？

有人会想起“事了拂衣去，深藏身与名”；有人会想起“舟遥遥以轻扬，风飘飘而吹衣”。隐世高人、卧虎藏龙，存而不现、若隐若现，这是中华文化中最令人羡慕的一种状态，老唐做到了。

如今我要向老唐好好学习，不仅仅是投资知识和能力，还有潇洒的人生态度。看着他三竿而起的超脱，看着他与相濡以沫的人驰骋大好河山，不由得喟然感叹“非无江海志，潇洒送日月”！

巴菲特日前公布了致股东信，伯克希尔持有1280亿美元现金，2019年净利润814亿美元。尽管2019年伯克希尔仅上升11%，大幅落后于标普31%的升幅，但自1965以来上涨了2.7万倍。

巴菲特90岁、芒格96岁，两人加起来近两百岁，他们用一生完美演绎了一部《巴芒演义》。如今，我和老唐加起来近百岁，如果谈到愿望的话，希望大家在下一个百岁时光里，学习英雄、争当英雄，谱写中国自己的演义。如果有那么一天也有一本书的话，就叫《天朝演义》，如何?!

（杨天南 金融投资家，中国第一位面见巴菲特和芒格的人，著有《一个投资家的二十年》，译有《巴菲特之道》《巴菲特致股东的信》等。）

2020年02月28日

自　序

《巴芒演义》的三重价值

价值投资者群体内部，在一些相当重要的投资原则上经常会出现严重的分歧和争论，如烟蒂还是成长，集中还是分散，个股还是指数，借助杠杆还是拒绝杠杆，永远不卖还是高估出手，赌宏观国运还是看微观企业，等等。

这些持不同观点的投资者，基本都能搬出不同的大师语录为证，甚至有时能遇到同一位投资大师在同一个问题上，有过意思完全相反的表述。这让很多投资者，尤其是初学者非常困惑，结果导致他们在不同投资风格之间摇摆，并为此浪费了财务自由道路上最宝贵的东西：时间。

这本《巴芒演义》，老唐意图写出价值投资从无到有的演化史。全书以巴菲特和芒格这对搭档的投资思想成长过程为线索，将近代投资领域多位知名大师的投资思想及代表性案例一一搬上舞台，力求全面展现以上理念分歧所发生的特殊时代背景、适用环境及其变化过程。

这些投资大师包括本杰明·格雷厄姆、伯纳德·巴鲁克、约翰·凯恩斯、菲利普·费雪、沃尔特·施洛斯、爱德华·索普、克劳德·香农、亨利·辛格尔顿、比尔·格罗斯、迈克尔·米尔肯、彼得·林奇、乔尔·格林布拉特、约翰·博格……多种风格的代表人物。

这些鲜活的面孔、各成体系的投资思想、精彩绝伦的投资案例，与巴菲特和芒格的成长融合在一起，足以让读者不再孤立、呆板地背诵大师语录，而是能够按照自身实际情况和现实环境，选择最适合自己的投资模式并明白背后的原因。

这是《巴芒演义》的第一重价值。

出于兴趣，老唐读过很多有关巴菲特投资思想和投资案例的书籍和资料，我发现一个普遍存在的问题：巴菲特经常被简单化和标签化。似乎巴菲特之所以成为“股神巴菲特”，是因为他掌握了某种绝密的估值技巧，或者某种常人不具备的特殊能力，所以才能精准地发现一个又一个被其他投资者忽视的投资对象，从而创造出天文数字般的财富。

这种简单化和标签化，很容易给大量基于企业基本面分析的投资者造成一种普遍的畏难情绪，似乎必须要有巴菲特那样的能力和认识，要去看准企业，要能准确预测企业的经营情况，才可能在投资中获得良好收益。

然而，事实并非如此。正如老唐在本书扉页上引用的德国哲学家、科学家兼数学家戈特弗里德·威廉·莱布尼茨的名言“自然从不飞跃”，巴菲特并不是天赋异禀，也不是突然顿悟。他也是从普通人一步步成长起来的，也犯过大多数普通人会犯的错误，走过大多数普通人走过的弯路。

通过观摩他跌跌撞撞的投资体系成型史，或许你会惊奇地发现很多众所周知的成功案例，如蓝筹印花、布法罗晚报、华盛顿邮报、盖可保险、可口可乐、通用再保等，背后都有我们普通人完全能够理解的逻辑支持和思考过程。当你读过这本书后，如果你也面对那样的情况，作出巴菲特同样的决策一点儿也不难，甚至可以说是顺理成章的事情。

这些投资对象也不是买下后就可以坐等收钱，巴菲特同样经历过犹豫徘徊甚至大额浮亏，遇到过很多意料之外的问题，然后被迫去努力解决问题，一点点修正自己的投资理念和决策流程。正是在这个过程中，他一步步变成了“股神”。

知道他是“股神”，对我们其实没有多大价值，但知道他如何从普通人一步步成长为“股神”，却有可能成为引导我们成长的路标。是的，即使读过《巴芒演义》，你可能还是成不了巴菲特，但成为更好的自己、更富裕的自己，却是非常有可能的事情。

这是《巴芒演义》的第二重价值。

第三重价值是她的易读性和趣味性。

正如赢得比赛首先要能够跑完全程，对于大部分学习者而言，投资理念类书籍的生涩枯燥可能是第一道拦路虎，是投资者一次次鼓起勇气，又一次次灰溜溜撤退的主要原因。如果你面临这样的困境，那么《巴芒演义》或许能协助你在轻松愉悦的阅读体验中，完成自身投资体系的建设。

认真地说，这是一本用茶馆评书和章回体小说的外壳包裹着的、严肃正统的价值投资理念和实战手册。她充满八卦和细节的茶馆评书风格，章回体小说一般的阅读体验，应该能够帮助你透彻理解价值投资的理论体系演化过程，让你脑海里散落的关于投资的碎片故事，变得有序，变得完整，变成一套相互勾连的系统，变成你股海捞鱼的工具。

本书所有数据和事件细节，均有来源。但为避免破坏阅读体验，老唐没有一一用脚注的形式说明来源，而是将相关资料和图书收录于文后的参考资料中。

不过，由于老唐不懂英文，阅读的都是中译本资料。不同来源的资料之间如果发生数据或事实冲突，我尽可能按照自己的理解，选择更权威的（如伯克希尔年报数据优先），更可信的（如官方传记优先），更合乎逻辑的数据或事实。

鉴于本人水平有限，其中涉及个人理解的部分，错误在所难免。欢迎投资领域的朋友们莅临老唐的微信公众号“唐书房”指教沟通。谢谢，祝朋友们永远快乐地行走在价值投资的康庄大道上。

唐朝

2019 年 12 月 26 日

目　录

引　　子 / 1

第 一 回　受磨难获得奖学金　本杰明步入华尔街 / 5

第 二 回　格雷厄姆小试牛刀　设立基金志得意满 / 11

第 三 回　代客理财风生水起　投资课程顺势推出 / 19

第 四 回　巴鲁克逃顶写传奇　大崩溃突袭显神威 / 27

第 五 回　重捡烟蒂起死回生　宗师理论日臻成型 / 33

第 六 回　投资奇才走入课堂　烟蒂兵团初具规模 / 39

第 七 回　施洛斯埋头捡垃圾　能力圈凸显大智慧 / 47

第 八 回　烟蒂照样与时俱进　标准需随现实微调 / 53

第 九 回　巴菲特初窥保险业　戴维森倾囊传秘籍 / 61

第 十 回　高额回报知行不一　疑心种子悄悄萌芽 / 69

第十一回　天外有天学会避税　内幕消息运用分歧 / 77

第十二回　巴菲特拒任接班人　奥马哈传奇初起步 / 85

第十三回　烟蒂也须天时地利　控制投资兑现价值 / 93

第十四回　捡烟蒂树最佳模板　不小心成过街老鼠 / 101

第十五回　冲动收购伯克希尔　损失超过千亿美元 / 109

第十六回　不甘心试图找出路　犯糊涂再次走臭棋 / 117
第十七回　巴菲特嘲讽蔡至勇　华尔街追星中国佬 / 125
第十八回　风口飞猪现出原形　东山再起创下奇迹 / 133
第十九回　耗尽人品黯然离开　慈善八卦聊度余生 / 141
第二十回　市场风格难以适应　解散基金图个清静 / 147
第二十一回　股神赌神偶然相逢　投资赌博原理互通 / 155
第二十二回　赌神索普创造传奇　香农凯利协防有功 / 163
第二十三回　凯利公式暗藏隐患　投资奥秘各有不同 / 171
第二十四回　米尔肯入狱坑索普　神业绩变招疑乔尔 / 179
第二十五回　压力促生神奇公式　格老否定证券分析 / 187
第二十六回　巴菲特专注搭讲坛　懂平衡芒格双丰收 / 197
第二十七回　芒格推动思想进化　喜诗展示优质魅力 / 205
第二十八回　世家子弟广结人脉　圈子贡献赚钱良机 / 215
第二十九回　巴菲特身陷欺诈案　大律师背书保清白 / 223
第三十回　收购报业四面楚歌　步步申诉向死而生 / 231
第三十一回　家庭妇女被迫掌舵　新闻女王两难选择 / 241
第三十二回　关键战役邮报登顶　长期持股高额回报 / 249
第三十三回　盖可保险绝地逢生　伯克希尔如虎添翼 / 257
第三十四回　乐观出价通用再保　遭受重创公开忏悔 / 267
第三十五回　曲线减持暗动心机　偷鸡不成险蚀把米 / 277
第三十六回　可口可乐双重错误　通用再保持续失血 / 287
第三十七回　蹚浑水拯救所罗门　看笑话围观赌金者 / 297
第三十八回　指导思想与时俱进　投资首选指数基金 / 307
第三十九回　指数基金英雄丰碑　思想源泉宏观鼻祖 / 317

第 四 十 回　先锋集团一鸣惊人　伯克希尔渐显颓势 / 327
第四十一回　金钱束缚降低回报　投资正道共有四条 / 335
第四十二回　农地案例投资真谛　别瞅傻子坚持瞅地 / 343

附录 A　大师们的收益率 / 351
附录 B　美元价值速算 / 354
参考资料 / 355
致　谢 / 361

引　子

1929 年 10 月 28 日，黑色星期一，道琼斯指数暴跌 13.47%；

1929 年 10 月 29 日，黑色星期二，道琼斯指数暴跌 11.73%。

对于亲历者来说，这绝对是一生中最糟糕的记忆。似乎整个华尔街都陷入疯狂抛售的狂潮中，卖单如同潮水一样持续涌入，直接导致交易所自动报价机显示的行情滞后超过两小时。

简单地说：美国股市崩溃了，大崩溃!

这是纽约证券交易所成立以来最黑暗的两天，也是美国历史上影响最大、危害最深的经济事件，直接影响到所有西方国家甚至整个世界。以此为标志，美国进入长达十几年的经济大萧条。

1929 年 11 月 11 日，黑色星期一，道琼斯指数暴跌 6.82%；

1929 年 11 月 12 日，黑色星期二，道琼斯指数暴跌 8.92%。

……

伴随部分主流知名企业的股价下跌超过三分之二，从 10 月 28 日到 11 月 13 日两个多星期时间，就有大约 300 亿美元财富灰飞烟灭。这数额大致相当于美国在第一次世界大战中的总开支。成千上万的美国人无助地看着一生的积蓄在短短几天内烟消云散，恐怖和悲痛笼罩着股市、笼罩着美国、笼罩着整个西方世界。

然而，正如中国古语所言，“否极泰来”。最糟糕的状态里，往往隐藏着希望的萌芽。人类有史以来最伟大的投资家，被誉为世界头号“股神”

的沃伦·E. 巴菲特，就孕育在这看不见希望的大崩溃里。

“1929年秋天，我母亲怀我的时候正赶上股市大崩溃，”巴菲特说，“我非常喜欢1929年的股市大崩溃，因为那是我生命的起点。我的父亲当时是一位股票经纪人，1929年秋天股市崩溃后，他不敢给任何人打电话，因为那些人无一例外地正在遭受前所未有的巨大损失。所以，每天下午他不得不待在家里。当时家里没有电视机……你懂的。我母亲是在1929年11月下旬受孕的（我1930年8月30日出生）。所以，在我的内心深处，对于1929年股市大崩溃始终有一种亲切感。”

当然，诞生于大崩溃并不必然成长为“股神”。在学习本杰明·格雷厄姆的投资体系之前，巴菲特并没有表现出过人的投资天赋。如果一定要在他身上寻找一些与普通孩子不同的“神迹”，大概也就是少年巴菲特喜欢数字、喜欢阅读、喜欢金钱，并且愿意为获取金钱付出劳动。

从大约6岁起，巴菲特就从爷爷的杂货店里买进整包的可乐、口香糖，然后挨门挨户拆零推销，从中赚取批零差价。稍大点，巴菲特还在体育场卖花生和爆米花，在小区捡废书报卖给废品收购站，在草丛或池塘里捡旧高尔夫球清理后出售，在爷爷的杂货店里干体力活挣工钱，在凌晨四点半去取报送报，几年如一日（包括节假日）……所有这些，都是为了挣钱。

大概10岁时，巴菲特在图书馆里读到一本书，书名叫《赚到1000美元的1000招》。巴菲特不仅从中看到很多赚钱的方法，更重要的是他第一次知道了复利的概念。经过充满幻想的计算，10岁的巴菲特向小伙伴们庄严宣布，自己计划在35岁前成为百万富翁。

伴随年龄的增长，少年巴菲特在坚持送报业务的同时，继续开发其他“生意”，诸如销售邮票、台历、杂志，出租弹子游戏机，自编马经卖给赌马的赌徒，等等。有趣的是，巴菲特编写马经，结果自己也信了，下注参与，输掉175美元后认赔收手。

通过上述经营活动，少年巴菲特高中毕业时，已经赚到超过5000美元的巨额财产（大约相当于 2019 年的 5.6 万美元或 40 万元人民币）以及一个农场——15 岁时花 1200 美元买下，租给佃户耕种，20 岁时以翻倍价卖掉了。

凡事必有代价。巴菲特忙碌于挣钱，心思逐渐偏离了学习和学校，各科成绩直线下降，也因此经常遭受老师的批评。或许是逆反心理作祟，巴菲特变成一个“爱搞破坏的捣乱分子”，甚至还和部分小伙伴一起去商场偷东西卖。一个典型的迷失于金钱的“问题少年”，让父母和老师们陷入绝望。

幸运的是，父亲对症下药，以不允许继续送报挣钱作为要挟，击中了小财迷巴菲特的软肋。巴菲特逐步回到正途，最终以 350 名同学里的第 16 名从高中毕业，并按父母的意愿进入位于费城的宾夕法尼亚大学沃顿商学院读书。

沃顿商学院创立于 1881 年，是全美顶级的商学院。将在本书出场的龙套人物，至少还有 7 位也毕业于沃顿：《证券分析》的合著者戴维·多德教授、兼并天才罗纳德·佩雷尔曼、传奇基金经理彼得·林奇、美国现任总统唐纳德·特朗普、橡树资本创始人霍华德·马克斯、“垃圾债券之王”迈克尔·米尔肯、以神奇公式闻名的基金经理乔尔·格林布拉特。只不过在巴菲特进入沃顿商学院时多德教授已毕业 27 年，佩雷尔曼 4 岁，林奇 3 岁，特朗普、马克斯和米尔肯还在吃奶，乔尔则还要再等 10 年才出生。

其实巴菲特不想上大学，他想立刻开始他的赚钱大业。但出于对父亲的尊重，巴菲特还是去学校报到了。好在沃顿商学院的会计、行业分析、商务法律等课程让小财迷受益匪浅。至于其他课程，巴菲特的兴趣没那么浓厚，再加上不适应费城的气候，他很想回到家乡奥马哈，回到他熟悉的地盘去。

不知是幸运还是不幸，1948 年 11 月父亲竞选议员连任失败，不得不再次回到奥马哈，重操旧业成为一名股票经纪人。巴菲特趁机要求回家乡读书，并如愿以偿进了父母的母校：距离奥马哈只有一小时车程的内布拉斯加大学林肯分校。

回到家乡的巴菲特如鱼得水，不仅学习挺努力的，尤其是会计课；而且重新开张了高尔夫球生意，并扩大了送报业务：从零售转为带团队，每天有大约50个报童向“巴菲特先生”汇报。

在林肯分校的学习经历，改变了巴菲特急着去挣钱的念头，他转而想进哈佛商学院深造。不过很可惜，他被哈佛拒绝了。或许冥冥中自有定数，正是由于哈佛的拒绝，巴菲特不得不匆忙翻阅其他学校的介绍。突然，他发现了两个熟悉的名字：本杰明·格雷厄姆、戴维·多德。

巴菲特读过两位合著的《证券分析》，也读过格雷厄姆1949年刚出版的《聪明的投资者》。他对《聪明的投资者》评价非常高。1973年巴菲特给《聪明的投资者》第四版作序时写道：“1950年年初，我读了本书第一版。当时，我认为它是有史以来投资著作中最杰出的一本。时至今日，我仍然这么认为。”

由于父亲的职业原因以及巴菲特对金钱的痴迷，在阅读《聪明的投资者》前，巴菲特已经有大约7年的炒股经历。不过，这段经历和今天中国股市绝大部分参与者一样，沉迷于技术分析和各种主观幻想及真真假假的热点消息，结局总是似乎马上就要大赢，却又仿佛隔着薄如蝉翼的那么一点小障碍，内心永远无法从逻辑上确定自己可以在股市里长期稳定地获利。

巴菲特被《聪明的投资者》迷住了。他一遍又一遍地阅读，后来甚至达到能够背诵的地步。从这本书里，巴菲特第一次窥见股票投资原来是一种具备逻辑基础、可以理性计算、充满确定性、可以产生复利的行为。20岁的巴菲特，终于在已有的1万美元起点与35岁百万美元的梦想之间，看见了一条清晰可靠的光辉大道。

从哥伦比亚大学的介绍里，得知格雷厄姆原来是“活”人，巴菲特惊喜异常，立刻写了封言辞诚恳的入学申请。这一次，好运眷顾了巴菲特，他被录取为本杰明·格雷厄姆的弟子，正式开启投资世界的封神之路。

第一回　受磨难获得奖学金　本杰明步入华尔街

只要谈到价值投资，甚至只要谈到投资，伟大的格雷厄姆思想体系以及他的两本传世巨著《证券分析》和《聪明的投资者》，就是铁定无法避开的话题。正是这位格老，让“炒股”从一件原本只是凭感觉、赌运气、靠内幕的击鼓传花游戏，变成具有逻辑支撑、可以计算的科学。格雷厄姆也由此当之无愧地成为“证券分析业教父”“华尔街教父”。

烟蒂股投资法的奥秘

格雷厄姆最广为人知的投资方法是“烟蒂股投资”——如果只是给格雷厄姆贴上“烟蒂”的标签，那是不公平的。他其实还有很多更伟大的东西，后面会陆续谈到，此处先说烟蒂股投资。

所谓烟蒂股投资，简单理解就是永远只买股价低于净有形资产三分之二的公司股票，甚至只买股价低于净营运资产三分之二的股票。其中净有形资产 = 总资产 – 总负债 – 无形资产 – 商誉；净营运资产 = 总资产 – 总负债 – 无形资产 – 商誉 – 固定资产。

举个简化的例子。比如有家工厂，老板雄心勃勃花了 1000 万元，买地皮，建厂房，添置设备，招工人。一切都搞好了，突然天有不测风云，因某种原因被迫以 500 万元出售。你买下来会亏吗？

抢答：不会，转手卖出去就是利润。

不好意思，抢答错误。买下来还是会亏，因为老板之所以低价卖给你，很可能就是因为找不到比你出价更高的买家，而你可能不会经营该企业，机器可能会生锈，工人可能会辞职，场地可能会长草，厂房可能会漏雨破败……最终或许花了5年才遇到合适的买家接手，去掉维护和交易等成本，到手也就600万元，甚至更少。

一算收益率，亏了！为什么明明赚到100万元，却说亏了呢？因为金钱有时间价值，原本500万元可以选择银行4%的保本理财，不担风险不操心，妥妥地5年后变608万元。结果购买这家工厂，担惊受怕忙了5年，却只收回600万元，甚至更少，是不是亏了？

但是，如果这间工厂，不仅有花1000万元购建的厂房地皮设备，账上还有临近到期的、可靠程度非常高的银行理财300万元和应收账款600万元（比如应收工商银行或中国移动的）。负债方面，只有银行贷款150万元。这家公司，现在还是卖500万元，你觉得你还会亏吗？这次可以放心抢答了：不会。

是的，这样亏钱的可能性几乎小到可以忽略。只需要坐等理财产品和应收账款到期，收回900万元。归还150万元贷款，扣除500万元本金，已经产生250万元净利润。同时还拥有原成本1000万元的固定资产，最终无论多少钱卖掉，都相当于是白捡的。

这就是格雷厄姆的烟蒂投资法。只不过，由于股市里公司的流动资产很少像上述例子里那么简单靠谱，全是银行理财和基本能确保回收的应收账款；再加上股市通常并非由一个人买下全部，因此或许会因为股东意见分歧，导致资产处理没有那么顺利。所以，格雷厄姆倾向于买进多个具备此类特征的企业，构成组合，以对冲其中潜藏的风险。由此，捡烟蒂的投资方法形成了。

伟大的人物往往都有坎坷的经历

这种方法可以赚钱，不难理解。难以理解的问题是，为什么这样的企业会被人以那么便宜的价格卖掉，企业原来的所有者难道就不知道企业拥有的资产价值远远超过500万元吗？他们不会自己去变现吗？这秘密隐藏在格雷厄姆身处的时代背景里，隐藏在格雷厄姆踏入华尔街之初的20年经历里。

本杰明·格雷厄姆于1894年（中日甲午战争爆发的大清光绪二十年）5月9日出生于英国伦敦，是家里的老幺，上面有两个哥哥维克多和里昂，依次差14个月和13个月。其父亲一辈兄弟众多，家里主要经营瓷器及古玩小摆件，不算很有钱，但家境还不错。母亲是波兰华沙一名犹太教大主教的女儿，受过良好的教育。

在格雷厄姆还不满一岁时，父亲受命去纽约拓展家族生意。起初，一家五口在纽约生活条件挺优越的，属于有大宅、有厨师、有仆人、有家庭女教师的那种。然而好景不长，在格雷厄姆8岁多的时候，父亲因胰腺癌去世，年仅35岁。家里的店铺先后经过三位叔叔和一位舅舅帮忙打理，依然连续亏损，不得不关闭了事。

母亲带着三个孩子艰难谋生，尝试过经营家庭旅馆，也尝试过投机股票。1907年，妈妈开设账户买入著名蓝筹股美国钢铁公司的股票。帮妈妈从报纸上查看美国钢铁股票的涨跌幅，就是13岁的格雷厄姆第一次和股票的亲密接触。

结局当然是失败。和大部分新人的入市时机一样，往往是因为听说人人“都”在赚钱才动的心。而人人都赚钱的时机，往往是股市“高危”的标志。妈妈入市不久就遭遇1907年的大跌，股市在大约22个月的时间里腰斩。虽然1909年股市收复失地，但母亲的股票账户已经在下跌中亏得分文不剩。因为那时买卖股票，都是只需支付部分款项，其余资金由经纪商垫付。上涨时，杠杆带来可喜的利润，但下跌过程中，杠杆也放大了伤害。

这次亏损使本来就捉襟见肘的家庭生活变得更加困难，母亲也不得不经常出入当铺，许多首饰进了当铺再也没有回来。幸亏有舅舅莫里斯·杰拉德时不时给予接济。杰拉德舅舅原本是英国曼彻斯特大学的数学教授，搬来纽约后成为一名工程师。

舅舅对格雷厄姆早期的智力和思想影响很大，并使格雷厄姆很早就在数学上展示了超越同龄人的天赋。有件小事可以证明格雷厄姆这一点：格雷厄姆十二三岁的时候，就给一位比自己高一级的同学做家教，每周补三节数学课，同学妈妈支付 50 美分报酬。

等到 1920 年格雷厄姆在华尔街崭露头角时，舅舅正好从通用汽车公司退休，还把大约两三万美元的退休金交给格雷厄姆打理。很不幸，这笔退休金在 1929 年大崩溃期间亏损严重，导致舅舅一家不得不离开纽约，搬到物价更便宜的加利福尼亚去生活——他们在那儿租了一栋月租 40 美元的平房。后来，格雷厄姆不仅将舅舅这笔钱的损失挽回，还将其增值为一笔巨款。可惜那时舅舅已经离开人世。

格雷厄姆以优异的成绩幸运地被哥伦比亚大学录取并获得全额奖学金。之所以说幸运，是因为哥伦比亚大学招生部门混淆了格雷厄姆和他已经拿过该奖学金的堂兄，导致格雷厄姆在外打临时工长达一年后，才接到大学带有歉意的通知，得以录取入学。命运啊！如果这个错误没有被发现，格雷厄姆没有被哥伦比亚大学录取，还会诞生《证券分析》和伟大弟子沃伦·巴菲特吗？想想挺后怕的。

在一片混乱中步入华尔街

1911 年 9 月，格雷厄姆开始了哥伦比亚大学的求学生涯。由于天资聪慧加上个人努力，格雷厄姆在学校成绩良好，于 1914 年 6 月以优异的成绩毕业。毕业时，母校的数学系、英语系和哲学系都向格雷厄姆发出留校任教的邀请。然而，一件偶然的小事引导格雷厄姆一脚踏进华尔街，开始了长达 42 年的华尔街生涯。

毕业前夕，有位纽约交易所会员因为儿子功课太差被请家长。在和哥大校长交谈过程中，这位先生聊到公司需要请一位债券推销员。校长于是推荐一贯表现良好、因家庭贫困经常寻找打工机会的格雷厄姆。格雷厄姆就这样偶然地接触到华尔街，并很快地爱上了这里。

格雷厄姆进入华尔街不久，欧洲爆发由萨拉热窝事件触发的第一次世界大战，奥地利对塞尔维亚宣战、俄国对奥地利宣战、德国对俄国宣战、法国对德国宣战、英国对德国宣战……大致以美国参战为分界线，股市先是出现一波牛市，而后大幅下挫，股市投机者们损失惨重。

不过，无论是否有这次下跌，无论场内的人是赢是输，买卖股票在这个时期都被默认为赌博活动。所有的股票买卖人士都坦率自称“投机者”，他们将买卖股票、赌马和其他博彩活动视为同类。实际上，那时的纽约证券交易所，也确实在一系列赌博活动中负责资金监管。格雷厄姆就职的经纪公司也设有博彩部，供客户下注赌美国总统竞选的输赢。

这样的认识有它的客观原因。在 1934 年美国证券交易监督委员会①成立之前，投资者想从公司获取信息还有种与虎谋皮的感觉。上市公司很少对外披露财务报表。比如 1923 年，在纽约证券交易所上市的 957 家上市公司中，仅有 242 家公司提供年度财务报告和季度财务报告。这些公开披露的财务报表，通常也极其简单，大部分是一种四页纸对折的小册子，而且往往被管理层名单占据大部分版面。

为了防止外人窥探，一些企业会通过有意的会计技巧隐藏公司资产和收益，而同样也有些企业虚报各种数据以便使自己看上去更强大。即便如

① 英文缩写 SEC。后文一律按照中国投资者的习惯简称为“美国证监会”。

此，由于获取信息手段的落后，这种极其简单的财务报表，经常还需要大费周章地去纽约证券交易所的图书馆查阅。

因此，这个阶段，无论是投机者还是市场研究人员，对公司的基本信息既没有渠道获取，也没有信心去相信。真正主导买卖活动的，是所谓趋势和内幕消息。正如很多华尔街大亨的回忆，当时操纵市场是习以为常的事，“三 M”——内幕（Mystery）、操纵（Manipulation）和差价（Margins）——才是指导市场运行的准则。

那时候，教科书里清清楚楚地写着“只有债券才被当作投资，股票本质上是投机性的”，华尔街的基本认识是“债券是投资者的首选，而股票则是投机者的出没之地”，市场里广泛传说的是类似“股票大作手”利弗莫尔翻手为云覆手为雨的英雄事迹。讽刺的是，1914 年的杰西·利弗莫尔刚刚爆仓破产，身负超过百万美元的债务。后来利弗莫尔再次崛起，并曾在 1929 年的股市大崩溃里让财富膨胀到过亿美元。1934 年利弗莫尔人生第 N 次也是最后一次破产后，经历了几年穷困潦倒的挣扎，最终于 1940 年 11 月 27 日留下一张“我的人生是一场失败”的纸条，饮弹自杀，终年 63 岁。

这种环境下，股票在市场参与者眼里，就是赌桌上的筹码。如果“趋势”是下跌的，那么以更低的价格抢在他人之前将筹码兑换为现金，为下次参赌保住赌本才是第一要务。这种行为被很高大上地称为“顺势而为”或“不要与趋势作对”。很多非常荒诞的成交价格，就是在这种争先恐后的抛售中形成的。

然而，此时的格雷厄姆还没有把目光放在股票上，他正如饥似渴地学习一切有关债券的知识，希望从底层的办公室小职员升级为证券统计员。

第二回　格雷厄姆小试牛刀　设立基金志得意满

凭借良好的记忆力和数学天赋，格雷厄姆迅速成长为小有名气的“铁路债券的活动说明书”，并因此得到老板赏识，从推销部门调职成为“统计员”——那时的证券研究员被称为“统计员”。

统计才能初显神威

由于债券投资者主要关心的，是企业是否能够及时付息和偿还本金，所以作为统计员的格雷厄姆，特别关注企业流动资产的数量和质量，看企业是否有足够的现金还本付息，或者在需要还本付息时，是否具备良好的变现能力。

格雷厄姆积极主动地借助纽约证券交易所会员单位“统计员”的身份，从企业、纽约证券交易所图书馆，甚至类似州际商业委员会、公用事业委员会这样的政府机构里，搜寻一切可以帮助分析企业资产质量的资料。

这个过程中，格雷厄姆发现市场经常出现一些明显错误的价格，例如同一家公司发行的债券，条款更优厚的品种收益率反而更高①；又或者同一家公司发行的含转股权债券，比不含转股权同等利率的债券更便宜；等

① 债券市场一般用收益率上涨来表示债券市价的下跌。即约定利息金额不变，债券市价下降时，收益率上升。

等。发现这种莫名其妙的定价错误后，格雷厄姆会建议公司及客户投入资金，从这些错误价格中获取利润。

偶尔格雷厄姆也会发现一些和股票相关的错误定价。比如曾有一家上市公司 G，计划将持有的其他四家公司股票分给股东。格雷厄姆计算后发现，计划分给股东的四只股票市值和，已经超过当前 G 公司的股价，这意味着 G 公司其他资产定价为负。于是他建议公司自营账户买进 G 公司股票，同时等比例卖空 G 持有的四家上市公司股票。

这种交易只需占用很少的本金。之后股票是涨是跌不重要，只需坐等 G 公司分配股票后归还卖空数量，现金差异和拆分后剩下的 G 公司股票就是净利润。整件事情中唯一的风险，就是 G 公司取消分配股票的计划。

一切顺利，最终不仅公司及客户按照格雷厄姆的建议赚到了钱，还有一些同事和朋友跟风发财。

剧情老套的第一次代客理财

凭着一个又一个成功案例，格雷厄姆的“统计”能力逐渐得到公司及同行的认可，不仅薪水被提升到 50 美元/周，而且开始有金主试探性地委托格雷厄姆管理。格雷厄姆也很快地遭遇到华尔街生涯的第一次大起大落，我们看一个比较有代表性的账户。

哥伦比亚大学的一位教授，出于对格雷厄姆的信任，将 1 万美元交由格雷厄姆操作，约定盈亏由二人平分——当时的 1 万美元大约相当于 2019 年的 25 万美元或 175 万元人民币。

第一年顺风顺水，格雷厄姆分到数千美元的巨额盈利。鉴于格雷厄姆和二哥都对音乐有极为浓厚的兴趣，两人合伙在百老汇开了一家唱片店，总投资约 7000 美元，由二哥负责日常管理。

然而，不经历风雨，怎么见彩虹，没有人能随随便便成功。从 1916 年秋天到1917年底，美国股市大跌，格雷厄姆管理的账户出现巨额亏损。屋漏偏逢连夜雨，大哥二哥先后应征入伍，唱片店的款项又被外聘经理（朋友的弟弟）挪用，格雷厄姆无法按照经纪公司的要求追加保证金，被迫斩仓，给自己留下一笔似乎看不见偿还可能的巨额负债——具体金额格雷厄姆没有透露。

新婚不久的格雷厄姆一度想过自杀。幸好教授善解人意并富有同情心，提议格雷厄姆每个月固定向账户弥补一笔钱，金额多少不论，直到还清债务为止，多久都行。这笔钱的数量最终被商定为60美元/月。幸运的是，格雷厄姆仅仅按月偿还了两年多，股市就出现明显回升，亏损被填平，格雷厄姆的资金管理事业从第一个坑里爬了出来。

关于市场和价格的一次深入思考

就在此期间，格雷厄姆尝试将自己的分析文章投稿给《华尔街杂志》。处女作发表于1917年9月，题目叫《债券价格中的怪现象》——获得稿费25美元。

从处女作的开篇表述看，23岁的格雷厄姆心中已经诞生了未来价值投资体系里最重要的两个认知：①市场大部分时间是对的，但也偶尔会犯错；②价格是由价值决定的，而不是反过来。格雷厄姆在这篇文章的开始写道：

> 人们普遍认为，作为一种检验手段，市场是永远不会出错的。经济学家们勾勒出了这样一幅画卷：1000名买家和卖家聚集在市场上斗智斗勇，最终为每一件商品都定出了恰当的价格。尤其是在证券市场上，证券行情走势被奉为金科玉律，以至于人们常常认为是价格决定了价值，而不是价值决定价格。
>
> 尽管一般而言各种市场的检验具有相当的准确性，但它们偶尔也会犯错。

在随后的段落里，年轻的格雷厄姆一口气列举了当时市场上被错误定价的六家公司债券，它们的共同特点就是可以通过显而易见的数学计算发现定价错误。而通过利用错误的定价，投资者可以在承担相同甚至更小风险的情况下，获得更多利润。

比如有个例子是这样的：由某烟草公司发行的两种面值均为 100 元的债券，当时在市场上交投活跃。一种 1944 年到期，票面利率 7%，市价 118 元；另一种 1951 年到期，票面利率 5%，市价 100 元。按照债券发行条款，7% 的债券优先级高于 5% 的债券——意思是说假设公司破产，资产清算所得资金将优先偿还 7% 债券的本息，若有剩余再偿还 5% 债券的本息。

当时市场对于“溢价”买入债券有偏见，认为“溢价”[①] 部分是亏损。比如 118 元买入面值 100 元的债券，立刻就造成 18 元的“亏损”，因此市场更偏好平价或折价的债券。然而，经过格雷厄姆的计算，相比 5% 利率的债券市价 100 元，7% 利率的债券市价 118 元明显偏低。

格雷厄姆这样告诉读者：假如我们投入 11800 元买入 100 张利率为 7% 的债券，每年将收到利息 700 元，27 年持有期内合计收到利息 700 × 27 = 18900 元。即使利息收入不做再投资，不计算复利，到期收回债券面值 10000 元，最终本利和为 10000 + 18900 = 28900 元。

而同等金额，如果买入利率 5% 的债券 118 张，每年收到利息 118 × 100 × 5% = 590 元，27 年利息合计 15930 元，到期后收回本金 11800 元，本利和为 11800 + 15930 = 27730 元，相比前者少获利 1170 元。如果再考虑到前者每年多收到 110 元利息的复利再投资收益，两者的差距会比 1170 元更大。

---

① 溢价，通常指股票的大宗交易里，成交价格比市价高出一定比例。此处借用来指成交价格比债券面值高。

而且，由于利率7%的债券优先级别更高，到期时间更早，不确定性更小，承担的风险实际上比5%的更小，理应享受更高的溢价才对。因此，对投资者而言，卖出市价为100元的5%债券，买入市价为118元的7%债券，才是更具确定性、收益更高的投资。

其他例子就不列举了，总之就是各种各样的市场定价错误和显而易见的获利机会。不知道朋友们注意到没有，这里实际已经若有若无地体现了未来现金流折现估值的思维基础：证券的价值等于它存续期间所能获得的现金总和的折现值。格雷厄姆未来的弟子巴菲特一生的投资体系，就是现金流折现估值法的扩展。该估值理论首次明确出现，是在约翰·威廉姆斯于1938年出版的《投资价值理论》一书中。

大宗师的修炼也是从普通人开始的

格雷厄姆运气不错，美国股市自1917年12月复苏，至1919年5月突破历史新高，进入后来被称为“咆哮的二十年代”的大牛市——二十年代的十年里，美国国民生产总值增加了59%，人均收入增加了38%，工业产值达到全球的42%。这轮大牛市持续了12年，到1929年大崩溃前的高点，实现约480%的涨幅。如果用我们熟悉的上证指数数据来体验，大致相当于格雷厄姆自2008年7月开始在《中国证券报》上发表文章，然后股市从2008年10月见底1664点后复苏，一路上涨到2020年7月的9600点以上。

在这样的大牛市里，格雷厄姆如鱼得水，甚至在1919年至1920年间还出版了一本书。书名有点狂妄，叫《投资者必读》。哪位读者能想到它的背后，是一位才踏出校门五六年、积累了“丰富投资经验”的作者呢！

这本书里，年轻的格雷厄姆提出一个响亮的口号：“好的投资就是好的投机”，并建议投资人用“合适的价格买入具有远大前景的企业股票”。历史似乎总是以螺旋式前进，10年后，格雷厄姆彻底否定这种理念，转而

“捡烟蒂”。70年后，他最成功的弟子沃伦·巴菲特大彻大悟，在1989年的致股东信里，又将痴迷捡烟蒂归为自己的“错误”。同时向信徒们布道与《投资者必读》近似的理念：“以合理的价格买入好企业，要比用低廉的价格买入普通企业好得多。”

以格雷厄姆在《华尔街杂志》上持续发表的文章内容推测，格雷厄姆起初主要覆盖的是债券、优先股及可转债套利机会。股票的投机机会，应该是从20世纪20年代初才开始关注的。而且那时的格雷厄姆对股票的认识，并没有什么深刻的思想，基本上也完全是投机性质。比如在1922年初，格雷厄姆发表了一篇名为《铁路公司股票的投机机遇》的文章，文章写道：

本文的目的是探讨几只投机性的铁路公司股票……因此我们只关心价格比较低的股票……因为很明显，当市场行情好的时候，市价8美元的××铁路股票涨到16美元的可能性很大。而市价120美元的××铁路股票，再翻一倍的可能性基本不存在。……通过对所有挂牌上市的铁路股票进行研究，笔者找到了6只看起来最具投机潜力的股票。

“因为单价低，所以上涨的可能性更大”，这种毫无逻辑的调调在今天互联网、电视屏幕和三流小报里也不少。看上去大师也不神秘，和我们一样，也是一步一步从“韭菜”进化而来的。

幸运的是，这个阶段的股市始终处于大涨小回的牛市里。与稳步上升的股市同步的，还有同样稳步上升的名气和薪水。格雷厄姆在1920年被提升为公司初级合伙人，除工资之外，每年还可以分到公司净利润的2.5%作为花红（大约每年5000美元），且无须承担任何风险。

但即便如此优厚的待遇，也没能留住格雷厄姆的心。一位名叫罗·哈里斯的客户——一家雨衣公司的老板，愿意拿出25万美元交给格雷厄姆管理，每年固定1万美元底薪，外加收益超过6%的部分提成20%。这个诱惑力无疑是巨大的。

经过和公司协商，格雷厄姆于1923年7月1日从就职9年的经纪公司离职，建立了格雷厄姆公司①。作为对老东家的回报，格雷厄姆承诺所有交易都通过老东家进行，而老东家则免费提供一间办公室及股票报价机供他使用。

虽然在紧随其后的牛市里，格雷厄姆大获成功。但痛苦来自比较，很快他就感到很郁闷了。

① 最初其实只是一个证券账户，在1936年才正式公司化。为了表述方便，此处提前称呼为格雷厄姆公司。

第三回　代客理财风生水起　投资课程顺势推出

郁闷的原因，是他发现有同行的分账比例已经提升为利润的50%。代客理财的人，大概都很容易将利润归为自己的功劳。内心不平衡的格雷厄姆也向客户要求提高分账比例，并以放弃每年1万美元的底薪为代价。

名震四方的投资人

罗·哈里斯不接受，选择退出。同时退出的还有一位未来的名人，值得单独介绍：此人当时有10万美元委托给格雷厄姆，他叫本杰明·科恩，是罗·哈里斯在哈佛法学院的同学，未来美国政坛的风云人物，主导起草1933年《证券法》和1934年《证券交易法》的三人小组成员。

科恩所在的这个三人小组，几乎承担了罗斯福新政中全部经济相关法律的起草工作，以至于“起草人科恩和科科伦”字样成为了罗斯福新政的标志——托马斯·科科伦是三人小组的另一名成员。还有一位是詹姆斯·兰迪斯，哈佛法学院的传奇，29岁成为哈佛法学院历史上最年轻的教授。

20世纪，美国一共制定了7部和证券相关的法律：1933年《证券法》、1934年《证券交易法》、1935年《控股公司法》、1939年《信托合同法》、1940年《投资公司法》和《投资顾问法》、1972年《证券投资者保护法》。科恩是前两部法律的主要起草人。正是以这两部法律为依据，美国1934年才成立了证监会。美国证监会首任主席是约瑟夫·肯尼迪，一位以操纵股市、玩弄内幕消息著称的股市大庄家。肯尼迪主席有个儿子叫约翰·肯尼迪，于1960年当选为美国第35任总统。

科恩曾被自己的老师、罗斯福总统的私人法律顾问、后来担任过23年联邦最高法院大法官的菲利克斯·法兰克福特，评价为“可能是芝加哥法学院最聪明的毕业生，是哈佛法学院最聪明的博士之一”。美国第三任证监会主席威廉·道格拉斯公开称赞科恩是“罗斯福新政时期最杰出、最聪明的人”。1934年科恩起草《证券交易法》时，还为其中部分条款咨询过格雷厄姆，这是格雷厄姆一生引以为傲的事。

投资事业风生水起

最终有大约40万美元留了下来，同意自1926年起按照格雷厄姆提出的新标准结算。新标准里，格雷厄姆放弃固定薪水，分账标准修改为：

①扣掉6%后的20%部分，提成比例为20%：比如当年投资收益率为26%，则格雷厄姆得(26% -6%)×20% =4%，客户费后收益率为22%；

②超过26%之上的30%部分，提成比例为30%：比如当年收益率为56%，格雷厄姆得(56% -26%)×30% +4% =13%，客户费后收益率为43%；

③超过56%以上的部分，格雷厄姆分一半：比如当年收益为100%，格雷厄姆得(100% -56%)×50% +13% =35%，客户费后收益率为65%。

多么自信的分账合同啊！当时绝对没人能够想到，仅仅6年后格雷厄姆将被迫向客户提出请求：请每月支付微薄的生活费，以维持账户管理者格雷厄姆的正常生活。这是后话。

1926年底，一位重要的合伙人参与进来。他叫杰里·纽曼，是格雷厄姆大学同学的弟弟。纽曼毕业于哥伦比亚法学院，是一位棉纺行业富商的女婿。他很快成为格雷厄姆的搭档，负责格雷厄姆公司（1936年正式更名为格雷厄姆－纽曼公司）除交易决策以外的一切事情。纽曼很善于理财，一生累积的财富比格雷厄姆多得多。

虽然格雷厄姆在自传里爆料“纽曼的妻子总是对我含情脉脉”，但没有证据证明二人之间有过龌龊之事。纽曼和格雷厄姆的良好合作关系一直持续到格雷厄姆1956年退休。1976年格雷厄姆逝世前，委托的遗嘱执行人和葬礼主持人是纽曼，这说明两人一生相处融洽。本书将会谈及的投资大师里，有三位的事业是从给格雷厄姆－纽曼公司打工开始的：沃伦·巴菲特、沃尔特·施洛斯和汤姆·纳普。

格雷厄姆在华尔街的投资顺风顺水。在大崩溃来临前管理资金总额达到250万美元①，其中少量为新资金，大部分为投资利润。这期间，格雷厄姆不仅娴熟地利用各种错误定价套利，也逐步涉猎后来被称为“烟蒂股”的股票，同时还利用资金规模和自身影响力推动某些低估的股票价值回归。当然，也少不了“用合适的价格买入具有远大前景的企业”，因为好的投资就是好的投机！

这些手法在未来，将成为格雷厄姆投资流派的主要经验和教训。其未来的弟子们，包括巴菲特、施洛斯在内的多位知名投资者，都曾照猫画虎地运用过这些技巧。下面我们为每种手法展示一个实例。

套利

格雷厄姆曾经买入杜邦公司股票，同时卖空同等金额的通用汽车股票。原因是经过格雷厄姆的计算，发现杜邦的市值仅仅相当于其持有通用汽车股份的市值，这意味着杜邦拥有的化工业务和其他资产，市价为零。在买入后不久就发生了价值回归，格雷厄姆顺利赚到预期利润。

这种操作也不是每次都成功，格雷厄姆同样有被市场打耳光的经历。

① 约相当于2019年的3600万美元或2.5亿元人民币。

同样的套利手法，但买入的低估股票继续下跌，卖空的高估股票持续上涨，最终不得不赔钱认输。

烟蒂股

以公开发表的文章内容观察，格雷厄姆最晚在1924年就开始研究和关注烟蒂股了。1924年他发表的一篇文章，题目就叫《价廉物美却乏人问津的股票》，文内详细介绍了8只股价低于净流动资产的股票。

这篇文章的前两个自然段，已经清楚地展示了后来格雷厄姆烟蒂股投资体系的基本思路。原文如下：

假设有那么一家公司，它没有任何负债，只有金额有限的现金和投资。假设该公司的股票售价为138美元，而公司拥有的现金和可流通证券价值相当于每股175美元。也就是说，其拥有的每股现金量比股价高37美元。假设该公司还拥有按票面价格折算相当于每股127美元的有股利分配的铁路公司股票，另外有相当于每股120美元的子公司股权。最后，假设它还拥有相当于每股7美元的固定资产，而这些资产1923年创造的经营利润达到每股30美元……

即使是最斯文的读者都会忍不住咆哮道："假设有什么用！哪里有这么好的事?!"恰恰相反，今天的市场上真的有几乎一模一样的情况存在。只不过，该公司股票的面值是1美元，而不是100美元，因此前面所有数据指的都是100股而不是1股股票的情况。这家公司就是托诺帕矿业公司，在费城交易所和纽约证券交易场外市场[①]挂牌交易，目前股价为1.375美元。

① 纽约证券交易场外市场，1953年更名为美国证券交易所（AMEX）。

推动输油管公司的特别分红

1926 年，格雷厄姆在州际商业委员会档案室，偶然读到一些输油管公司 1925 年的年报。他发现这些公司均持有巨额的铁路公司优质债券，其中几家仅持有的债券市值就超过了公司的总市值。

比如其中一家名为北方输油管的公司，总股本 4 万股，股价 65 美元，但公司仅持有的债券总额就高达 360 万美元，现金及存款还有约 20 万美元。该公司规模不大，但利润率很高。由于公司商业模式的原因，公司没有存货，也几乎不需要准备什么流动资产。这 360 万美元债券对于公司来说完全是“多余的”，即使全部分给股东，也不会对它的经营产生任何影响。

格雷厄姆惊奇地发现，这个市场居然几乎没人想到去州际商业委员会查阅该公司年报，也没人发现这些债券。公司现在股价低迷，是因为之前这家公司获利能力更强，支付的股息更多。近年来由于铁路油罐车的出现，导致输油管公司的利润和股利“呈现下降趋势”。在华尔街投机者们看来，呈现下降趋势的利润和股利，预示公司前景不妙，所以应该规避而不是买入，股价就这样一路走低。多么有趣的案例，直至今天，市场也依然时不时地重演同样的故事。

格雷厄姆谨慎地买入了 2000 股。随后格雷厄姆去拜见公司高管，建议公司将多余的债券分给股东，以反映公司资产的正确价值。结果可想而知，公司管理层拒绝了格雷厄姆的建议，并高傲地回复：“格雷厄姆先生，对于输油管这门复杂而又专业的生意，你了解得很少，而我们却干了一辈子。你必须相信，什么行为对股东最有利，我们比你懂得多。如果你不认同我们的决策，你大可以卖掉你的股票。”格雷厄姆说，这是他首次遭遇管理层的拒绝。在之后的投资生涯里，他又无数次地听过来自多家公司管理层的搪塞，内容和这一次大同小异。

被管理层拒绝后，格雷厄姆试图通过在 1927 年 1 月召开的股东大会上说服其他股东来达到目的。荒诞的是，赌徒们并不在意什么股东权利，加上公司刻意将股东大会安排在交通不便的偏僻小镇，结果整场股东大会除了 5 名公司高管和职员之外，就格雷厄姆一名股东到场。

格雷厄姆被当作傻瓜嘲笑奚落了一顿。他压抑住内心的愤怒，留下一句“I will be back”的狠话，灰溜溜地离开了。

这次羞辱是一笔巨大的财富，因为他有了一整年的准备时间。格雷厄姆持续买入北方输油管公司股票，具体数量没有披露，他只是说“动用了我冒险得到的尽可能多的合伙人基金”。同时，格雷厄姆还利用各种手段游说其他股东委托投票权。最终，在 1928 年 1 月的股东大会上，格雷厄姆掌握了约 40% 的投票权，成功获取董事会五名董事席位中的两席。

一番争斗后，公司通过了新股换旧股额外再返 70 美元现金的方案。每股 70 美元加上新股票的市价，使格雷厄姆这笔平均买入成本不到 72 美元的投资，实现了约 54% 的回报。

这并不是故事的结束，别忘了格雷厄姆当时发现好几家具备同样特点的输油管公司。在与北方输油管公司的抗争中取得胜利后，格雷厄姆如法炮制，陆续用同样的手段，在其他输油管公司获得了令人满意的战果。

这一系列战役令格雷厄姆的名气更加响亮。他早期的学生和投资伙伴这样描述格雷厄姆的操作流程：“他是最早的清算家。如果一家公司拥有大笔资产却无所作为，它就将成为格雷厄姆的目标。当这些价值没有得到利用时，他就寻找办法将它们处理掉。”这套流程，后来也成为巴菲特烟蒂股投资阶段的主要操作模式。

好的投资就是好的投机

格雷厄姆有位朋友，从一次原始股认购活动中赚到一大笔钱。朋友以3美元的价格申购到一批原始股，几天后股票在场外市场挂牌，开盘价10美元，朋友将股票悉数抛出。格雷厄姆非常心动，朋友承诺下次有机会带他一起参与。

机会很快就来了，一家拥有翻新轮胎专利的公司宣布成立。当时轮胎翻新是新生事物，颇受市场追捧。原始股认购价格10美元，格雷厄姆投入了5000美元，几天时间就赚到约1.5万美元。这样的赚钱速度让人亢奋，这家叫萨吾的轮胎翻新公司很快成立第二家、第三家和第四家地区公司。格雷厄姆没有获配第三家地区公司的原始股，但第二家和第四家格雷厄姆分别投入了2万和6万美元。

长话短说，结局和无数骗局一样，无论是曾经高涨的第二家还是上市立刻一落千丈的第四家，总之股价最后跌至终极目的地：0元，公司破产了。格雷厄姆和朋友一起，用尽各种手段，最终让承销商做出了赔偿：赔偿了本金10%的现金，外加部分该承销商承销的其他股票。格雷厄姆和朋友想尽办法卖掉这些股票后，总计大约拿回来三分之一本金。

好在由于市场整体走牛，加上格雷厄姆主要偏向相对可靠的前三类项目，总体上事业蒸蒸日上，他自己“几乎成了百万富翁”——仅1928年，格雷厄姆个人税前收入就超过60万美元，一切顺风顺水。

唯一令格雷厄姆痛苦的事情，是不到9岁的儿子牛顿于1927年4月因脑膜炎夭折了。1928年格雷厄姆夫妇又生了一个儿子，依然起名牛顿，希望能替代哥哥。很不幸，后一个小牛顿有先天性关节炎和精神分裂倾向，于1954年自杀了。

为了转移自己的注意力，也为了排解丧子之痛，作为华尔街成功人士的格雷厄姆，计划开设一门有关证券分析的课程。出于对母校的深厚感情，他希望将这门课放在母校，哥伦比亚大学同意了。

第四回　巴鲁克逃顶写传奇　大崩溃突袭显神威

格雷厄姆在哥伦比亚大学的证券分析课一直开设到 1954 年。从 1929 年 2 月 6 日第一堂课开始，它就立刻受到广泛追捧。原因不言而喻：市场正处于疯狂的牛市，几乎所有的人都迫切希望了解股市，并获得指导，掌握能让人发财的神奇代码。而格雷厄姆是一位在华尔街已经取得并且正在取得成功的实战派。他所开的课程，听众当然趋之若鹜。

牛市烘托下的繁荣，大师也难以抵挡诱惑

为了加强课程的实战性，格雷厄姆经常引用正在交易的股票作为范例，演示低估或高估的计算过程。他在课堂上分享的部分低估股票，确实出现了大幅上涨。按照格雷厄姆谦虚的说辞，是市场情绪高涨造成的。

事实上，其中有些股票，确实是因为格雷厄姆的讲述而导致的价值发现。后来事态逐步演化到，只要格雷厄姆在课堂上以某只股票为范例，立刻就有人跑出教室致电经纪人买入，它们就这样实现了“价值”。这门课程的听课人数越来越多，后来竟然达到上课需要请人站岗，以避免教室门被挤垮的程度。

学校的一位助教戴维·多德成为格雷厄姆的助手，负责将课堂讲义记录下来，1931 年又增加了欧文·卡恩做秘书。这位欧文·卡恩后来曾靠贩卖格雷厄姆课堂讲义和录音磁带获利。很多年后，欧文·卡恩也成为著名

的投资人，他在1978年创立卡恩兄弟投资集团，严格按照格雷厄姆教导的投资准则运营，高峰时管理着大约10亿美元的资金。卡恩自1978年公司成立后的投资战绩大约是37年40倍，折合年化收益率10.5%，不算很厉害。但老先生创下的另一项纪录，至今还没有投资人能打破：老先生于2015年2月26日离世，享年109岁。直到离世前一年，老先生仍然每周到公司工作5天。

伴随着声望和财富的双双降临，老东家提供的办公室已经无法满足格雷厄姆公司的要求，他在纽约棉花交易大厦里买下几间写字间来办公。新办公室曾经给格雷厄姆带来一次躲开大崩溃的机会，可惜格雷厄姆没有珍惜。等账户亏损超过三分之二的时候，格雷厄姆才追悔莫及，人生最痛苦的事莫过于此。如果上苍能给他重来一次的机会，我相信他一定会说两个字：清仓。稍后我们会谈到这个故事。

除了购置新办公室，格雷厄姆还为自己的家庭在中央公园旁边租下一个包含10个房间的跃层套房，年租金1.11万美元（大约相当于2019年的16万美元或110万元人民币），并雇用多名男仆和女仆，过上了奢华的生活。大崩溃后，格雷厄姆无力负担开销，解雇了仆人，将房子转租出去。

大崩溃突然间就来临了！

1929年初，格雷厄姆管理的资金已经高达250万美元。1929年损失20%，但客户整体状态平静。一者很多客户自己另有账户操作，亏损比格雷厄姆更严重；二者连续多年盈利后出现20%的亏损也不算什么，大家普遍认为最坏的情况基本过去了。

1930年前四个月，股市果然强劲反弹，一口气上涨约40%。然后到9月底跌回年初水平，四季度又下跌23%。虽然全年指数下跌幅度仅约23%，但格雷厄姆遭遇了投资史上最惨重的打击。可能是两边挨耳光了，当年亏损50.5%。

1931年，道琼斯指数下跌超过52%，格雷厄姆亏损16%。

1932 年 7 月 8 日，道琼斯指数创下大萧条期间最低收盘指数 41.22 点。全年下跌 23%，格雷厄姆亏损 3%。

至此，1929—1932 年，4 年时间格雷厄姆实现近 70% 的亏损。期间客户只有撤资没有入金，唯一的例外是合伙人纽曼的岳父投入一笔 5 万美元（也有资料记载 7.5 万美元）的新增资金。

巴鲁克：成功逃顶大崩溃

格雷厄姆原本有机会逃顶，并规避未来 5 年只有损失没有收入的惨痛考验。但可能多年高收益导致的自信心膨胀，或者是代客理财的潜在收入蒙住了格雷厄姆的眼睛，导致他在看到市场的明显高估后，依然坚信自己持有的股票是低估的、安全的。

机会来自华尔街的传奇人物伯纳德·巴鲁克。巴鲁克是白手起家的华尔街投机大师，是从 1889 年 3 美元周薪的华尔街跑腿员起步，到 1900 年财富超过百万美元的传奇主角。他最广为人所知的称号是“在股市大崩溃前抛出的人”——在 1929 年股市大崩溃来临之前，他清空了自己所有的股票。

巴鲁克早在第一次世界大战期间，就担任美国战时工业局局长，一生历任 6 届美国总统顾问。在此时的华尔街，巴鲁克是和 J. P. 摩根齐名的巨头，其交往的圈子是常人难以想象的。就在他的办公室里，他曾介绍年轻的格雷厄姆与未来的英国首相丘吉尔、未来的美国总统艾森豪威尔等人认识。

格雷厄姆结识巴鲁克，是购买新办公室带来的意外收获。新办公室的隔壁是巴鲁克哥哥的经纪公司。这家经纪公司不仅拿下了新邻居的部分交易委托，而且还跟着格雷厄姆参与了一次类似输油管公司的套利，获得一笔不菲的利润。为了感谢格雷厄姆，巴鲁克的哥哥曾将自己的豪华游艇借给格雷厄姆一家玩了 8 天。

按照格雷厄姆的表述，在“有幸认识这位大人物”后，自己陆续给他推荐过几只严重低估的股票。巴鲁克认同格雷厄姆的分析逻辑并大量买入，赚了不少钱。当然，以当时两人的地位和影响力差异，巴鲁克能认同格雷厄姆的分析，本身已经给了格雷厄姆莫大的鼓励和信用背书。相比而言，这可能比利润更重要——想象一下你对某公司的分析得到巴菲特的认同，而且巴菲特还真的按你的建议买了、赚了。即便他没给你一分钱报酬，你可能也会因此而名声大振。

1929 年初，巴鲁克派人通知格雷厄姆去他的办公室。此时巴鲁克已经 59 岁了，他想将华尔街的业务交给一些年轻人来干，让自己的晚年轻松一些，格雷厄姆是他看中的年轻人之一。巴鲁克低估了自己的生命，实际上他又奋斗了 36 年后才离开人间，享年 95 岁。

这个邀约让格雷厄姆受宠若惊，但有一明三暗至少四个理由，导致格雷厄姆谢绝了这份荣耀。明面上的理由是不愿意突兀地结束与现有客户和朋友们的合作关系，毕竟他们已经跟着自己很多年了。

没有摆在明面上的理由至少有三个：一是因为自己管理客户资金带来的高收益（别忘了，1928 年格雷厄姆税前收入超过 60 万美元）。二是宁为鸡头不为凤尾的内心情结。35 岁正值创业黄金年龄，已经习惯乾纲独断的格雷厄姆，不想给别人做一个低级合伙人，哪怕这人是声名显赫的大佬。三是此时恰好有个总额高达 2500 万美元的资金账户正在谈合作，格雷厄姆更期待这个。可惜后来遇到大崩溃，这个账户的合作不了了之。

巴鲁克在和格雷厄姆聊天过程中，谈到自己从去年起就一直在抛出股票，因为目前的市场情况太疯狂了。巴鲁克认为股市可能很快出现崩溃，毕竟从 1921 年到 1929 年已经上涨 450%，而这轮大牛市很大程度上是因为购买股票对保证金的要求低至 10%。此时证券融资利率高达 8%，可股票收益率才 2%（股市整体市盈率高达 50 倍），这是没道理的。格雷厄姆同意这个观点，并认为这种情况会逆转，将来市场会出现 2% 的融资利率和 8% 的股票收益率。

然而，认同市场处于危险状态的格雷厄姆，还是低估了大崩溃的真正杀伤力。他没有意识到，只要账面上有借来的钱，命运就不由自己掌控。杠杆资金才不管你的股票是低估还是严重低估，市价下跌就是要求追加保证金或斩仓的唯一依据，无论市价究竟是在哪些蠢货之间达成的。要求追加保证金导致的斩仓，又会不断地创造更加愚蠢的市价，更加愚蠢的市价导致更多斩仓，如此互为因果。这个特点在几十年后，被另一位出生于大崩溃这年的投资大鳄命名为“反身性”。大鳄名叫乔治·索罗斯。

此时的格雷厄姆当然没有认识到股市的“反身性”，他只是将杠杆降低到约 125%。然而，道琼斯指数在不到 3 年的时间，先腰斩，再腰斩，然后又一个腰斩，三个腰斩后又跌了 12% 才见底。这还是大盘指数，至于个股，虽然没有详细记录，但跌幅可以想象。

经历这次暴击，后来的格雷厄姆做了深刻反省，并保证自己一生再也不会犯这样的错误。在传世名著《聪明的投资者》第一章里，他这样写道：“任何利用杠杆交易的非专业人士都应该认识到，事实上自己是在投机……或者说是在赌博。”

有趣的是，未来他最有名的弟子巴菲特，找到一种不具有反身性、对投资者不造成压力的杠杆，并让这种杠杆成为他登上世界头号股神宝座的重要加速器。当然，或许弟子虽然利用杠杆交易，但不属于“非专业人士”，所以不是投机或赌博？

巴鲁克不在乎投机或者赌博的标签。他曾经这样评价过一位知名的银行家：“他年轻未成名之前获得成就时，人们叫他赌徒；他的生意规模扩大以后，人们叫他投机家；伴随业务进一步扩大，等他具备举足轻重的影响时，人们称呼他为银行家。实际上，他一直做着同样的事情。”

据巴鲁克自传讲述，敦促他做出抛空决策的原因里有两件小事，都和内幕消息有关。这两件小事，似乎段子成分更多一些。

段子一：在我公司的外面，一直有个老乞丐常年在那里行乞，我经常给他点儿小钱。在1929年股市疯狂飙升期间，有一天他突然叫住我，说："我有个很好的内幕消息要告诉你。"要是乞丐、擦鞋童、理发师和美容师之类的人也能告诉你如何发财，你就该提醒自己了。再也没有比相信无须付出却能有所收获更加危险的幻想了。

段子二：在一次家庭聚会中，一位迷人的女亲戚，眼泪涟涟向我哭诉在联合煤气公司股票上赔了很多钱，而买入这只股票是因为几周前的一次家宴中，偶然偷听到我在电话里和别人说："联合煤气公司。对，对，挺好，挺好。对，对，好的。"

巴鲁克哭笑不得，他原本怀疑联合煤气公司有一些利空，于是派人去调查。当时的电话是调查员给他汇报情况，情况和巴鲁克设想的一致，巴鲁克在电话里对调查员的工作结果表示肯定和满意，并随后做空了联合煤气公司的股票，结果这段对话被亲戚当作内幕消息买入。这种愚蠢的"内幕消息"，让巴鲁克更加坚定了当前市场很危险的看法。

这两个故事无论真假，它们都时不时地改头换面，重现市场，提醒我们人性永远不变的贪婪和疯狂。

大崩溃之前的股市极度火爆，新股发行大量增加。1929年夏天每月新股发行量已经超过10亿美元，而3年前市场每月新股发行规模才3000万美元。此时，对市场的危险性产生直观认识，并不需要多么高深的知识，关键是没有被利益蒙住双眼。

格雷厄姆曾分享过这样一件事，1929年初他去佛罗里达看望一位93岁的商界老前辈。聊天中，老人询问了格雷厄姆一些关于股市的情况和数据，然后马上非常认真地向格雷厄姆提出建议："格雷厄姆先生，我希望你立刻去做最重要的事。明天就乘火车回纽约吧，卖掉手里的证券，清偿你的债务，然后把资本还给投资人。如果我是你，这样的夜晚是无法安然入睡的。"很可惜，格雷厄姆只是礼貌地表示了谢意，在心中嘀咕了一句"老糊涂"，然后将老人的建议弃之脑后。

第五回　重捡烟蒂起死回生　宗师理论日臻成型

1929 年美国国民生产总值 1030 亿美元，1932 年跌至 580 亿美元。伴随国民生产总值的不断下滑，大萧条期间股市恐慌得让人喘不过气，似乎任何时候卖出都是对的。

知行合一，专注挖掘“烟蒂股”

在慌不择路的抛售中，逐渐出现许多主流公司也成为“烟蒂”的现象，市值低于流动资产甚至现金资产。

针对这种现象，格雷厄姆在《福克斯》杂志上，发表了长篇系列文章《美国企业破产比活下去更有价值吗?》，向广大投资者阐述背后隐藏的投资机会。文章分为上中下三篇，分别发表于 1932 年 6 月 1 日、6 月 15 日和 7 月 1 日。

在 6 月 1 日发表的系列第一篇里，格雷厄姆就大胆地告诉读者，一家名叫怀特汽车的上市公司，持有现金、存款和国债共计 850 万美元，应收账款和存货 1500 万美元，厂房设备等固定资产合计 1400 万美元，公司负债 130 万美元，净资产 3620 万美元。怀特汽车总股本共计 65 万股，市价 7.37 美元/股，总市值仅 480 万美元，大约只有净现金资产（850 - 130 = 720）的三分之二。

格雷厄姆在文中指出，目前纽约证券交易所挂牌上市的 600 家工业公司里，有超过200家公司的市值低于净营运资产；有超过50家公司和怀特汽车一样，市值低于净现金。自信的格雷厄姆甚至直接在文章里列了一张表格，无私奉献了20家市值低于净现金的企业名称和详细财务数据。这些数据的含义，是投资者只要买下这些公司的全部股票，然后宣布破产就可以确保获取一笔相当丰厚的利润。

格雷厄姆在文中写道："这是一个崭新的、史无前例的情形。它是1928和1929年新时代疯狂过后，产生的古怪的、讽刺性的后果。很明显，目前市场悲观得过头了！"

不知道是巧合，还是投资人受到格雷厄姆系列文章的提醒，在该系列文章结束后的第七天：1932年7月8日，道琼斯指数见世纪大底41.22点，扭头向上开始了强劲而持续的长期牛市。

格雷厄姆言行一致，面对这种疯狂，他大胆地将基金资产配置在市值低于净营运资产甚至净现金资产的企业上，并借助合伙人纽曼在关闭工厂、解散人员和售卖资产上的凶狠作风和强硬手段，在1931年和1932年均获得了大幅超越市场的收益率。不过，之前的亏损叠加客户撤资，仍然使格雷厄姆管理的资金总额，在1932年底只剩下37.5万美元。好在伴随股市的复苏，1933年格雷厄姆获得了超过50%的回报，这让客户们重新看到了曙光。

过去约定的提成制度需要首先弥补亏损，也就是说1933年底的格雷厄姆，必须先让账户资金升值3倍，之后他个人才能获得收入。面对这类情况，市场很多资金管理者都选择清算基金，再重起炉灶另外募集资金。为了避免这种情况发生，也为了鼓励格雷厄姆认真赚钱，客户和格雷厄姆达成一个新协议：客户放弃弥补亏损以后才能提成的要求，愿意以1934年1月1日资金量为起点，重新计算年度盈亏。作为代价，格雷厄姆放弃递进式提成的要求，修改为超过4%的部分提成20%。

客户们都同意修订，唯一的例外是格雷厄姆的小舅子。令小舅子没有想到的是，到1935年底格雷厄姆就将亏损全部挽回。之后的多年里，格雷厄姆报复性地坚持要求小舅子，必须按照原来的递进式提成模式结算。

《证券分析》面世，开启投资的科学时代

就在最悲惨的1932年，格雷厄姆开始创作《证券分析：原理与技巧》一书，并于1934年出版。该书由格雷厄姆和助手多德协力完成，美国境内销售版税为定价的15%，境外销售版税为定价的7.5%，格雷厄姆和多德六四分账。它的问世，宣告格雷厄姆投资体系的基本成型，奠定了格雷厄姆在投资领域无可争议的大宗师地位。

在这本书里，格雷厄姆旗帜鲜明地否定了华尔街一直以来流行的图表分析。书中指出，利用市场历史价格去预测未来可能的走势，从根本上就是错误的。它“建立在错误逻辑基础和毫无根据的凭空想象上，只是患上不治之症的病人对灵丹妙药的一种渴望和依恋”。

不过，图表分析在股市的影响力依然是广泛而久远的。近40年后，在1973年第4版的《聪明的投资者》导言里，近80高龄的格雷厄姆仍然需要以更加直率的用语提醒读者：“根据我们长达50多年的市场经验和观察，我们从来没有发现过一位依据这种‘追随市场’的方法长期获利的投资者。我们可以大胆地认为，此种方法是荒谬的，虽然它仍然十分流行。”

在《证券分析》里，格雷厄姆通过严谨的逻辑和实例，首次让证券的分析过程，变成像生物学家解剖青蛙一样，所有步骤都可重复、可验证的科学。他在书中反复强调股票并不是一张用以击鼓传花的纸条，而是代表着企业资产和业务的部分所有权凭证，这种凭证的价值由企业本身的内在价值确定。

但同时格雷厄姆也指出，由于企业的内在价值和资产、收益、股息及前景息息相关，它很难被准确计算出来。所以，证券分析的目的并不是去

计算出这个内在价值，而是判断在最保守的估计下，内在价值能否为债券的还本付息或买入股票的投入资金提供足够的担保。出于这样的目的，内在价值只需要进行不太精确的大致估算就够了。

格雷厄姆著名的烟蒂股投资模式，就是在这种思路下建立的。如果在最糟糕的情况下，企业清算价值也“远远高于”投资成本，那么这个清算价值就为投入资金提供了足够的保证。由此，格雷厄姆创造了一个重要的概念“安全边际”，它代表着最坏情况下企业内在价值高于投资者本金的差额。

格雷厄姆在书中写道：“股市不是一个精确的计量仪器，不会对证券的内在价值做分毫不差的记录。相反，我们说市场是一个投票机，其中包含了无数的个人选择，这些选择有些出于理性，有些则出于感性。”而聪明投资者所需要做的，就是当市场的感性投票结果距离证券的内在价值偏差足够大时，与市场发生交易。

格雷厄姆首创了一个经典的寓言，绝妙地表达了这种对情绪的利用。他说：

你可以想象市场报价来自于一位特别热心的朋友，他名叫市场先生，是你私人企业的合伙人。市场先生每天都会准时出现，报出一个他既愿意买入你股权、也愿意将他拥有的股权卖给你的价格。即使你们共同拥有的企业具备非常稳定的经济特性，但市场先生的报价却不会稳定，因为市场先生患有某种无法治愈的精神疾病。

有时候他心情愉快，只看到对企业有利的因素，他会报出非常高的买卖价格，防止你买他的股权。有时候他情绪低落，只看到对企业不利的因素，这时他会报出非常低的价格，防止你将股权卖给他。市场先生还有个可爱的特征，他从不介意是否受到冷遇。如果今天他的报价不能引起你的兴趣，那么明天他会再报出新的价格。而且，是否与他交易永远由你全权决定。

在这种情况下，他的行为越癫狂对你越有利。但是，如果你的情绪受到他左右，后果将不堪设想。对我们有用的是市场先生的报价单和钱包，而不是他的智慧。实际上，如果你不能确定你远比市场先生更了解而且更能对你们的合伙企业做出价值判断，那么你就没有资格玩这个游戏。

虽然他自己的投资主要是烟蒂股和套利，但格雷厄姆并没有将自己局限在烟蒂股里，他也对能够影响内在价值的企业盈利和未来前景做过一些思考。在《证券分析》里他提出了对这类因素的估值公式。这个公式后来逐步发展为：

$$企业价值 = 当期正常收益 \times (8.5 + 2G)$$

其中，G 为未来 7 到 10 年的预期增长率分子值。当期正常收益相当于我国目前企业财报里使用的“归属于上市公司股东的扣除非经常性损益的净利润”。

直到今天，这个估值公式依然被大量机构和个人投资者使用。不过很遗憾，大量使用者忽略了一个细节：企业价值与无风险收益率（RF）息息相关。格雷厄姆提出这个估值公式的背景，是无风险收益率①连续数年稳定在 4.4% 附近。

若无风险收益率发生较大变化，估值公式的常数也要随之修正。为此，格雷厄姆 1974 年特意发表补充文章，引入无风险收益率，将公式完善为：

$$企业价值 = 当期正常收益 \times (8.5 + 2G) \times 4.4\% / RF$$

当然，受大崩溃前后的可怕经历影响，格雷厄姆本人对于“预期增长”的建议相当保守。他写道：“预期增长率的取值必须相对保守。事实上，根据算术，如果假设一家企业将来可以按照 8% 或更高的速度无限期增长的话，其价值将趋于无穷大，其股价多高都不过分。”为了防止投资者过于乐观，他建议采用最近 3 年的正常收益平均值与 10 年前的数据对比计算得出的历史年化增长率。即便如此，格雷厄姆还是希望读者“分散投

---

① 无风险收益率通常取值 AAA 级企业债券收益率和长期国债收益率中的较大值。

资到至少超过30只的股票上”。

《证券分析》非常畅销，它奠定了格雷厄姆在华尔街的教父地位。畅销不仅仅由于它的理念清晰，方法可复制，同时也因为刚巧遇到1934年《证券交易法》的颁布。该法颁布后，华尔街盛行的内幕和操控手法将受到监管机构的严厉打击，每个市场参与者都期望寻找脱离内幕和操控之后的新盈利方法。而格雷厄姆教授又确实有干货：第一版的《证券分析》附录里介绍了一批当时严重低估的股票。8年后，名单上的股票平均涨幅252%，而同期股市平均涨幅仅33%。

在《证券分析》出版后，才华横溢的格雷厄姆注意力发生转移。先后创作并于百老汇上演了歌剧《似是而非》；引领组建了今天全球认可的特许金融师协会（CFA）；出版了经济学专著《储备与稳定》和《世界商品与世界货币》；建立了几段出轨的婚外情，离了两次婚结了两次婚并生了一个儿子；通过巴鲁克向罗斯福总统提出了一套金融改革计划；与一群经济学家一起成立了美国经济稳定委员会并担任主席；处理了母亲的丧事（1944年的某日，母亲夜晚打牌归来，被抢劫犯打破头骨抢走钱包，钱包里只有3美元）……总之那几年，名人格雷厄姆很忙，所忙的事情与投资关系不大。

不过，这些与投资无关的忙碌，并不影响格雷厄姆－纽曼公司取得良好的收益。因为在格雷厄姆投资体系指引下，股市获利真的就是一些简单的统计工作，雇用几个学生就可以搞定，且能确保获得不错的收益。

沃尔特·施洛斯1946年1月入职格雷厄姆－纽曼公司后做的全面统计显示，公司自1936年到1945年的10年间，年化回报率是17.6%（1946年1月31日，基金净值330万美元）。同期包含股息在内的道琼斯指数年化回报率是10%。

1949年，格雷厄姆终于抽出时间，完成并出版了《证券分析》的大众普及版《聪明的投资者》。这本书的读者群体比《证券分析》更广泛，影响也更大，沃伦·巴菲特就是被它启蒙的——现在轮到他登场了。

第六回　投资奇才走入课堂　烟蒂兵团初具规模

1950 年秋，20 岁的巴菲特只身一人来到纽约，成为哥伦比亚大学商学院新生，投资领域的新时代开启。

学霸都是相似的

巴菲特感兴趣的投资管理和证券分析课程由多德教授担任主讲，《证券分析》将是核心教材。格雷厄姆本人会在第二学期的每周四下午股市收盘后，到校讲一堂大课。

虽然巴菲特是全班年龄最小的一个，但由于他很早就熟读《证券分析》和《聪明的投资者》，而且已经开展过一些成功的“商业活动”（销售二手高尔夫球、经营弹子游戏机、管理送报团队等），相对于同班同学而言，他是一个“开挂”的存在，很容易就成为多德及格雷厄姆课堂上的积极分子。

巴菲特总是最快举手，抢到最多问题，经常在同学们还没想明白问题问的是什么之前，就和两位教授展开对话和讨论。课堂经常变成巴菲特和其中一位教授的“二重奏”，其他同学主要负责扮演“吃瓜群众”这个很有前途的角色。

这样的学生当然更容易得到老师的宠爱。按照巴菲特的描述，多德教授给予了自己父亲一样的关注和慈爱，并且经常带他回家吃晚饭。至于格雷厄姆教授，他没有和巴菲特建立课堂之外的交往。严格地说，是格雷厄姆不喜欢和任何人建立深入和私密的关系——有魅力的年轻女性除外。

格雷厄姆自述从高中以后就再也没有交往过亲密的朋友。他说："我适合成为所有人的朋友，却无法成为谁的密友或者老朋友。"背后的原因，可能是格雷厄姆头脑太聪明、思维太迅速、知识太渊博且爱好又太广泛。和格雷厄姆的相处会让人感觉压力很大，甚至经常莫名地怀疑自己是不是太蠢。格雷厄姆也很容易觉得与他人的交流，无趣乏味，太过浪费时间。他更喜欢将时间投入文学、音乐、歌剧、经济学等领域，或者干脆花费在美女身上。格雷厄姆对年轻女性的抵抗力之弱是广为人知的。

《巴菲特传》一书记载着这样一件让人不可思议的事情，说某次有位刚刚结过婚的年轻女士造访格雷厄姆，正巧遇上格雷厄姆和女秘书在床上缠绵，格雷厄姆居然建议来访者一起上床玩玩。

更让人不可思议的，是格雷厄姆在 1954 年处理儿子牛顿的丧事期间，和儿子的女朋友、寡妇玛丽·路易斯同居了。而且还不是露水姻缘，格雷厄姆真正爱上了这个比自己小近 30 岁的寡妇。他为玛丽单独购买了别墅，并长期保持和第三任太太生活半年、和玛丽生活半年的公开关系，直至离开人世。

当然，巴菲特不关心这些情色八卦。他此时感觉自己像一块晒透的海绵掉进了池塘，争分夺秒地吸收着格雷厄姆的智慧，并忙着利用格雷厄姆在课堂传授的知识获取财富——也包括格雷厄姆直接提及的股票名称。

巴菲特初识施洛斯

格雷厄姆经常直接在课堂上使用格雷厄姆－纽曼公司正在投资或打算投资的企业作为分析案例。对此，合伙人纽曼及公司员工沃尔特·施洛斯始终难以理解，并为之抓狂。在纽曼和施洛斯看来，这不仅增加自己获利的难度，还损害公司客户的利益。但在百万富翁格雷厄姆眼里，更多的金钱没有什么吸引力，还是在课堂和媒体上一次次公开的“正确”更有魅力。

一家名叫马歇尔·韦尔斯的五金批发公司，就是格雷厄姆分享出来的。该公司当时股价200美元，每股收益62美元，相当于约3.2倍市盈率。格雷厄姆判断其严重低估，巴菲特投入资金买了25股。之后不久，公司召开股东大会，这是巴菲特人生第一次参加股东大会。

当巴菲特抵达会场时，发现只有几个人参加，公司管理层态度非常冷淡——那时公司管理层一般都不怎么喜欢接待“多事的”股东。会场上有位股东询问了不少问题，并对管理层提出了一些建议和批评。这让管理层感觉很糟糕，却吸引了巴菲特的注意。尤其是当他得知这位提问股东就在格雷厄姆－纽曼公司工作，那种感觉就仿佛突然找到了组织。

这位提问股东就是未来著名的投资大师沃尔特·施洛斯。未来的施洛斯，在投资界被誉为“格雷厄姆体系最纯粹的传人”。这评价对施洛斯来说应该是公允的，但对于格雷厄姆是低估的——至少施洛斯、巴菲特加上以约翰·博格为代表的指数基金三种流派加在一起，才能算完整继承了格雷厄姆的投资智慧。

施洛斯的证券启蒙课

有趣的是，号称“格雷厄姆投资体系最纯粹的传人”的施洛斯，对股市最初的了解却来自一位纯正的内部交易人士。

施洛斯生于1916年，大概在他两岁时，妈妈一位闺蜜的丈夫得知一个关于墨西哥石油公司的小道消息。当时买股票是可以上最高20倍杠杆的，闺蜜老公倾尽所有买入了墨西哥石油公司的股票。结果小道消息准确，大赚一笔。赚钱后他不仅在纽约交易所买了个席位，同时还在乡下买了块大农场。施洛斯小时候很喜欢去这个叔叔家的农场玩，也非常羡慕叔叔阿姨的生活方式。耳濡目染，对华尔街也就有了兴趣。

1934 年施洛斯高中毕业去华尔街找工作，应聘为一家券商的跑腿员，周薪 15 美元。工作职责就是负责每天送出公司卖出的证券票据，拿回公司买入的证券票据。当时的股票交易，并不是今天这种电子交易和结算，而是一张张的纸质票据。

一个月后施洛斯被调到出纳部。出纳部当时被称为“笼子”——大概是为了防止有人偷窃股票，所以四面都可以被看见，像个笼子。施洛斯描述自己的工作时说：“他们把我安排在笼子里。有公司合伙人盯着笼子，我们在里面将所有的股票全部数一遍。这在今天很难想象。我在那里工作了 7 年。”

夜校里的精英

1936 年施洛斯利用下班后的时间，参加了纽约证券交易所研究院（后改名“纽约金融学院”）的夜校课程，主讲老师正是格雷厄姆。研究院院长有个 16 岁的儿子名叫乔治・舒尔茨，后来成为美国政坛的大人物，先后担任过艾森豪威尔、肯尼迪、约翰逊和福特总统的顾问，是 1972 至 1974 年尼克松内阁的财政部长，1982 至 1989 年里根内阁的国务卿。

当时一起在夜校读书的同学里，还有位比施洛斯大五岁的同学，后来的成就也非常辉煌。只是这些成就里，格雷厄姆的影响究竟能占比多少很难评定。这人叫格斯・利维，当时是高盛公司的中层员工。利维专注的领域是债券套利，参加夜校课程可能也是为了向格雷厄姆学习更多套利知识。

利维白手起家，奋斗到 30 年代末已经有百万身家，并晋升为高盛公司合伙人。到 60 年代末，他领导的部门每年创造高盛公司总利润的一半。

1969 年，利维从高盛精神领袖西德尼・温伯格手中接过权杖，成为高盛公司新领袖。鼎盛时期的利维拥有高盛 10% 股权和 49% 投票权，是华尔街最具影响力的人物之一。他是高盛的核心，做过两年纽约证券交易所主席，并在任内成功创建了纳斯达克全美交易系统（NASDAQ）。纳斯达克目前已经发展为全球最大的科技创新证券交易所。

1941 年 12 月 7 日（当地时间），震惊世界的珍珠港事件爆发，包括施洛斯、利维以及院长儿子在内的这些年轻人先后应征入伍，施洛斯被派到越南。当时德国正在猛攻苏联，美国担心支援苏联的海运通道最终会被德国封锁，所以计划在越南建立卡车组装厂，开辟陆上通道，将战争物资和给养通过伊朗转运至苏联。施洛斯去越南就是参与这个陆上通道建设的。

等美军把大批物资给养运到伊朗北部时，苏联在斯大林格勒成功阻挡了德国人的步伐，陆上通道失去存在价值。施洛斯在伊朗晃悠一阵儿后被调回美国，进入陆军通信兵部队学通信。之后在华盛顿特区担任译电员，直到二战结束以上尉身份退役。院长儿子也是上尉退伍，利维比较牛，中校退伍。

从 1936 入学到 1939 年毕业，这段跟随格雷厄姆学习的夜校经历，奠定了施洛斯一生成就的基础。退役后的施洛斯，也因为这段学习经历而得以在 1946 年 1 月 2 日，入职格雷厄姆 – 纽曼公司。

超级投资人俱乐部慢慢形成

1950 年，和巴菲特、施洛斯一起参加五金批发公司股东大会的股东里，还有一位是格雷厄姆 – 纽曼公司股票交易的经纪公司——特威迪 – 布朗公司的合伙人。这家公司和格雷厄姆投资圈的关系，可谓源远流长。

布朗公司的主要客户就是格雷厄姆 – 纽曼公司，公司以善于寻找很少人注意的小股票、收费便宜且保密意识强著称。为了更好地服务格雷厄姆的交易，公司办公室就设在格雷厄姆－纽曼公司附近。

施洛斯的个人事业，就是从布朗公司内一个被巴菲特称为“壁橱”的狭小空间开始的。1955 年底，施洛斯从格雷厄姆－纽曼公司辞职开创自己的投资基金。他占用布朗公司一处狭小的区域（大约原本是类似衣帽间的地方），放下一张办公桌，在里面运营了 18 年。直到 1973 年儿子加入后，才从“壁橱”里搬出来，租下布朗公司一间有电话机的办公室，父子俩在里面工作到 2002 年基金清盘。

巴菲特曾经这样形容施洛斯在布朗公司的工作环境：

（进入布朗公司）感觉就像进入了一家地板上铺着黑白相间瓷砖的老式理发店。靠左的一个小办公室里坐着公司秘书和办公室经理，右边是交易室，再过去是一个租出去的小隔间——水冷却器和衣帽架几乎占了一半的空间，作用类似于某种壁橱。沃尔特 · 施洛斯就坐在那张磨损的办公桌前经营着他的合伙公司。

通过坚持格雷厄姆的投资方法，自离开格雷厄姆－纽曼公司以来，他的年化投资回报率超过 20%。他用股票交易佣金代替现金，支付本该给布朗公司的房租。不过他的交易很少，所以在房租上他占了大便宜。他将其他开销缩减到不能再缩：订阅《价值线》，一些纸和笔，地铁代币，就再没有其他的了。

这还不算完。经过施洛斯的介绍，布朗公司于 1959 年成为巴菲特合伙基金的主要经纪公司，在协助巴菲特收购包括伯克希尔在内的众多目标公司中，提供了让巴菲特非常满意的服务。

就这些吗？还不止。施洛斯离开格雷厄姆－纽曼公司时，接替他岗位的是另一名格雷厄姆的学生，叫汤姆 · 纳普。纳普加入格雷厄姆－纽曼公司之前是一名海滩巡逻员（后来他买下了自己当年巡逻的那片海滩）。1957 年格雷厄姆公司解散，老布朗也同时宣布退休。经施洛斯介绍，纳普进入特威迪－布朗公司，成为公司合伙人。

巴菲特在1984年发表的著名演讲《格雷厄姆－多德部落的超级投资人》里，介绍了曾经为格雷厄姆－纽曼公司工作过的四名员工中三位的长期投资业绩。注意，是除了老板、出纳和女秘书之外仅有过的四名员工中的三位，不是从众多员工里特意挑出来的三位。这三位员工就是施洛斯、巴菲特和纳普，没有业绩的另一名员工是纽曼的儿子。

1968年，纳普设立并管理特威迪－布朗公司基金账户。截至巴菲特发表演讲时，账户运行15年零9个月，年化收益率20%，期初的1元变成期末的17.6元，扣费后客户年化收益率16%，期间标普500指数年化收益率7%（含股息）。更令人敬佩的是，15年零9个月里仅有1970年亏损1.3%，其他所有年份均获得正收益——包括标普500指数暴跌38.1%的1974年。

老布朗有两个儿子后来陆续加入特威迪－布朗公司。大儿子克里斯托弗·布朗于1969年加入，1974年成为董事，2009年去世。克里斯托弗自1993年起负责管理公司旗下两只基金，截至2009年，一只年化收益率8.5%，一只年化收益率10.3%，同期标普500指数年化收益率7.6%。

克里斯托弗曾经回忆过一段和伯克希尔的渊源：弟弟威尔在1970年9月结婚，父亲送了25股伯克希尔股票作为新婚贺礼。结果威尔以当时的市价40美元将25股全部卖掉，作为自己的蜜月旅行经费。这是一个奢华的蜜月，2019年底25股伯克希尔价值超过800万美元。

克里斯托弗写过一本书，中文名叫《投资的头号法则》。以书中展示的选股风格看，走的是和施洛斯类似的投资路线。

第七回　施洛斯埋头捡垃圾　能力圈凸显大智慧

施洛斯或者布朗所走的烟蒂股模式，只是格雷厄姆烟蒂股体系的半部真经。格雷厄姆其实传授了两套烟蒂股操作模式，这两套模式后来被巴菲特分别命名为：①低估类投资；②控制类投资。

所谓低估类投资，就是分散投资多只符合格雷厄姆要求的烟蒂股，待其上涨后卖出获利，不断重复。而控制类投资，则是买入烟蒂股后，如果不涨，就持续买入，直到达到可以进入董事会甚至可以控股的比例，然后利用董事权力或控股地位，推动公司实现价值，获利退出。比如前面谈过的北方输油管公司。

烟蒂股投资的典范

施洛斯的一生都走在纯正的低估类投资道路上，纯正程度甚至高于格雷厄姆本人。同时，在长达47年的投资生涯里，施洛斯对烟蒂股体系又做了很多与时俱进的优化。所以，广大没有能力或没有条件实施控制类投资的中小投资者，如果要学习烟蒂股投资思路，施洛斯的经验是首选。其优于巴菲特早期，甚至优于格雷厄姆本人——格雷厄姆晚年实际已经放弃烟蒂股思路，转而走向类似指数投资的方向。

1955年底，施洛斯带着格雷厄姆传授的“统计技术”，带着愿意委托他管理的19名客户，合计10万美元本金，开创了沃尔特·施洛斯合伙基金。

这只基金一直运行到2002年清盘为止，期间除了从北卡罗来纳艺术学校毕业的儿子加入之外，没有任何分析师、研究员、秘书或者文员之类的帮手。

在持续47个交易年度里，施洛斯基金一共有7个年度收益为负，最大年度亏损幅度为12.8%；连续两年亏损的次数为2次，没有连续三年亏损记录；40个年度收益为正，最大年度盈利幅度为54.6%，连续盈利最长为15年。这47年间，标普500指数年化收益率9.8%，施洛斯年化收益率为20.1%，扣费后客户投资收益率为15.3%。施洛斯采取的提成规则是：弥补上年度亏损（若有）后，剩余利润提成25%。

看得清自己，耐得住寂寞

关于施洛斯的公开资料很少，因为施洛斯父子都特别不喜欢抛头露面。有限的几次公开接受媒体采访，都是因为熟人关系软磨硬泡实在赖不过去，才勉强接受访问的。1988年72岁的施洛斯接受采访时，甚至还半开玩笑半认真地问记者："我真的不理解你们采访我干吗，不会留着以后敲诈我吧？"

从有限的公开资料里可以看出，施洛斯是位相对内向、性格平和的人，耐得住寂寞，遇到问题更偏向于回避而不是面对和解决。这可能也是施洛斯一生无意于从事控制类投资的性格原因吧！让他进入董事会，和人争吵、斗智斗勇，并最终主导资产抛售，施洛斯宁愿放弃盈利！

举个例子。施洛斯曾经买过一只军工股，买入价大约2美元。这家公司大股东持股80%，当时公司每股营运资产就有约10美元。后来大股东提出要约收购（类似私有化退市），但只出价7美元，施洛斯投票反对。有位律师朋友愿意免费帮助施洛斯起诉大股东，阻止他以7美元实施收购。官司打赢了。

这位大股东通过施洛斯的一个朋友传话，说要去法院告施洛斯敲诈或者骚扰。施洛斯觉得就为 10 万美元的股票惹官司，太麻烦了。干脆就接受了对方 7 美元的出价，将股票卖掉。卖出后不久，市场军工股大涨。

施洛斯就是这样一个人，不想惹麻烦，喜欢和数字而不是人打交道。巴菲特则完全不同，他很难接受被人坑。巴菲特若真是踩到“屎”，也会试图运用自己的智慧和能力，最终“点屎成金”。后面我们将在巴菲特投资桑伯恩地图公司、邓普斯特农具机械公司、伯克希尔－哈撒韦纺织品公司、布法罗晚报公司等案例中，反复领教他与施洛斯完全不同的性格。

施洛斯 47 年年化收益率超过 20% 的辉煌战绩，完全靠的就是格雷厄姆的半部烟蒂股宝典。他深刻理解了格雷厄姆的教诲：“烟蒂必然是肮脏的，花时间去检验每一个烟蒂的成色是没有必要的。只要通过分散法则，保证这些烟蒂大多数都还能免费地吸一口就好。”通过低估和分散，淡然接受“踩到屎是必不可少的成本”。踩到狗屎没关系，认赔就是，只要总体下来，免费吸一口的战果大于踩狗屎的损失就好。

没有什么成功是无须代价的。施洛斯的选择，需要面对的是寂寞、琐碎和无情。因为寻找烟蒂的技术其实很简单，只是需要大量的耐心和细心，需要日复一日睁大眼睛翻看厚厚的《标准普尔手册》《穆迪手册》以及各家经纪公司印刷的用以互通有无的粉色报价单，需要不断地敲击计算器计算数据。它只要求投资者清楚地理解股票不是一张纸，不是一串代码，而是代表公司拥有的资产负债及经营业务的一部分所有权。它需要投资者像一个侦探，去挖掘公司账面资产负债和隐藏资产负债，去阅读各种条款细则，从中发现股东的权利和风险。

按照施洛斯的描述，自己就是个弯腰捡破烂的驼背者。投资极度分散，永远和枯燥的报表数据打交道，所有的工作就是缩在一个“壁橱”里按计算器。

巴菲特 1976 年在一封写给别人的信里这样描述施洛斯：“任何时候只要有一份标普手册，一件我送他的外套，一间特威迪－布朗公司转租的小办公室，再加上一份合伙人名单，施洛斯就可以开始做生意了。他不知疲倦地和标普手册较劲。”

施洛斯几乎从来不去公司调研，甚至也不喜欢参加股东大会，除非股东大会就在自己办公室附近召开。他说：“我赞成格雷厄姆的观点，他从不和管理层交流，他认为一切都在数字里。投资者和管理层交流，可能受到管理层的影响甚至误导。不过，沃伦可以。沃伦分析能力很强，而且不会被情绪左右。就算对方说得再好听，戏演得再好，沃伦也可以冷静分析实际情况。这是他的长处，我觉着我没有这个能力。”

施洛斯还说：“彼得·林奇一年走访几百家公司，他选的股票也很优秀。但是要让我那样做，我做不了，几年内就会把我累死。”事实上林奇自己也意识到这个问题了，一周工作 80 小时以上，每年至少调研 200 家以上的公司，每年至少阅读超过 700 份年报。这样的付出实在是不可能长期持续的，所以 1990 年林奇就宣布退休了。他对媒体解释说：

> 我为此付出了惨重的个人生活代价。我无法享受经常与家人相伴的幸福时光，无法享受看着孩子们一天天长大的天伦之乐。孩子们长大时变化可真快，简直一个星期一个样，几乎每个周末她们都得向我自我介绍，这样我这个平日只顾忙于投资却根本不沾家的老爸才能认出来谁是谁。
>
> 当你开始把房地美、沙利美、房利美这些股票简称和孩子的名字混在一起时，当你能记住 2000 只股票代码却记不住几个孩子的生日时，那你可能已经变成一个工作狂，在工作中陷得太深难以自拔了。
>
> 1989 年我 46 岁生日的时候，我忽然想起来我父亲就是 46 岁去世的。当你意识到你已经比父母活得还要长寿时，你就会发自内心地感受到原来自己也是会离开人世的……你会提醒自己，再也不要做一个工作狂了。

对自己性格优劣势的清醒认识，其实也是一种能力圈，甚至是更重要的能力圈。从这个意义上讲，施洛斯是真正的大师，是能力圈原则的忠实拥趸，是自我认知的典范。他将格雷厄姆提出的原则在其中一个具体方向上进化到极致。尤其是在收益率持续几十年超越市场的现实下，依然坚持认为自己所做的就是最简单的、任何人都可以做到的统计工作，完全没有自我膨胀。这种自我认识自我约束的能力，恐怕才是一种真正罕见的能力。

道不同亦可为谋

施洛斯专注做低估类投资。低估类投资者最喜欢的，就是有人去做控制类投资，推动烟蒂企业通过类似分红、回购、分拆、清算等各种手段实现价值。所以，擅长并喜欢控制类投资的巴菲特，在施洛斯眼里简直就是一个优秀的"打手"。施洛斯很喜欢巴菲特，也很佩服巴菲特，虽然自己比巴菲特大 14 岁。他们之间的关系，有点像宽厚大师兄宠着要赖小师弟的感觉。

施洛斯会推荐自己看上的企业给巴菲特。巴菲特看上的公司，也会经常拉施洛斯作为共同行动人。有时候，当巴菲特准备控股并进入董事会时，他会出一个价要大师兄卖给他，哪怕大师兄并不愿意。对话通常是这样的：

"沃尔特，我想买你的 × × 股票。"

"哦，我不想卖给你，你知道的，这家公司不错，我想继续拿着。"

"你看，我为这个主意做了所有的工作。我现在想要你的股票。"

"好吧，如果你真的想要，就拿走吧。"

有时候，施洛斯也会给巴菲特当"接盘侠"。比如，有一次巴菲特被一个控制类投资搞得筋疲力尽，对烟蒂股投资模式心灰意冷时，他就直接致电施洛斯，打算将手头持有的 5 只烟蒂股打包卖给施洛斯。两人对话场景如下。

施洛斯："好啊，你想要什么价？"

巴菲特说："就现在的市价。"

施洛斯说："好的，我买了。"

就这样，施洛斯扮演了巴菲特完美的"接盘侠"。施洛斯后来回忆说："我没有说'等我查一下市价是多少'，我信任沃伦。如果我说'我出九折'，沃伦就会说'算了吧，当我没说'。"当然，这 5 只股票后来的表现都非常好，施洛斯赚到了丰厚的利润。

虽然和巴菲特关系很好，但施洛斯很不喜欢巴菲特到处布道价值投资理念。他觉着越来越多的人学会挖掘企业价值，钱就越来越难赚了。1985 年施洛斯在一次访谈里公开抱怨巴菲特："现在买入股票越来越难了。这方面，沃伦帮了倒忙。他整天巴拉巴拉[①]，搞得谁都知道价值投资。有很多人嘴上不说，暗地里偷偷这么搞，所以现在寻找投资目标是越来越难了。"

施洛斯认为巴菲特和格雷厄姆一样，都喜欢成为焦点人物，喜欢滔滔不绝地布道，喜欢听众崇拜的眼神。施洛斯还记得自己在格雷厄姆－纽曼公司工作时，经常接到来自陌生人的感谢电话。电话那头的人一般会说："没别的事儿，我就是打个电话过来感谢一下你们公司。你们每半年公开一次持股明细，我跟着买，赚了不少钱。谢谢你们。"这种电话让施洛斯非常不高兴，他觉得劳动成果让陌生人免费享受没道理、不公平。他只想利用自己掌握的技术，轻松愉快地帮助自己和几十位客户赚钱。一切提升游戏难度的分享行为都令人厌恶！

历史的潮流不会以施洛斯喜欢或不喜欢而改变。到 1997 年，施洛斯父子发现实在找不到符合标准的投资对象了，于是宣布封闭基金。之后花了 5 年时间只卖不买，最终于 2002 年清仓完毕，然后施洛斯父子宣布清盘退休。老爷子清盘后立刻讨了个老婆，温暖地度过了人生最后 10 年，于 2012 年去世，享年 96 岁。

---

① 英文口语 blah blah 的音译，指说个不停。

第八回　烟蒂照样与时俱进　标准需随现实微调

施洛斯的纯正烟蒂体系其实并不复杂。下面我们分别从选股标准、现金处理、仓位管理和持股策略以及施洛斯的思考清单几个角度，观摩学习施洛斯一生的经验。

施洛斯的选股标准

早期的施洛斯选股标准很简单，就是老师传授的口诀：购买市值低于有形资产净值三分之二，甚至低于净营运资产三分之二的企业。

随着市场的变化和信息科技的进步，加上类似巴菲特这样的大嘴布道不停，符合格雷厄姆标准的股票越来越难找。比如巴菲特自己就在 1967 年致股东信里感叹过："这些年来，通过统计数据就能找到的便宜货几乎绝迹了。或许是因为过去 20 年里，没再出现像 30 年代那样的经济危机。没有人厌恶股票，也就没有遍地都是的便宜货。"

这种情况下，施洛斯与时俱进，也在不断修正烟蒂的标准。施洛斯这样阐述他的修正：

从 1960 年起，低于净营运资产的股票就找不到了，除了 1974 年市场最底部的短暂时期。低于净营运资产的股票没有了，我们开始关注净资产。我们寻找股价低于净资产一半的股票；如果没有，我们就找股价低于净资产三分之二的股票；到现在，我们已经在寻找股价等于净资产的股票。当然，除非特殊情况或者有经济特许权，否则我不会以高于净资产的价格购买股票。

施洛斯从关注净营运资产的纯格式标准，逐步随着市场变化调整为关注净资产。不过，净营运资产可以直接看数字，而关注净资产则要多一道分析净资产质量的工序。要分析净资产包含些什么，变现能力怎么样，是否有注水资产需要剔除，是否有某些经济特许权没有被记录在净资产里，等等。

经济特许权概念，是施洛斯从巴菲特那儿学来的。他曾经这样举过一个实例：

1960 年前后，我们持有新蕾这只股票。当时股价 20 美元，每股有 33 美元营运资产，公司有大量库存。我找到他们的财务主管，询问库存情况。在交谈的过程中财务主管透露“公司的广告费平摊下来，每股大概 100 美元”，是的，报表资产里是不会有这笔广告费的①。

卡夫也一样，像菲力奶油奶酪、奇妙沙拉酱，你花多少钱都替代不了，它们有自己的细分市场。要是有人想和卡夫抢生意，那可不容易。虽然每股净资产只有 20 美元，但公司可是花掉过相当于每股 106 美元广告费的。净资产和资产只是一部分，公司还有品牌、商誉，或者用沃伦的话说，叫经济特许权。

这是施洛斯的进化。即便如此，施洛斯仍然要比巴菲特保守得多。巴菲特可以五倍净资产的价格购买可口可乐，甚至会在公司净资产为负值时投资吉列。施洛斯则说自己“不管是什么股票，我绝对不会以两倍净资产的价格买入，这是原则”。

---

① 施洛斯的意思是，已支付的广告费是费用，不体现在资产里，但它像资产一样产生长期价值。

实在找不到便宜货时，施洛斯会调整自己的标准，购买市场中相对便宜的股票。例如他 1985 年接受媒体访问时举的例子。

谷物加工国际公司，一家消费股，人们发现了它的价值，所以想便宜买进就很难。它每股净资产大约 27 美元，每股盈利 4 美元，分红 2.2 美元，股价 40 美元，市盈率 10 倍。现在你不可能按照这个市值重建一个谷物加工厂，我觉着可以看到 55 到 60 美元。

这门生意很稳定，不会有太大变化，它产品确实不错。但股价基本没有涨过，我觉着最大可能也就亏损 10%，所以我也买了。它向下的可能性比较小，我买了之后就当把钱存在这里。如果市场崩盘，它可能跌幅很小，届时我可以卖出它换入其他股票。

施洛斯选股不区分大公司小公司，只要是相比净资产折扣够大就行。不过，出于个人道德观原因，施洛斯不买烟草股。

施洛斯的仓位管理

接着看施洛斯对现金的态度。和市面传言的所谓“纯粹格派”股债平衡那套不同，公认的纯粹格派代表施洛斯的仓位管理很简单，就是永远满仓持股。在 1985 年接受记者访问时，施洛斯说：

我从来不持有现金，我总是满仓投资。这可能好，也可能不好。和持币等待相比，我觉着满仓投资更踏实。我常年仓位都是接近 100%，最少的时候也是 90% 仓位，那还是股票崩盘之前。

拉长时间看，股票的表现通常优于债券。在证券市场真正取得成功的大部分人都认为，他们没有能力知道何时进入市场和何时离开市场，所以他们几乎始终留在市场里。我没有听说过谁靠投资债券发家的。

我们只关注超值的股票，不太关注市场怎么走。你或许会问：“既然你认为市场估值过高，你为什么还要持有 90% 仓位的股票?”答案是，我们持有的股票估值不是太高。

当然，市场下跌时，我们的持股也跟着跌了。但如果我们清仓了，我们就错过了当年又上涨26%的机会。

我们留在市场里，但不预测市场会怎么样，这样我们会做得更好。放在现在也一样，我现在觉得市场后继乏力了，我不知道后面会发生什么，但我持有股票比持有现金睡得安稳。

在2008年的一次访问里，记者问施洛斯："您是100%投资股票，还是分散在股票和债券上?"施洛斯回答："我愿意持有股票。通货膨胀会影响所有的债券，到最后，投资债券的人也就是收回本金外加一点点利息。你看，很少有人靠持有债券发家。可能有人继承了债券，但不是通过债券赚的钱。股票可以让你发家，只要你体系正确，你就会很成功。我认为股票适合年轻人，建议你们关注股票，而不是债券。债券是属于老年人的。"

对股票和债券的认识，属于施洛斯在格雷厄姆体系上做的修正。格雷厄姆一生里，始终强调投资者最少应该将25%以上的资金投资于债券。有意思的是，对于所谓股债平衡的资产配置理论，巴菲特也是表示不屑的。

在2004年5月1日的伯克希尔股东大会上，巴菲特回复一个相关提问时说："对于所谓的60%债券、40%股票，或者改变为65/35之类的策略，不管华尔街把它们叫作什么，我觉得都是胡说八道。不管60/40还是65/35都是令人无法理解的行为。你应该做的是，某种默认选项只是短期工具，一旦你发现任何值得投资的目标，你就应该放手去做，不应该用一个特定的资产比例来管理你的资金。"

施洛斯的持股策略

我们继续看施洛斯的仓位管理和持股周期策略。施洛斯说："单只个股，我最少会投入1万美元，一般不超过5%就足够了，最多我也可能投入 10% ~15% 仓位。我持股少则六七十只，多则 100 多只，但一般规模最大的 20 只会占到总仓位的 60% 左右。”

这种分散程度恰恰是巴菲特所嘲笑的，1965 年在致合伙人信里，巴菲特写道：“任何持有 100 只股票的人，一定是学过挪亚方舟派投资哲学——每样来一对儿。这种投资者适合驾驶方舟而不是从事投资。挪亚这么干是遵从生物原则，而投资者这么做却偏离了数学基本原理。”

施洛斯每年的平均换手率在 25% 左右，即平均持股周期约 4 年。所以施洛斯父子 1997 年宣布基金封闭，到 2002 年才彻底卖光股票并宣布清盘。

那么施洛斯以什么标准来卖出股票呢？施洛斯每年都把涨上去的股票卖了，再找便宜的买。他的卖出方法一般是在上涨时分批卖出，并坦然接受卖出后可能飙升的无情事实。

施洛斯坦言自己经常遇到卖出后飙升的案例，比如人生里买入的第一只股票叫“标准煤气电力公司”，股价 15 美元，施洛斯买了 10 股。其间施洛斯买进卖出好几次，赚了些小钱，这只股票后来涨到 200 多美元；再比如在 10 到 11 美元间买过浪琴手表，涨到 20 美元时卖掉，后来涨到 200 美元；9 美元买过克拉克石油，27 美元卖掉，后来涨到 260 美元；15 美元买进雷曼兄弟，到 35 美元清空，后来涨到 130 多美元；等等。施洛斯为此自嘲说：“没办法，格雷厄姆的方法就这样，赚不到大钱。格雷厄姆教我们追求翻倍，最多翻倍时就卖掉了。”

虽然极为罕见，但施洛斯确实也有过十倍股。比如他刚刚自立门户时，买过一只股票叫“富恩斯兄弟手套公司”。最早买入价是 2.5 美元，后来陆续还有买入，总量不知，但施洛斯说买入量非常大。按照他的风格，说非常大，估计可能有 10% 到 15% 仓位。后来涨了不少，就一直卖，大概到 23 美元左右清空。不过，卖出后这只股票继续涨，再也没有给他机会买回来。

施洛斯的思考清单

施洛斯买股票的核心考虑就是不亏钱，购买有下跌保护的股票，至于涨多少顺其自然。施洛斯选股的要点大致是：①喜欢挑选债务不高，资本结构简单，管理层持股数量比较多的公司；②喜欢选择股价创新低的时候买入；③施洛斯认为自己不善于看人，所以他选择只看财报数据，有意拒绝和人打交道。当他发现潜在目标后，会依次问自己这些问题：

股价为什么被打压？

价格低于净资产吗？

净资产当中包含商誉吗？

过去10年股价涨幅多少？

过去10年最高股价是多少？

过去10年最低股价是多少？

公司是否产生现金流？

公司是否产生净利润？

公司有息负债比例高吗？

所在行业是怎样的？

公司产品或服务利润率如何？

竞争对手是什么状况？

公司是不是不如竞争对手？

股票继续下跌的风险多大？

股票上涨空间可能有多大？

内部人持有多少股票？

每年分红多少，股息率多少？

股市整体是否处在历史高位？

投资道路千万条，适合自己第一条

这就是沃尔特·施洛斯——一位学历水平为高中，被格雷厄姆和纽曼认为没有天赋的普通投资者。他通过严格遵守格雷厄姆烟蒂股投资法则，成长为世界顶级投资大师。若单独比较收益率，施洛斯甚至比巴菲特的收益率还高。施洛斯 47 年年化收益率 20.1%，而巴菲特在伯克希尔的记录是 55 年年化收益率 18.9%。

当然，我们必须要看到，由于烟蒂股模式本身可以容纳的资金量有限，加上对投资者个人精力占用比较大，所以施洛斯管理的资金规模和所获利润总额，是无法与巴菲特相提并论的。两人同样以 10 万美元起步，施洛斯开始的时间比巴菲特早两年，但直到 1973 年施洛斯儿子加入时，父子俩管理的资金规模也就约 400 万美元。至 2002 年施洛斯父子清盘基金的时候，基金规模约 1.3 亿美元——这是年年大比例分红，刻意控制基金小规模运营的结果。

与之相比，巴菲特的成就大得多。到 1969 年，巴菲特清盘合伙基金时，基金规模已经达到 1 亿美元，其中属于巴菲特个人的财富高达 2650 万美元。在 1973 年施洛斯管理资金规模为 400 万美元时，巴菲特已经通过伯克希尔控制了至少四家保险公司，一家著名的糖果公司，一家优质城市商业银行，一家类似城市信用社的互助储蓄机构，一家金融投资公司，一家零售连锁商店，一份影响力不错的地方报纸，以及华盛顿邮报 5% 的股份和其他一些传媒或广告公司的股票。

1973 年，在施洛斯和儿子刚刚搬出“壁橱”，转而租下布朗公司一间小办公室的时候，巴菲特作为一家庞大的控股公司的董事长，已经登上美国政治经济的大舞台。通过投资华盛顿邮报公司并与邮报老板、漂亮寡妇凯瑟琳·格雷厄姆[1]成为好友，巴菲特已经开始出入由美国总统、外国领导人、美联储主席、政府内阁高官、参众两院议员、各国大使、大律师等知名人物构成的社交场所。这样的成就，来自巴菲特在另一个方向上，对格雷厄姆投资体系的深入理解和进化。

① 和本杰明·格雷厄姆无任何关系，只是恰好同姓。

第九回　巴菲特初窥保险业　戴维森倾囊传秘籍

1951 年，巴菲特一边像干透的海绵掉进水里一样饥渴地吸收着证券分析知识，一边积极主动关注格雷厄姆－纽曼公司持有的股票，尝试去理解和模仿格雷厄姆投资的决策过程。

一次决定命运的拜访

这个过程中，他发现有一家公司，《证券分析》里没提过，看上去似乎也不符合格雷厄姆的选股标准，但不仅格雷厄姆－纽曼公司下重注买入，而且还由格雷厄姆本人亲自出任董事长。这家公司名叫“政府雇员保险公司”，英文简称 GEICO，音译为盖可保险。

巴菲特查阅《穆迪手册》，发现格雷厄姆－纽曼公司在 1948 年买下了盖可保险一半的股份，随后又将大部分股份分给了基金持有人。巴菲特非常好奇，决定去实地了解一下这家企业。

1951 年 1 月一个寒冷的星期六，巴菲特坐上最早一班火车，来到位于华盛顿特区的盖可保险公司总部。在这里，他将遇到一个人，一个在巴菲特投资生涯里被严重低估的高人。可以这么说，没有这位高人，巴菲特的投资道路可能完全不同，巴菲特的影响力不会有今天这么大，“价值投资”四个字也不会成为一个连投机者也喜欢贴的标签。

他就是巴菲特的偶像兼导师——洛里默·戴维森，伯克希尔的庞大保险帝国萌芽于他的教导。这可不是牵强附会，是巴菲特亲口说出来的：

自从我认识戴维森后，他就一直是我崇拜的偶像之一，戴维森也从来没有让我失望过。大家必须知道，如果没有戴维森在1951年那个寒冷的星期六给予我4个多小时慷慨分享，伯克希尔绝对不会有今天的成就。

对于盖可保险来说，戴维森是带领公司高速成长的巨人。对我个人来说，他是我的偶像，亦师亦友。很显然，要是没有他，我个人的一生可能要完全不同。

远离杠杆，不要做空

戴维森生于1902年，逝于1999年，享年97岁。戴维森小时候学习成绩一般，但目标清晰。大概中学的时候，就清晰地知道自己的“圣地”是华尔街，目标是做一名债券推销员。

1924年，22岁的戴维森如愿以偿，在他心中的“圣地”找到一份从小就梦想的职业：债券推销员。戴维森工作很努力，市场也火爆，戴维森年佣金提成甚至能达到10万美元——大约相当于2019年的146万美元或1000万元人民币。

身处华尔街，诱惑多多。有钱后的戴维森，迅速和大多数人一样，开始了股票投机。1929年7月——注意这个时间——戴维森认为美国无线电公司股价严重高估，于是他做空了。很不幸，高估变成更高估，股价在戴维森做空后，继续大涨，戴维森爆仓。别忘了，那时买卖股票都只需要很少的保证金。

这只神奇的美国无线电，1921年股价是2.5美元，到1928年末已经上涨到每股85美元，然而在1929年大崩溃之前竟然疯狂上涨到高达574美元/股。戴维森大约是在300至400美元之间的某处做空的。在戴维森爆仓后，你猜最终股价跌到何处？500美元附近一拆五，最终跌至2美元，相当于从574美元跌到10美元，跌幅大约98%。

戴维森这段经历，正好展示了投资领域两个最应该被记住的教训——远离杠杆，不要做空——价值连城的八个字。

在股市里生存，永远需要记住“市场先生是疯的，它的出价只能利用，无法预测”。在低点如此，低估之后照样可能暴跌；在高点也如此，高估之后照样可能暴涨。

正如前面格雷厄姆经历过的，只要使用杠杆，就相当于将命运交给了市场上最疯和最蠢的人。出借资金的人以市价为衡量标准，要求追加保证金或要求斩仓，无论这市价是不是由疯子或傻子达成的。注意，与市价无关，仅仅与个人现金流时间跨度有关的借贷，例如消费贷、房贷、企业经营贷款等不在此列。

关于做空，巴菲特曾在1980年股东大会上，阐述过自己的体会。

多年来，我们曾做空过一些股票，而且有时候也进行对冲。我们曾发现过一些规模巨大的公司诈骗行为，而且我们的判断一般都是正确的。

很不幸，判断诈骗行为能维持多久，能走多远，很难。假如市价高估10倍的股票，继续涨到高估100倍，不管最终结局如何，在高估10倍时做空它，你只能把肠子悔青。

做空挣钱很不容易。判断高价股票“注定”会走向灾难并不难，但想依靠这个认识挣钱，太难了。

在2002年的股东大会上，巴菲特再次说起这个话题，他说：

这么多年来，我和查理曾经在大约100只个股上达成一致意见，认为可以做空。假如我们真的出手了，那么纵然我们判断都正确，我们照样已经输成穷光蛋。

泡沫是人类本性造成的。没有人知道泡沫何时破灭，或者在破灭前能涨多高。本杰明·格雷厄姆的做空也不成功。他的配对交易成功率很高，不过，屈指可数的几笔失败，让他损失惨重。

我也有惨痛的回忆。在1954年，我做空一只股票。我对这只股未来10年走势的判断对得不能再对，可是对这只股票10周内的走势判断错得不能再错。这10周是我卖空的时间段，结果我的净值惨遭蒸发。

做空很难。你只能小额下注，不能把全部身家都投进去。所以，即便对了也只是捡点儿小钱。

戴维森爆仓的案例，简直是巴菲特这段话的经典注解。戴维森爆仓后不久，股市崩溃了！这时的戴维森已经顾不上自己爆仓的事儿。为了控制和处理公司客户一个接一个地濒临爆仓，筋疲力尽的戴维森和同事经常熬夜到凌晨，逐个催缴保证金。刚开始，客户们收到催缴通知后，会以最快速度增加保证金，以挽救自己的账户。然而，方向错了，越努力越悲伤。每次追加后，马上就会有一半左右的客户立刻又陷入爆仓绝境。

当你陷入泥潭的时候，挣扎只会使你越陷越深。一笔逻辑错误的投资，沿着错误的方向前进时，拯救不如放弃。放弃可以规避历史成本的干扰，重新展开思考：假如我现在空仓，我会愿意现价买入这只股票吗？这是戴维森案例留给我们的第三个经验：陷入泥潭，不要急着挣扎，放弃历史成本干扰，按照一笔新交易重新思考。

盖可保险成功的秘密

销售债券的工作，需要经常去拜访各类不认识的金主。戴维森就在这个过程中，认识了盖可保险的两位创始人，并给两位创始人留下了良好的印象。

盖可保险由利奥·古德温夫妇于1936年创立，在那之前古德温是一家保险公司的会计。他通过大量的事故数据，发现联邦政府、州政府及市政府的雇员比普通人发生事故的概率要小很多。同时，古德温发现如果可以绕过保险代理人，为这些事故率低的驾驶员提供保险的话，每销售一份 30 美元的汽车保单，可以节省 6 到 7 美元。

古德温寻求到银行家克莱夫·利亚的资金支持，创立了专门服务于政府雇员的保险公司：盖可保险。利亚家族出主要资本，占比 75%，古德温夫妇出小额资本并作为经营者占股 25%。公司主要定位就是通过直销，将低价汽车保单卖给政府官员和军人。简单地说，就相当于公务员和军人额外打七折。

创业期的古德温夫妇一年工作 365 天，一天工作 12 小时，只拿微薄的薪水，想尽一切办法压缩成本。他们将省下来的成本让利给客户，并尽可能地提供高效迅速的理赔服务。这些低价优质的保单通过口碑传播，给公司带来了更多客户。盖可保险的业务逐渐扩大到全国。

通过选择低风险客户及最大限度减少保险代理人，公司的利润率领先于同行。巴菲特 1951 年 12 月 6 日在《商业和金融年鉴》杂志上发表的荐股文章《我最喜欢的股票》显示：1949 年，盖可保险的承保利润与保费之比为 27.5%，同期国内全部 135 家同行仅有 6.7%。1950 年，整个行业恶化，行业承保利润率下降到 3%。同期盖可保险利润率 18%。1951 年上半年，所有保险商在人身伤害险和财产损失险方面都出现了严重的亏损，例如马萨诸塞州保险公司出现 16% 的亏损，新阿姆斯特丹事故险公司的亏损比例为 8%，标准事故保险公司的亏损比例为 9%，而盖可保险依然保持着 9% 的承保利润率。

1948 年，利亚家族因为家庭原因考虑处置盖可保险股份。戴维森因为比较熟悉华尔街投资机构的缘故，和一位律师一起负责寻找买家。经历几次碰壁后，俩人通过格雷厄姆 - 纽曼公司的法律顾问牵线，找到格雷厄姆。

格雷厄姆对这笔投资有浓厚的兴趣，最终出资 71.25 万美元买下了盖可保险 50% 的股份。随后格雷厄姆和纽曼一起进入董事会，由格雷厄姆担任盖可保险董事长。

打开投资的潘多拉魔盒

戴维森在这个接触过程中，深刻理解了盖可保险的核心竞争力，看到了盖可保险的发展潜力，也跳槽到盖可保险并担任公司的投资主管。

戴维森工作很努力，对巴菲特的接待就是一个佐证。巴菲特冒冒失失抵达盖可总部的那个寒冷的日子，整个公司除门卫外，就只有戴维森一个人在工作。

听说来访者是董事长的学生，戴维森打算花五分钟礼貌接待一下，然后再打发走。然而，他很快发现这个年轻人是做过功课的，提出的问题都是优秀的证券分析师才能提出的，比如公司的性质，公司的竞争优势，业务模式，增长潜力，等等。戴维森不知不觉忘记了时间，连午饭都没吃，一口气从上午十一点左右聊到下午三四点钟。

在绝大部分人眼里，巴菲特是位投资大师，是通过股票投资走向世界首富宝座的。但人们常常忘记了巴菲特的身份——一家保险帝国的董事长。对他而言，少有人提到的融资家身份，是其事业不可或缺的另一根支柱。

巴菲特一生的事业，如果要完整表述，应该是：找到利息低廉的长期资金，然后将其配置在能够产生现金流的高回报企业上。几十年后，睿智的查理·芒格确实也这样概括了伯克希尔的生意模式："我们就像刺猬，只会一招，就是寻找成本低于 3% 的浮存金，然后把它投向能产生 13% 回报的企业。"

格雷厄姆以及费雪、芒格，推动的是巴菲特的投资能力，而戴维森在这几个小时里，给巴菲特打开的是一片寻找低息长期资金的广阔天空。低息长期资金怎么来？

首先，只针对低事故率客户群体出售保险，最大限度压缩成本，最终导致对客户的赔付及运营成本，等于甚至低于客户缴纳的保险金，实现保险业务本身的平衡甚至盈利。盖可保险通过只向政府雇员和军人直销车险做到了这一点。政府雇员和军人相对约束较多，更遵纪守法，有承担责任的能力，收入稳定、地址稳定、圈子稳定而紧密，也更倾向于快速迅捷地处理车险事宜，较少产生纠纷。

其次，因为赔付低、运营费用低，在较高的利润率下，保单还可以定出低于同行的价格。低价不仅能带来客户忠实度，还能引发朋友圈口碑传颂，带来更多新客户。

借助保险先收保费后发生赔付的经营特性，公司手中总是可以留存一大笔客户的资金，代价为0甚至为负——相当于全体客户作为一个整体，存钱在盖可保险，不收利息甚至倒贴保管费。事实上，未来的伯克希尔集团，吸收资金的成本长期维持在 -2% 以下。 -2% 代表全体客户将资金交给巴菲特免费使用，还要向巴菲特缴纳2%以上的保管费。

这笔钱，从法律属性上讲属于保险公司的负债。但神奇的是，公司可以利用这笔资金从事投资，所获利润无须分给金钱的主人，全部归保险公司所有。这一点特性，甚至优于代客理财的基金业。基金业虽然也是使用别人的资本投资，但赚到的利润大部分要分给资本的主人。

原来保险公司是一个无限期的融资机构。优秀保险公司的标志，是在融来低利率甚至负利率资金的同时，还能不断扩大融资规模。剩下的事情，就看保险公司的投资能力了。巴菲特的心脏怦怦怦地加速了。那一刻，他彻底明白了保险业的奥秘：免费甚至负利率的杠杆要是被一名投资高手掌控，能够带来多少利润？

严格地说，此时作为董事长的格雷厄姆对保险业的理解，可能还及不上戴维森。当时格雷厄姆对保险业的主要观点还是：第一，它不能实现足够多的回报率，投保人的保费最终会因为赔偿而所剩无几；第二，它支付的股利也不够多，这既降低了总收益，也给股东增添了压力。格雷厄姆没有看见虽然保费和赔付之间的差额所剩无几，但保费缴纳和赔付的时间差里，这笔钱带来的投资回报全部归保险公司所有。因此，说伯克希尔保险帝国的根基是戴维森打下的，绝对不是抢功。

第十回　高额回报知行不一　疑心种子悄悄萌芽

巴菲特和戴维森分别后，马上卖掉一些持股，陆续买入350股盖可保险股票，投入资金合计10282美元，大约占当时全部身家的三分之二。不过很可惜，那时巴菲特脑海里充斥的还是老师的烟蒂体系，所以第二年就卖掉了。卖掉的原因，一是已经获利近50%，二是发现一个更大的烟蒂。这是后话，暂且不表。

一笔原有理论解释不清楚的成功投资

1958年古德温宣布退休，戴维森接任董事长至1970年。在古德温夫妇和戴维森的持续努力下，盖可保险从一个初创企业成长为全国第五大汽车保险公司。公司市值1958年就已经超过6700万美元，这意味着格雷厄姆最初投入的71.25万美元，变成约3350万美元。10年47倍，折合年化收益率约47%。

到1971年，77岁的格雷厄姆退出盖可保险董事会时，公司市值已近3亿美元，初始投资增值高达200多倍，23年折合年化收益率超过25%。这是格雷厄姆一生最辉煌的一笔投资。单独这一笔投资给客户们带来的利润，超过了格雷厄姆整个投资生涯里，其他所有投资赚到的利润总和。

但这笔最辉煌的投资，对格雷厄姆来说非常尴尬。因为它明显违背格雷厄姆本人所宣扬的投资理念和资金管理原则，甚至还暴露了格雷厄姆在重注买入一家公司之前，居然连最基本的行业法规也没有了解过。

从投资理念上说，这笔投资基本按照公司净资产值作价，违背格雷厄姆一贯传播的烟蒂标准；从仓位比例上说，单笔投入达到管理资金额的25%左右，违背格雷厄姆一贯给学生们讲述的分散原则；更要命的是，根据1940年颁布的《投资公司法》，格雷厄姆－纽曼公司购买10%以上的盖可保险股权是违法的。交易完成后不久，美国证监会就勒令格雷厄姆取消交易，将股份退还给卖家。

格雷厄姆与利亚家族协商退股，利亚家族不同意。格雷厄姆被迫和美国证监会反复协商，最终获准以成本价将超额股份分配给基金持有人。也正是这个原因，导致盖可保险变成了一家公众公司。

这些异常之处，在众多格雷厄姆信徒心中必然埋下疑惑的种子，这其中当然包括年轻的巴菲特。这种疑惑和质疑覆盖范围之广，持续时间之长，以至于格雷厄姆都不得不在晚年撰文辩解。

1973年，在《聪明的投资者》第四版面世时，年迈的格雷厄姆亲自在书末补上一段后记，为盖可保险这笔投资辩解。原文如下：

在本书的第一版面世的那年，两位合伙人有机会收购一家成长型企业一半的权益。出于某种原因，当时这个行业并不被华尔街看好，因此这笔交易被好几家重要的机构拒绝了。

但是，两位合伙人非常看好该公司的潜力。他们最看重的是，该公司的价格相对于其当期利润和资产价值而言并不算高。两位合伙人以自己手中大约五分之一的资金开展并购，他们的利益与这笔新业务密切相关，而这项业务兴旺起来了。

事实上，公司的极大成功使股价上涨到了最初购买时的200多倍。这种上涨幅度大大超过了利润增幅，而且几乎从买入时，这家公司股价似乎就显得过高——按两个合伙人自己的投资标准来看。

但是，由于他们认为这个公司从事的是某种程度上“离不开的业务”，因此，尽管价格暴涨，他们仍然持有该公司大量股份。他们基金里的许多参与者都采用了同样的做法。通过持有该公司及其后来所设分支机构的股票，这些人都成了百万富翁。

出人意料的是，仅从这一笔投资决策中获取的利润，就大大超过了20年内合伙人在专业领域广泛开展各种业务（通过大量调查、无止境的思考和无数次决策）所获得的其他所有利润的总和。

这个故事对聪明的投资者有什么教育意义吗？一个明显的意义在于，这说明华尔街存在着各种不同的赚钱和投资方式。另一个不太明显的意义是，一次幸运的机会，或者说一次极其英明的决策（我们能将两者区分开吗?）所获得的结果，有可能超过一个老手终生的努力。

可是，在幸运或关键决策的背后，一般都必然存在着有准备和具备专业能力等条件。人们必须在打下足够的基础并获得足够的认可后，这些机会之门才会向其敞开。人们必须具备一定的手段、判断力和勇气，才能去利用这些机会。

被拒绝但依然坚持

很难相信格雷厄姆做出这个买入决策只是靠运气，但若认真阅读格雷厄姆这里给出的“高价”买入理由，不仅考虑到“离不开的业务”——有点像后来巴菲特喜欢说的“护城河”；也考虑到“成长的因素”将导致目前暂时的高价回落为合理甚至低估。然而，一直以来，格雷厄姆对所谓成长的看法一直是：“我认为投资者无法应用成长股那套理论来获得合理的、可靠的收益。”

历史的谜团已经无法解开了。但伴随巴菲特卖出350股盖可保险后，公司持续成长，股价持续飙升的现实，怀疑的种子必然在心中发芽。这粒种子将在几年后和其他几粒种子一起发挥威力，引发巴菲特拒绝踏上格雷厄姆－纽曼公司接班人的光辉大道，返回奥马哈，从零起步建立属于自己的事业。

不过，那是几年以后的事儿。1951 年的巴菲特正饱含崇敬之心，如饥似渴地吸收格雷厄姆投资智慧的养分，并如同朝圣一般期望自己能进入伟大的格雷厄姆－纽曼基金圣殿。很遗憾，格雷厄姆虽然认为巴菲特是那一级毕业生中最优秀的一个，但依然拒绝雇用巴菲特——即使巴菲特申明可以不要工资。

格雷厄姆建议巴菲特去类似宝洁这样的大型企业找一份工作，不要此时进入股市。因为依照他的经验，道琼斯指数基本上每两年就有跌至 200 点以下的机会，如果要进入股市，可以等第二次大萧条过后再说——当时道琼斯指数处于 250 点附近。

在巴菲特看来，老师的这个预测可不怎么样，而且也和老师一贯灌输的“不要预测股市走向”的理念相违背。事实上，自巴菲特大学毕业直至格雷厄姆离开人世，虽然美国历经朝鲜战争、越南战争、黑人运动、古巴核导弹危机、东西方冷战、肯尼迪遇刺、水门丑闻等一系列危机和利空，但道琼斯指数再也没有回到过 200 点。

巴菲特的父亲同意格雷厄姆的看法，也建议巴菲特去大企业找一份稳定工作。巴菲特后来回忆说：“我当年有 1 万美元，如果我听从了他们的建议，可能我今天仍然只有 1 万美元。”

没有放弃投资梦想的巴菲特回到家乡，暂时进了父亲的公司做经纪人。巴菲特不太喜欢这份需要怂恿客户买卖的工作，按照他的说法，这使得“自己的利益和客户的利益相对立”。他更希望能够帮助客户管钱：帮他们挣钱，而不是挣他们的钱。

巴菲特仿效老师，利用业余时间开设了一门夜校课“稳健的股票投资”。他经常将自己分析出来的低估股票，分享给客户和学生们。其间偶尔有一两笔失败的，但大部分还是成功的。这些分享行为给巴菲特在奥马哈攒下第一批忠实的“粉丝”。

这些小额投资经历跳过不聊。回到奥马哈后，巴菲特最大的成就，是将父亲的老朋友汤姆森博士的女儿苏珊追到手。他们 1952 年 4 月 19 日结了婚，并于 1953 年 7 月 30 日生下第一个宝贝：女儿苏茜。

重返华尔街

巴菲特工作和教学之余，一直坚持通过书信向老师格雷厄姆分享自己的分析和发现，并定期到格雷厄姆 - 纽曼公司拜访老师。

光阴似箭，转眼到了 1954 年夏天，格雷厄姆终于同意录用这个聪明而又非常坚持的学生，并且给了他很不错的薪水标准：年薪 1. 2 万美元。

1954 年 8 月 1 日，就在股市自大崩溃后首次抵达 350 点，距离 25 年前高点 381 点一步之遥时，巴菲特回到华尔街，成为格雷厄姆 - 纽曼公司的员工。

当时的市场，老手的恐高与新手的亢奋交织在一起。在经历过大萧条的人看来，股价实在太高，随时都有再次崩溃的可能。但对于 1932 年以后接触股市的人而言，自有记忆起，股市的特点就是大涨小回，每次下跌都是发财良机。新人的认知不一定对，结果却没错：从 1953 年 9 月到 1961 年底，道琼斯指数又涨了超过一倍，期间没有产生过一次超过 25% 的调整。

这一切，让巴菲特和大师兄施洛斯的工作很有成就感。只要发现了符合条件的烟蒂，通常在很短的时间里就会出现价值回归，让公司和自己赚到满意的利润。

公司当时一共 8 个人，除格雷厄姆和纽曼父子以外，只有一名会计和两名女秘书，巴菲特和施洛斯就是研究部门的“全体”员工。俩人的具体工作，是在一间没有窗户的办公室里，翻阅《穆迪手册》《标普手册》以及其他能搜寻到的一切股份公司财报数据。按照格雷厄姆提出的烟蒂股要求，阅读、统计和计算。一旦发现有符合要求的公司就汇报给格雷厄姆，由他拍板买还是不买。

听消息抄作业渐出分歧

对于格雷厄姆的决策，巴菲特经常会侧耳偷听，然后跟着买入，有时候会下重注。比如其中一个比较有代表性的投资案例：一家叫费城里丁煤铁的公司（简称 P&R），是符合格雷厄姆烟蒂标准的无烟煤开采企业。企业本身的业务日落西山，没有前景，但账上有很多类现金资产及大量可以用来抵扣未来盈利的历史亏损①。因为前景不佳，公司股价远低于每股净营运资产。格雷厄姆 - 纽曼公司投资并控股了这家企业。

巴菲特不仅自己大量买入，也让姑妈爱丽丝及沃顿商学院室友查克·彼得森都跟着买了。巴菲特本人最终投资了 3.5 万美元。以巴菲特当时的财富总量计算，单独这只个股的占比恐怕会吓坏崇尚分散投资的老师。

巴菲特在办公室工作时，听到格雷厄姆、纽曼和一位来宾展开的谈判。他们计划动用 P&R 公司的现金，收购一家生产鲜果布衣牌内衣裤的联合内衣公司。坦率地说，老唐在这里阴暗地怀疑这个“偷听”和“大量买入”的先后顺序。所有资料的介绍似乎都是买入在前，偷听在后。但逻辑上推理，恐怕“买入—偷听—追加买入”的顺序更有可能。

之所以特意提出这个很少被人注意的小案例，除了展示巴菲特曾利用工作之便抄作业的经历之外，还有几个特殊原因。

第一，很多年后，P&R 已经彻底没有了采煤业务，主营业务就是生产和销售鲜果布衣牌内衣裤，连公司名字也改成了鲜果布衣。公司于 1987 年

---

① 在一定年限内，公司的盈利可以减去历史亏损，剩余部分再按照税率缴纳所得税。

3 月 3 日公开上市，以 17.5 倍市盈率发行了 2700 万股，每股单价 9 美元，募集资金 2.43 亿美元。到 90 年代中期，公司已经是一家拥有 4 万名员工、市值超过 20 亿美元的知名企业。

可惜 1996 年原 CEO 退休后，新管理层提升公司负债率，扩大对外收购，但几乎所有的收购都不成功。公司主业经营受到高达 13 亿美元的债务影响，陷入持续亏损状态。1999 年销售额 17.8 亿美元，亏损 6.69 亿美元，公司市值最低跌至 5400 万美元。

1999 年 12 月 30 日，公司因无力偿还到期债务，向法庭申请破产保护。2000 年销售额 15.5 亿美元，继续亏损 2.26 亿美元；2001 年销售额进一步下滑至 10 亿美元，亏损额不详。

2002 年初，经巴菲特昔日老板纽曼的儿子牵线，伯克希尔以面值 50% 的价格，收购了鲜果布衣公司的流通债券。然后出价 8.35 亿美元，与黑石集团及德州 TPG 集团竞购鲜果布衣资产。最终巴菲特以纯现金出价为优势，击败两家竞购者，将鲜果布衣收归伯克希尔旗下。破产竞购中债务免除及竞购资金处理，非常烦琐和复杂，这里只说最终结果：巴菲特以大约 7.3 亿美元的价格买下不含债务的鲜果布衣公司资产，市场价值大约 9.2 亿～11.5 亿美元。

随后，巴菲特请回已退休的原 CEO 继续经营鲜果布衣，公司很快恢复了盈利能力。今天，鲜果布衣品牌内衣在中国市场也有大量销售，日复一日地为伯克希尔创造着现金利润。

第二，正是通过观察格雷厄姆利用 P&R 账上现金资产收购联合内衣的过程，让巴菲特意识到日暮西山的产业可以死亡，但企业账面现金可以通过并购有前途的产业实现涅槃重生。这个思路后来被巴菲特完整复制到伯克希尔－哈撒韦公司的收购和经营上，并最终将其改造为全球最大的保险帝国。

第三，这个案例暴露了师徒之间投资理念中潜藏的巨大分歧。一是如何面对不确定性，究竟是通过简单地分散还是通过更深入地认知？二是什么属于内幕信息，如何去界定和使用它？这两个分歧在巴菲特工作期间的另外两个案例上展示得更加淋漓尽致。这两个案例分别是可可豆套利案例和联合电车投资案例。

第十一回　天外有天学会避税　内幕消息运用分歧

在可可豆套利案例中，巴菲特展示出在面对不确定性时，自己和老师完全不同的思考路径。

一次套利，多重收获

刚刚入职格雷厄姆－纽曼公司几个月，巴菲特就遇到一个让他大长见识的案例。这个案例对他而言是一箭四雕：学到一种套利技术；赚到1.3万美元现金；本案例中学到的避税知识，让他未来从税务局嘴里抠出几亿美元；初步建立了巴菲特对老师的不以为然之心。

事情是这样的。当时有家老牌的巧克力片制造公司，由于大股东兼老板的个人原因寻求出售，找到格雷厄姆－纽曼公司。洽谈中，这家公司老板介绍了他面临的一个两难选择，以及当中隐藏的巨额财富。但由于知识能力限制，格雷厄姆没能找到提取这笔财富的方法，双方无法在收购价格上达成统一意见。

这个两难选择是：从1941年起，巧克力片公司就采用后进先出[①]的会计规则。由于从1941年到1954年，可可豆的市价从5美分/磅涨到最高超过60美分/磅，因此公司库房里堆积着一大堆账面成本非常低廉的可可豆，

① 后进先出法是从财务处理的角度，假定后采购的原料先被使用，并据此计算产品成本的方法。注意，与生产时实际先使用哪年采购的原料无关。

这是没有体现在财务报表上的财富。

但是，由于公司的主营业务是用可可豆生产巧克力片，产品的销售对象是巧克力饼干生产商。鉴于长期的合作关系及产品价格体系的稳定，公司无法因为短期可可豆市价暴涨而对巧克力片大幅提价，导致可可豆市价飙升的暴利只是镜中花水中月。如果直接将可可豆在市场卖出，确实会大赚一笔，但必然面临巨额所得税问题。当时美国的企业所得税率相当高，最高税率为52%，意味着约一半利润要进税务局腰包。

公司老板和格雷厄姆没有谈成，转而找到另一位投资人。这位投资人在美国税法中找到一个漏洞，可以解决这个问题。这个漏洞是：如果公司缩小经营范围，将退出业务对应的库存分配给股东（含回购公司股份），可以免征所得税。

这位投资人买下股份，成为公司控股股东。同时宣布公司关闭可可奶油业务的经营，只保留巧克力片等其他业务。在财务上，将1300万磅可可豆归为可可奶油业务的库存，用来分配和回购。

知识就是财富啊！这位高人叫杰伊·普利兹克，比巴菲特大8岁，西北大学会计学专业毕业。此人是未来美国商界的一位传奇人物，百亿级别的富豪，福布斯富豪榜常客，特别擅长避税设计。

1953年，杰伊依靠一笔9.5万美元的贷款完成生平第一笔并购生意，由此开启了美国商业历史上几乎无人能及的传奇。在杰伊一生近50年的商业生涯里，买卖超过200家公司，其中最知名的是他对凯悦酒店的收购与开发。

1957年的一天，杰伊在洛杉矶机场附近一家名叫凯悦的旅馆喝咖啡，发现这家旅馆客房居然全满，他立刻意识到临近机场的酒店对于经常出差的企业高层是非常便利的选择。杰伊当即决定收购这家旅馆及其品牌，交易在当天下午就完成了。杰伊和家族其他成员一起，共同将凯悦发展成北美地区知名的酒店集团，并于1962年上市。如今，凯悦酒店集团的业务已经遍布全球数十个国家和地区。2018 年，凯悦名列世界品牌 500 强第 291 位。

杰伊一生在金融圈里享有难以想象的诚信口碑，金融家们以与他合作为荣。他们这样评价杰伊：“你可以绝对信任杰伊，甚至可以通过电话和他打扑克。”

杰伊和妻子在 1979 年设立的普利兹克建筑奖，是建筑行业的诺贝尔奖，全球公认的建筑界顶级奖项。该奖项主要表彰通过建筑艺术，为人类及其居住环境做出杰出贡献的建筑师，每年颁发一次。中国建筑师第一次获奖是 2012 年，获奖人是中国美院建筑艺术学院院长王澍。

1999 年 1 月杰伊去世时，掌控财富不低于 150 亿美元。杰伊本身擅长避税架构设计，故去世前曾为 52 名家族成员建立了庞大的避税信托架构。不过很可惜，杰伊去世 6 年后，家族成员通过一系列秘密合同，将杰伊留下的庞大商业帝国分拆。分拆完成后，有 11 名家族成员登上 2011 年度美国福布斯 400 富豪榜，有据可查的财富总额为 196 亿美元。普利兹克家族分拆财产期间，是长期占据各大报刊头条的热点八卦。

与该家族有关的最新热点新闻，是杰伊的侄子小杰伊 · R. 普利兹克 2018 年竞选美国伊利诺伊州州长成功，以 32 亿美元身家超过美国现任总统特朗普，成为美国最有钱的在任政客。

杰伊和巴菲特的最后一次关系发生于 2007 年至 2012 年。普利兹克家族将拥有的马尔蒙集团公司 60% 的股权，作价 45 亿美元出售给了伯克希尔。同时约定，伯克希尔将在不晚于 2014 年之前收购剩余股份，以马尔蒙集团未来几年的实际净利润为变量的某个公式计算价格。最终伯克希尔在 2012 年实现对马尔蒙集团的全资收购，支付的总成本约 90 亿美元。

收购完成后，马尔蒙集团和中美洲能源、北方伯灵顿铁路等其他四家公司，构成伯克希尔保险业之外最赚钱的“五驾马车”。巴菲特在 2007 年致股东信里这样谈到这笔交易并回忆杰伊：

2007 年圣诞节，查理和我签约了在伯克希尔公司历史上最大的现金收购，最终为我们自己挣到了当年的薪水。

这次交易的种子早在 1954 年就播下了。那年秋天，刚得到新工作三个月的我，被我的老板本・格雷厄姆和杰里・纽曼派去参加洛克伍德巧克力公司在布鲁克林召开的股东大会。一位小伙子刚刚控制了这家以可可豆为原料的制造公司。他发明了一种独一无二的回购手段，为洛克伍德公司每股股票出价 80 磅可可豆。我在 1988 年给股东的信中描述过这次交易，也解释了其中的套利机会。

我现在要介绍给你们的是，杰伊・普利兹克，就是上面提到的那个小伙，创造出节税收购方案的商业天才——其他想买洛克伍德公司股票的专家们，没人想出这种办法，包括我的老板本和杰里。在那次股东大会上，杰伊很友善地教了我很多关于避税的知识，让我在离开时对他印象深刻。此后，我热心地跟踪着杰伊操作的众多出色的并购交易。

杰伊 1999 年去世，他弟弟罗伯特 2002 年初退休。之后，普利兹克家族决定逐步卖掉或重组他们的财产，其中包括马尔蒙集团。马尔蒙集团通过它的 9 个部门运营着 125 项生意……我们不久将收购马尔蒙集团 60% 的股权并承诺将在未来 6 年收购剩余股权。我们支付的初始费用是 45 亿美元，最终购买价格将由一个以未来几年公司净利润为变量的公式所计算的结果决定。

这项交易，也是按杰伊喜欢的方式进行的。我们仅凭马尔蒙集团的财务报表就报了价。没有雇用投行顾问，也没有展开细致的查证。我知道公司会和普利兹克家族描述的情况一样，同样他们也知道，无论混乱的金融市场会如何，我们都会说到做到。

1954 年秋天，巴菲特不仅按照格雷厄姆的要求在这个案例里实施了套利，而且还违背老师的要求，为自己赚到了更高的利润。过程大致是这样的：

杰伊想提升自己在公司的持股比例，于是提供了一个有明显价差的回购方案，以推动更多股东将股票卖给公司（然后注销）。他提供的方案是：每股股票可以与公司交换80磅可可豆。当时股票市价34美元，而可可豆市价为45美分。80×0.45=36美元，每股有2美元差价。公司股东用股票换来的可可豆是仓单形式（可简单理解为提货单），股东可以提现货，也可以直接卖出仓单获利。

于是，看上去有个套利机会出现了。投资人只需要买股票，换仓单，卖仓单，换现金，继续买股票，换仓单……如此周而复始，便可以赚到每股2美元。成本只有地铁票。

这是大部分资料所介绍的情况，但实际情况并非表面显示的那么美好，其中依然隐藏着一个风险：如果在买下股票到卖出仓单之间的时间差里，可可豆市价暴跌怎么办?

为规避这种风险，聪明的格雷厄姆设计了一个对冲交易。在买进股票的同时，就按照能兑换到手的可可豆数量，在期货市场等量抛售空单，付出少许手续费锁定差价。之后如果可可豆价格下跌，仓单会赔钱，但期货空单会因价格下跌而赚更多；若可可豆价格上涨，期货空单赔钱，但仓单会赚更多。总之，无论可可豆如何变动，利润已经锁定在约2美元。

这事儿到此就真变成无脑捡钱。格雷厄姆把它交给新员工巴菲特去落实。巴菲特一边给公司跑腿，一边在地铁上展开思考。他发现了一系列问题：

①公司的可可豆存货远不止1300万磅，大部分依然作为主营业务巧克力片的原料存在。如果按照存货总量÷股份总额×可可豆市价计算，每股含豆价值远超36美元。

②每一股被回购注销的股票，都相当于将这一股自带的多余可可豆，白送给剩下的股东。越多股东换豆子，剩余股东拥有的豆子越多。

③公司股票的价值并不只是可可豆。股东还拥有公司厂房、设备、应收账款和其他业务经营收入。

④新老板杰伊通过回购，正不断扩大持股份额。此时卖股票或者用股票换豆子的人，是杰伊的对手盘。买进股票并持有的人，则是和杰伊站在了同一战壕。

⑤杰伊在是否收购该公司的问题上，已经展示了比格雷厄姆更聪明的眼光——嘘，这点小心思当然不能被老师知道。

于是巴菲特认为买下股票后不换可可豆，傻傻持有才是更有利的做法。格雷厄姆不同意这种观点，他告诫巴菲特：承担价格下跌风险那是投机者干的事儿。

幸运的是，巴菲特没有盲从导师的教诲，而是仔细推敲后，认为其中的风险值得承担。于是他一边按照格雷厄姆要求的方案替公司套利，一边拿自己的钱累计买进 222 股股票。伴随着可可豆市价波动，股价也随之有波动，巴菲特买入均价大约为 26. 5 美元。

后来的结果很简单。正如巴菲特所料，市场逐步发现这一秘密，股价飙升到最高 100 美元附近，和杰伊站在同一战壕的投资者都得到了超额回报。巴菲特自己买进的 222 股，在大约 85 美元附近卖出，带来约 1. 3 万美元的巨额利润，回报率超过 200% 。

如果他按照老师的方法操作，222 股可以赚 444 美元。即便滚动操作，获利也会相当有限。因为资本市场永恒的规律就是：一旦无风险套利空间被发现，蜂拥而至的资本很快就会抹平差价。

对企业调研和内幕消息的不同态度

在另一个案例里，巴菲特又展示了和格雷厄姆对企业调研和内幕消息的不同理解和运用。这个案例涉及的企业叫联合电车，它也是巴菲特抄来的作业。

联合电车公司拥有 116 辆公共汽车和一座小型游乐园。公司账面有 80 万美元的国债，几十万美元现金以及约 9.6 万美元的预收账款负债（卖出去的月票和年票），这些现金资产净值已经超过 100 万美元，对应公司不到 1.7 万股的总股本，每股价值超过 60 美元，而当时的股价在 30 美元至 35 美元间波动。

格雷厄姆 - 纽曼公司分析后买入该公司股票。格雷厄姆的操作习惯是购买后静静等待市场发现，待股价上涨后卖出。但年轻的巴菲特还想更进一步，他想和电车公司管理层聊聊，或许能够推动他们做“某种正确的事”。

格雷厄姆反对这种行为。在他看来，这是一种获取内幕消息的欺诈行为，哪怕不违法也不能做。投资者应该将自己定位为一个外部人，和公司管理层保持距离。如果有问题可以通过公开方式了解，不能私下接触，否则对其他投资者不公平。

巴菲特不以为然，他背着老师在某个周末去了联合电车公司，和公司管理层进行了亲切友好的沟通。就在巴菲特准备告别的时候，公司老总顺口说了句，“我们一直考虑给股东一次特别资本回报”。

巴菲特马上意识到公司是打算将多余的钱分给股东，于是跟进一句：“哦，那很好啊！”

老总好为人师地加了句解释：“你知道吗，州法律有规定，如果你要这么干，只能按照面值的倍数干。”

巴菲特心中一紧，意识到因为公司股票面值是 25 美元，所以每股分红可能会高达 25 美元。“好啊，这是一个美好的开端。”

老总继续说：“我们打算用两倍。”

此时，恐怕连 60 多年后的你，也能感受到巴菲特心中的狂喜。“一股 50 美元分红，目前股价 35 至 40 美元。这意味着买一股股票，公司不仅会把全部投入退给你，还会额外多给 10 ~ 15 美元，而且你将继续拥有没有分完的国债、现金、车辆和游乐园……”

结果当然很简单，巴菲特尽最大可能秘密搜罗公司股票，最终公司每股分红 50 美元，巴菲特赚到有生以来最大的一笔钱，回报率超过 100%，获利金额超过 2 万美元。不仅是沃伦·巴菲特，整个巴菲特家族史上，在此之前从未有人靠一笔生意赚到过 2 万美元。在 1955 年这是普通人几年的收入，巴菲特只花了几周时间。

第十二回　巴菲特拒任接班人　奥马哈传奇初起步

由于表现突出，格雷厄姆和纽曼当时都非常器重巴菲特，而对施洛斯重视不够，这直接导致施洛斯辞职。这段故事在《滚雪球》里这样记录：

还不到 18 个月，本杰明·格雷厄姆和杰里·纽曼就开始把沃伦当作潜在的合伙人对待，那意味着会有一些家庭聚会。

1955 年中，甚至坏脾气的杰里·纽曼也邀请了巴菲特夫妇到他位于纽约路易斯伯洛的豪宅参加夫妇俩的“野餐”。苏珊穿着适合坐大篷车的轻便衣服出席，到达后才发现其他女士都穿着裙子，戴着珍珠项链。尽管他们看着就像是一对乡巴佬，可穿着上的失礼并没有对沃伦的地位造成影响。

沃尔特·施洛斯没有被邀请参加这样的场合。他已经被归为熟练雇员类，永远不可能升为合伙人。一向对人不那么友好的杰里·纽曼更加怠慢和轻视施洛斯。于是，已婚且有两个年幼孩子的施洛斯决定自己干。

拒绝成为接班人

1956 年，格雷厄姆打算退休，想邀请巴菲特成为新的合伙人，将“格雷厄姆 - 纽曼基金”变成“纽曼 - 巴菲特基金”。巴菲特拒绝了。

很显然，在盖可保险案例中，巴菲特产生了对格雷厄姆知行不一的疑惑；在可可豆案例中，巴菲特产生了对格雷厄姆风险观的不以为然；在联合电车案例中，则是运用格雷厄姆明确反对的方式，获取了巨额利润。或许还有其他案例。

如此巨大的思想分歧下，巴菲特拒绝接过格雷厄姆接班人的大旗，转而决定创立自己的事业，也是合情合理的选择。更何况，26 岁的巴菲特已经拥有了 14 万美元的“巨额”财富（也有资料说是 17.4 万美元）。1956 年的 14 万美元，大约相当于 2019 年的 130 万美元或 900 万元人民币。

这是以 CPI 推算的，以房价推算的话数值更大。恰好巴菲特在 1958 年购买了他一直住到今天的住房，当时买价是 3.15 万美元，目前该地段同样的房子售价约 80 万美元。如果这样对比，1956 年的 14 万美元，大约相当于 2019 年的 355 万美元或 2500 万元人民币。

如果你身边有一名 26 岁的年轻人，不是富二代，纯粹靠自己的双手和头脑挣到了 900 万元或 2500 万元人民币，相信你一定能感受到他身上随时洋溢的自信和勇气。

但此时的巴菲特丝毫不觉得这些钱算什么，他的内心非常清楚地知道，自己未来将会非常有钱，甚至已经开始担心未来钱太多应该怎么处置。他害怕过于庞大的财富规模，可能让自己的孩子变成无所事事的纨绔子弟。巴菲特非常烦躁地认为自己“可能找不到一种符合逻辑的处理庞大金钱的方式”。

在那之后不久，巴菲特在和朋友的通信里就写过这样的话：“目前这还不成问题，但是如果公司[①]经营越来越红火的话，这种担心就会变成现实，我想了很久也没有得出什么结果。我敢肯定自己不想给孩子们留下一大堆钱。等我岁数再大点，看看孩子们是否成器再做决定。要留给他们多少钱，剩下的钱该怎么处理，这个问题真是让我大伤脑筋。”

如果不了解巴菲特的人读到这段话，很可能觉得有点狂妄。但事实

① 指巴菲特成立的代客理财合伙公司。

上，巴菲特只是彻底理解了投资的底层逻辑，知道复利规律必将带来的财富规模。每个彻底明白什么是投资的人，都必将面临这种幸福的烦恼，只是还需要在享受生活和享受投资中，慢慢等待它的来临。

从零起步，开启合伙基金

巴菲特拒绝了老师的邀请，回到家乡奥马哈小镇。在短短5年时间，巴菲特先后成立了11家合伙基金，拥有近百名投资人，管理资产达到720万美元，并提前5年实现了“35岁时成为百万富翁”的梦想。

是哪些人如此信任他，愿意将自己的金钱委托给他管理呢？我们来看看这些早期投资人的名单。

1956年5月，第一家合伙公司成立[①]，总资金10.51万美元，合伙人一共7位：①巴菲特的岳父投入2.5万美元；②巴菲特的姐姐和姐夫合计投入1万美元；③巴菲特的姑姑投入3.5万美元；④大学室友查克·彼得森投入0.5万美元；⑤查克·彼得森的妈妈投入2.5万美元；⑥发小、律师丹·莫奈从岳母那儿借了0.5万美元投入；⑦巴菲特本人投入100美元。

该基金的分账规则：巴菲特承诺保本，收益4%以内，巴菲特分25%，4%以上巴菲特分50%。注意：保本！掌握了烟蒂股投资体系的巴菲特，那时已经非常确信在股市不可能会亏钱。1956年5月第一个合伙基金成立时，巴菲特明确告知全体合伙人：“我特别确信，自己绝对没有任何亏钱的可能，否则我不会答应给别人管钱。”不过，伴随着业绩的展示和巴菲特自有资金的增加，很快巴菲特就放弃了需要依赖保本承诺募集资金的做法。

巴菲特自己的钱没有投入合伙公司。他说，合伙公司的钱一旦投进去

① 那时还没有发展出目前便利的私募基金产品形态，代客理财行为多以设立合伙公司的方式实现。

就不能轻易退出来，而他需要单独靠自己的钱额外赚点儿家用。

投资美洲国家火灾保险

1956年底律师莫奈退出，莫奈的份额由巴菲特的岳父买下来。莫奈退出并不是退出合伙，而是要拿钱参与巴菲特的一个大项目：美洲国家火灾保险公司。这个项目很有趣，我们借着莫奈的事儿聊聊它。

巴菲特之所以要吸收莫奈参与，是因为他需要人跑腿。在那个时代，股票交易并不是通过敲击代码完成。当你想买某股票时，你得先找到持股股东。股东要卖出股票，也需要去找买家。经纪公司就靠对股东信息的掌握和接受买家的委托而生存。

股份公司有股东登记的信息，每年会按照登记地址将红利支票寄过去。除此之外，在没有网络，电话也还是奢侈品的时代，想和股东取得联系并不是一件容易的事。比如联合电车案例里，巴菲特知道公司即将每股分红50美元后，不仅通过经纪公司寻找卖家，甚至还在报纸上登过收购广告。所以，当巴菲特发现美洲国家火灾保险这个烟蒂后，最快捷的方法本来是尝试联系股份公司，看是否能够获得公司存档的股东地址。但是这家公司情况特殊，巴菲特无法通过这个手段寻找股东。怎么回事呢？

原来美洲国家火灾保险的设立源于一个骗局。1919年有几名骗子雇用一群人成立空壳公司，用印刷精美但一文不值的所谓股票，交换内布拉斯加州农民持有的一战债券，无知的农民上当了。但峰回路转，奥马哈一位很有名气的保险经纪人威廉·哈曼森，在不知情的情况下，被骗到这家公司挂名做奥马哈分支机构负责人。

不久，哈曼森发现这是个空壳公司，但看重个人名誉的哈曼森没有一走了之，他希望通过自己的努力，将其改造成一家正当公司。经过哈曼森父子几十年的努力，到 50 年代公司已经成为一家很不错的小型保险机构，1955 年净利润 58 万美元，股本 2 万股，每股收益 29 美元。

哈曼森家族不想自己的努力被旁人搭车享受，他们很早就将股东名单交给一家股票经纪公司，委托经纪公司以每股 30 美元的价格去农村秘密收购。对于农民来说，几十年前上当受骗的一张破纸头，今天有人愿意出 30 美元收购，当然是大好事。

到巴菲特通过《穆迪手册》发现这家公司时，哈曼森家族已经持股约 70%，散落在广大农民手上的股票总共也就还有大约 6000 股。巴菲特想买，但哈曼森家族当然不会给他股东地址，为自己制造对手。所以巴菲特找了很久，一股也没有买到。

后来巴菲特通过翻阅历史档案，查到当年骗子们的主要行骗区域。

到这时巴菲特自己就干不了了，他擅长动脑和计算，不擅长跑腿。于是他拉自己的发小、律师莫奈入伙。莫奈的主要工作就是带着现金，开车去那些曾经被诈骗过的区域，和当地农民一起喝茶、喝酒、聊天，旁敲侧击打听 30 多年前谁或者谁的爷爷、爸爸上过这种当。

就这样，第一年里巴菲特和莫奈躲着哈曼森家族的视线，以 35 美元的单价秘密收购到 5 股。这种事情很难长期保密，农民们很快发现有人收购，于是他们要求涨价。最终，巴菲特最高出价到 100 美元——这是个有魔力的数字，对农民来说是终于回本了。犹如今天很多炒股套牢的，一旦回本立刻争先恐后地卖出去，好像他们当初买股票的目的就是拿回本钱一样。

最终巴菲特和莫奈合计买到 2000 股，平均买入成本约 75 美元。在持有约一年时间后，以 125 美元价格卖出，两人平分了 10 万美元净利润。这是莫奈赚到的第一笔大钱。1958 年 5 月 5 日，莫奈拿出 7 万美元给巴菲特管理，成为巴菲特的第六家合伙公司。

数量不断增加的合伙公司

第二家合伙公司的客户是67岁的物理学教授霍默·道奇，因格雷厄姆退休时的推荐而来，他原本是格雷厄姆－纽曼公司的投资者。道奇教授于1956年9月1日给了巴菲特12万美元，单独设立第二个合伙公司。

这笔投资也保本，但由于总金额巨大，两人同意巴菲特的理论损失以基金内资产总值为限，为此巴菲特首先象征性出资100美元，并同意提成规则定为：收益4%以上部分提成25%。

道奇教授一生用投资巴菲特所赚来的财富做过很多慈善，1983年去世时身家数千万美元，并向一所大学捐赠了价值2000万美元的艺术品。

第三家合伙公司的投资人，是巴菲特父亲在国会做议员时的秘书。1956年10月投入5.5万美元：保本，收益超过4%的部分提50%。

第四家合伙公司是大学室友查克·彼得森的母亲，她于1957年6月单独追加投资8.5万美元。

1957年8月5日成立的第五家合伙公司，出资人是巴菲特家附近一位著名的泌尿科医生戴维斯。虽然住得很近，但此前巴菲特和戴维斯医生并不认识。只是巴菲特在格雷厄姆－纽曼公司工作期间，认识一位著名资金管理人，并给对方留下了深刻的印象。而这位资金管理人恰巧是戴维斯医生的病人，他向医生推荐了巴菲特。

巴菲特去医生家讲了一个多小时，其实医生没怎么听进去，但因为巴菲特给他的感觉很像查理·芒格，医生还是写了一张10万美元的支票给巴菲特。戴维斯医生是芒格父亲的好朋友，也是芒格家的家庭医生，他很喜欢经常来家里翻自己书架的小芒格。这是巴菲特第一次听说查理·芒格，1959年他俩的“一见钟情”，也是戴维斯医生的孩子们牵线。

1958年4月底，已经算有钱人的巴菲特搬出出租房，花3.15万美元买了新房（这约等于当时10%的身家）。买房是被苏珊逼的，在巴菲特心中这是未来的数千万美元甚至更多，拿来买房太不值了。但为讨好苏珊，巴菲特忍痛埋单。

更令巴菲特心痛的，是苏珊还花了1.5万美元装修，并雇了位黑人管家。大手大脚体验富婆生活的苏珊，是奥马哈最早一批买彩电的人，这导致每个周六早晨，整个街区的小孩子都挤在巴菲特家看动画片。这些花费“几乎要了沃伦的命”。唯一令巴菲特欣慰的，是自己终于有了独立书房，就在主卧外面。苏珊给书房铺满了印有美钞图案的墙纸，巴菲特每天很惬意地在钞票包围中阅读和思考着。

莫奈和巴菲特成立的第六家合伙公司，后来陆陆续续吸收了格雷厄姆的亲戚、教巴菲特演讲的老师、几名巴菲特开设投资课时的学生等人。

第七家和第八家都与大学室友查克·彼得森有关。1959年2月，彼得森的老板及其朋友投资5万美元，成立第七家合伙公司。1960年8月15日，彼得森家对门邻居（一位产科医生）及其同事11人投入11万美元，成立第八家合伙公司。第九家合伙公司是奥马哈当地一个显赫家族，金额不详。第十家合伙公司，是奥马哈市最精美的服装店老板及她的两个女儿和女婿一起投资的，金额25万美元。

1960年，在良好业绩[①]的诱惑下，现金潮水般涌入巴菲特各家合伙公司，几乎每家合伙公司都吸收了新成员。这时的巴菲特不再需要寻找资金，而是资金自己找上门。因此，保本就别想了。受限于监管机构对基金合伙人总数量不得超过100人的限制，有些投资者已经需要组团后以某人或某机构的名义参与合伙，这样算“一个”合伙人。

最后一家合伙公司成立于1961年5月16日，是律师莫奈的朋友霍兰德夫妇。投资金额不详，只知道1997年这对夫妇建立的慈善基金净资产

---

① 合伙基金回报明细数据参看本书附录A。

2610 万美元，其中 2210 万美元是伯克希尔的股票。

1961 年 7 月，巴菲特将加入基金的门槛上调为 2.5 万美元起。同时在征得投资人同意后，将所有合伙基金提成规则统一为超过 6% 的部分提成 25%。之所以设立 6% 提成线，是因为巴菲特认为股市回报虽然不均衡，但长期来看每年自然增长率会有约 5% ~7%。因此这个数字内的年收益，并不是自己的功劳，超过 6% 后提成比较公平。

1962 年元旦，全部合伙公司合并为“巴菲特有限合伙公司”。这次，巴菲特把自己的绝大部分钱也投入了公司。此时合伙公司共计持有约 40 只股票，净资产 717.85 万美元。其中巴菲特夫妇拥有 102.5 万美元，巴菲特的亲戚们拥有 78.26 万美元，剩余的是外部投资人。

巴菲特那间贴满“美钞”的小书房，已经堆不下近百名投资人的投资协议和大量企业年报资料。于是他在附近的基威特大厦租了间办公室，并雇用了第一位雇员比尔·斯科特——巴菲特夜校投资课的学生。斯科特在巴菲特合伙基金及后来的伯克希尔公司总部工作至 1993 年退休。今天，伯克希尔总部依然在这栋楼里，只是租赁面积扩大为半层楼。

第十三回　烟蒂也须天时地利　控制投资兑现价值

巴菲特这个阶段怎么赚钱？答案没什么新意，就是彻底复制格雷厄姆。手法一共三大类：套利类、低估类和控制类。

套利和分散买入低估烟蒂，在前文有关格雷厄姆和施洛斯的部分，已有详细介绍。巴菲特基本就是照猫画虎、耐心捡钱。和施洛斯不同的是，出于个性的原因，当买入的烟蒂死活不涨时，巴菲特本人更倾向于学老师的北方输油管案例，持续买入并最终推动价值实现。

捡烟蒂也须天时地利

当然，此时他可以去推动的，主要是依照自己管理的资金总额衡量，有把握进入董事会甚至成为控股股东的小市值企业。这种情况下，巴菲特相当于给自己的捡烟蒂行为，又加了一重保险。

公司市值小，市值低于净营运资产的三分之二，买入后上涨就卖出赚钱。买入后下跌，就继续买入直至进入董事会甚至控股，然后推动公司实施分红、回购或分拆。这样的策略下，完全想不出来如何才能亏损。大概唯一潜在的风险，就是企业报表造假，尤其是营运资产造假，比如类似某A股公司虚构299亿元银行存款那种。

面对这个风险点，巴菲特曾深入学习的财务报表分析知识，当然是保命防身的必备要素。但由于那时的财务信息披露相对简单，财务分析能力并不是巴菲特防假的核心法宝，更重要的反而是以下三点：

第一是广泛存在的宗教信仰和相对固定的社交与商业活动范围，对于企业管理者具备一定的道德约束力。

第二是美国的法治传统。由于资料限制，很难找到20世纪五六十年代股份公司造假的判例。但我们可以通过21世纪初世界能源巨头安然造假的结局，感受美国法律对造假的威慑力。

2001年，世界最大的能源巨头美国安然公司爆出造假丑闻。该公司从1997年到2001年间累计虚报净利润近6亿美元，同时隐瞒约130亿美元债务。

最终的结果：安然破产退市，两万多名员工失业，失业保险金丧失殆尽；公司CEO被判有期徒刑24年并罚款4500万美元，数十名相关人员被判有期徒刑并缴纳高额罚款；全球五大会计师事务所之一的安达信，被判妨碍司法公正，宣布破产，直接责任人终身禁入，“五大”从此成“四大”；造假事件涉及的花旗集团、摩根大通、美洲银行三大顶级投行被判有罪，分别向受害者支付赔偿金20亿、22亿和6900万美元；安然股票的投资者累计获赔71.4亿美元。

值得一提的是，安然事件后美国通过新的《公众公司会计改革与投资者保护法》（又称《萨班斯法案》），进一步加强对财务造假的处罚。法案规定：公司CEO必须对财务报告的真实性宣誓；编制虚假财务报告，最高处500万美元罚款或20年监禁；篡改文件最高处20年监禁；对举报造假人实施打击报复的，最高处10年监禁。

美国证监会还设立了对财务欺诈行为的举报奖，举报者可获得最终罚款金额的10%～30%。这可不是空头支票，美国证监会至今已经向数十名举报者发放了数亿美元奖金。最大一笔是2018年3月美林证券三名内部员工举报公司挪用客户资金案。最终美林证券被罚款4.15亿美元，三名举报者合计获得8300万美元的巨额奖金。举报造假比参与造假获利更大，而且还合法，这对往往需要多人配合才能完成的公司财务造假行为，绝对是釜底抽薪。

虽然五六十年代的法律环境还没这么严格和完善，但由于巴菲特所选目标都是一些非常冷门、不被重视的小企业，属于既没有融资需求，也没打算吸引市场注意的类型，企业本身不具备造假的主观动机，也没有足够的利益驱动管理层造假。这或许是第三点重要原因。

考虑到以上三点，格雷厄姆和巴菲特的控制类投资，才算是形成了完整的逻辑闭环。买入后上涨，卖出获利；买入后不涨，就买成大股东，推动分红、回购或分拆获利；如果过程中发现财报数据有假，则提起对董事及高管的个人诉讼索赔。

由此可见，格雷厄姆及其追随者长期在烟蒂股上保持优良战绩，既与大萧条后普遍存在的对股票的恐惧和厌恶心理有关，也与格雷厄姆清晰的投资体系及后手准备有关。而这个后手准备又和美国的法治环境息息相关。这一点，在其他国家和地区是否具备，是投资者学习烟蒂股投资之前，需要认真思考的。

控制类投资的经典案例

低估类烟蒂就是枯燥的统计学，没什么值得深入探讨的。控制类投资倒是可以观摩两个经典案例，学习巴菲特如何界定低估，如何量化计算烟蒂股价值，如何推动价值实现。这对于我们今天的投资依然大有裨益。

感谢巴菲特有每年写致股东信的习惯，这两个案例有故事、有数据、有思想、有工具，其中涉及的估值方法，今天依然可以直接套用。

第一个案例：桑伯恩地图公司。

时间：1958 年。

状况：桑伯恩公司总股本 10.5 万股，每股股价从 1938 年顶峰 110 美元，持续下滑到1958年的45美元，跌幅约60%。期间道琼斯指数大涨，从120点上涨到550点。

桑伯恩公司由测量师D. A. 桑伯恩于1876年创立，其主要业务是出版并持续修订美国城市的超精细地图，主要客户是约30家保险公司。保险公司需要利用这些地图及地图内建筑物的构造细节，譬如地下水管的直径、消防栓的位置、房屋所用材料等，估算火灾发生概率及发生后的潜在损失，以便给对应的火灾保险产品定价。

除此之外，公司还为政府机构和企业提供服务。例如，为政府建立社区避难场所提供环境资料，为城市规划部门提供辅助资料，为自来水公司编制和起草自来水输送管道图，为军队施工提供环境资料，提供房屋建筑资料给抵押贷款公司等。

地图的首次测绘非常花费人力，不仅需要街区地图及区内建筑物细节，同时还要包括地下自来水管的走向直径，建筑物的电梯井、窗户分布及建筑材料，区内分布的工业设施，等等。但测绘一旦完成，可以同时卖给多家客户，并不增加什么成本。这和现代的软件研发类似，研发费用很高，但边际成本很低。出于地图更新的需要，客户每年都会交纳订阅费，以保证收到地图的更新资料。更新所需人力较少，只需关注区内少量变化，及时打补丁即可。

由于这种产品特点，一旦桑伯恩公司完成某个城市的地图测绘，就不会再有第二个竞争者出现了。毕竟老客户不会买第二份地图资料，而桑伯恩超低的边际成本，也封住了竞争者进入的道路。所以桑伯恩公司在长达70多年的时间，一直具备某种程度的区域垄断性质。

20世纪50年代，有一种现有资料语焉不详的新手段出现，并被保险公司大量运用。大致的意思是保险公司可以通过建筑的财务资料（例如建筑结构成本）建立某种模型来估算概率和损失。这项新技术导致桑伯恩公司的地图服务，就像面对数码技术的柯达胶卷，不可阻挡地走向衰落。

公司1950年的净利润有68万美元，但到1958年净利润仅30万美元，而且只有10万美元净利润来自地图主业，其他20万美元来自公司早期买进的股票和债券。这幸亏是因为公司业务不太需要投入新的资本，所以从30年代起，公司就将大量资金用于投资，累计投出大约260万美元，其中债券股票各约一半。30年代到50年代，道琼斯指数从120点左右上涨到550点左右，所以公司持有的债券和股票，1958年市值已经达到约700万美元。

巴菲特1958年发现桑伯恩公司时，股价约45美元。总股本10.5万股，分散在约1600名股东手中，总市值约473万美元，过去5年股价在36和75美元之间波动。财报显示，公司资产负债表里以成本价记录的债券和股票，账面价值约260万美元。但按照报表附注数据，这些证券1958年市值697万美元（1959年市值涨至735万美元），这意味着以大约130万美元成本记录在公司资产负债表上的股票，1958年底市值已经涨到约567万美元（697万－债券130万）。

巴菲特还观察到，尽管公司的主营业务正在走向衰落，但由于边际成本非常低这个特点，公司每年依然可以创造少量利润。例如1958年，地图主业就产生了10万美元净利润。公司多年积累的数据和资料，对于保险行业依然有价值。如果完全重建这些数据，至少要花费上千万美元。据此可以确定公司主业会逐步走向凋零，但不会突然死亡。

引起巴菲特窥探兴趣的，除了低估之外，还有董事会的结构。公司95%以上的收入，来自长期合作的30家保险公司。早期，保险公司为了防止桑伯恩定价太狠，要求安排董事监督公司运营。这样的历史原因，导致公司董事会14名董事里，有9名董事来自保险公司。这9人合计仅持有公司股份46股，却拥有董事会9/14的表决权。他们的关注点，是桑伯恩公司是否尽责为保险公司提供最新最准的信息服务，至于桑伯恩公司小股东的利益，基本不在他们考虑范围。毕竟在他们看来，公司每年有盈利有分红，对小股东已经很有良心了。

另外的5名董事，有一名银行家和一名律师，各持10股，这大致是董事会的中立票。两位公司高管，合计持有300股。两位高管认为企业还可以依托地图业务向更多方面发展，但受限于董事会的不思进取，无法行动。最后一名董事是已故总裁的儿子，他母亲持有1.5万股。已故总裁的儿子也对现状不满，向董事会提出申请要求担任总裁，但被董事会拒绝了。

巴菲特经过研究认为：①公司价值低估；②只要通过将投资组合变现就足以实现价值；③持有足够改组董事会的股票，就可以实现②。

经过接触，已故总裁的遗孀同意将1.5万股卖给巴菲特，同时巴菲特还了解到另外两名分别持有1万股和0.8万股的股东，也有推动价值实现的意愿。

于是巴菲特陆续买入合计约2.4万股，投入资金占巴菲特基金规模的35%左右。同时，联合两位持股量较大的股东，并邀请施洛斯、纳普、布朗等多人一起买入——不是白送获利机会，巴菲特要求从施洛斯等人在桑伯恩项目上赚到的利润里分成。

最终，巴菲特掌控了足够的投票权，成为公司董事，并在董事会上提议将地图业务和投资业务分拆。对于这种减少董事会控制资产规模的馊主意，董事会其他成员当然想尽办法阻碍其达成。

巴菲特如果学习格雷厄姆在北方输油管公司的方法，征求小股东投票权，要求改组董事会，就会对其他董事的董事地位形成威胁。不过，由于巴菲特认为当时桑伯恩公司持有的股票，市场估值已经很高，担心等董事会斗争结束，可能已经错过最佳卖出时间，造成双输。此时巴菲特和董事会之间，犹如谚语所言，是麻秆儿打狼——两头害怕，于是也就有了相互妥协的可能。

巴菲特复制可可豆公司杰伊设计的避税方案，与董事会其他成员达成妥协方案：公司保留地图主业和约125万美元的债券投资，退出股票投资业务。然后以公司持有的约600万美元市值的股票，回购并注销了合计约7.5万股股票，在使退出股东获得满意回报的同时，也提升了剩余股东对公司的控股比例，以及每股盈利和股价。

留下的桑伯恩地图公司主体，持续经营到2011年，然后被英国一家媒体公司收购，再后来卖给了公司管理层。今天该公司的主要业务，包括地理空间数据可视化技术、三维地图、空中摄影、现场数据采集、与雨水有关的软件服务、森林库存管理以及野外火灾风险评估等，基本实现了管理层的规划：依托地图业务多方面发展。

从这个案例中，我们可以发现，要想主动推动烟蒂股实现价值，并不是只要便宜就行，同时也需要其他条件。桑伯恩公司除了具备显而易见的便宜之外，还具备至少三个辅助条件：①主业虽然在衰退，但依然具有造血功能，不仅不会消耗公司现有现金，反而可以持续创造少量现金；②主业有改善的可能；③具备买到足够数量股票的可能。这种情况下，巴菲特才决心加大投入去推动价值实现。

这些条件是针对桑伯恩地图个案的要求，还是巴菲特操作烟蒂股的既定规则？我们可以再看一个烟蒂：邓普斯特农具机械公司。巴菲特之所以与桑伯恩公司董事会达成妥协，部分原因也是急着兑现利润去收购邓普斯特。

正是邓普斯特案例，在巴菲特心中埋下了对烟蒂模式的抗拒火种，推动了巴菲特向以费雪、芒格为代表的投资道路转型。这是怎么回事呢？

第十四回　捡烟蒂树最佳模板　不小心成过街老鼠

邓普斯特农具机械公司位于比特莱斯镇。公司创立于 1878 年，主要生产风车、水泵等以风或水为动力的灌溉装置，是西部地区名声卓著的风车和农具生产公司。邓普斯特牌大风车，是平原之上随处可见的巨大景观，也是西部移民垦荒种田必备的大型投资品。

这种产品本身的技术门槛不高，区域内竞争者很多。邓普斯特的农具机械产品质量良好，在竞争中一直处于优势地位。但是，到 20 世纪五六十年代，一种无法抗拒的降维攻击来到西部大平原：电网和电泵。以电力作为驱动力，很显然比风力和水流更可靠，要求条件更低，使用更方便。所以邓普斯特的产品也像“面对数码技术的柯达胶卷一样”不可阻挡地走向衰落。

市场表现无情地展示这种衰落的事实。1961 年公司财务报表净资产 460 万美元，对应 60146 股总股本，折合每股净资产约 76 美元，而股价则波动于 16 美元和 30 美元之间，仅为账面净资产的 2 到 4 折。

重仓买入邓普斯特

巴菲特早在 1956 年股价大约 25 美元左右就开始买入，1957 年巴菲特成为公司董事。到 1961 年上半年，巴菲特合伙基金一共掌握了公司 30% 左右的股份，然后在 1961 年 8 月和 9 月又以 30. 25 美元的价格大笔买入，并同时发出公开要约收购。最终累计投入 1262577. 27 美元，买到 44557

股，平均买入成本 28.33 美元。投入资金约占合伙基金 21% 的份额，对他而言无疑算是重仓了。巴菲特是如何做出重仓邓普斯特决策的呢?

邓普斯特农具机械公司，是巴菲特第一次真正掌控一家经营实业的公司。之前的桑伯恩公司，巴菲特只是进入董事会，并没有掌控公司。因此，邓普斯特也是第一家巴菲特直接在致股东信里，列出过详细财务资料和估值方法的烟蒂股。虽然列出的是 1961 年财报数据——帮助巴菲特做出买入决策是更早的财报，但由于公司经营是缓慢滑坡，资产负债表变化幅度并不大。

通过 1961 年邓普斯特公司的财报数据，如表 14－1 所示，可以清楚看出巴菲特如何给烟蒂企业各项资产估值，各自采用的什么折扣率，所以很有学习价值。

表 14－1　1961 年邓普斯特公司财务数据及估值　　单位：万美元

科目	账面价值	估值	折扣率
现金类资产	21	21	100%
应收账款	104	88	85%
预付费用	8	2	25%
存货	420	252	60%
工厂及设备	138	83	60%
总资产	692	446	
应付票据	123	123	100%
其他负债	109	109	100%
总负债	232	232	
净资产	460	214	47%

注：数据细微差异因四舍五入。

按照公司 60146 股的总股本计算，每股账面净资产为 76.5 美元，而巴菲特的估值是 214 万美元，折合每股股价 35.6 美元。在此基础上，巴菲特最高买入价格为 30.25 美元，平均买入价 28 美元，大体在账面净资产的三到四折之间，或估值的 78% 以下。

在这个案例中，巴菲特几乎是教条般地执行了老师教的“低于净营运资产的三分之二”买入原则：1961 年邓普斯特公司净营运资产约 322 万美元（692 - 232 - 138 = 322 万美元）。巴菲特最高买入价在 30.25 美元附近，折合买入市值 182 万美元（30.25 × 60146 ≈ 182 万美元），相当于净营运资产的 57%。表 14 - 1 最后一列的估值折扣率数据，今天的烟蒂股投资者，依然可以直接拿来当作模板套用。

巴菲特后来在 1963 年的致合伙人信里回顾这次交易时，略带一点得意的口气，再次阐述了最简单易懂的估值法，他写道：

> 我再给喜欢企业分析的朋友讲个有趣的事儿，合伙公司拥有邓普斯特 71.7% 的股份，成本 1262577.27 美元。
>
> 1963 年 6 月 30 日，邓普斯特在奥马哈国民银行有个小保险箱，里面装着价值 2028415.25 美元的证券。我们拥有这些证券的 71.7%，价值为 1454373.70 美元。所以公司地面以上的东西都是我们赚的。
>
> 做证券分析师的朋友可能觉得我的会计手法太原始了。说真的，我还是愿意用我这种数手指头和脚指头的方法。相比痴心妄想别人明年给我出个 35 倍市盈率的买价，我觉着还是我的原始方法更靠谱。

企业经营的困难超出想象

巴菲特真的只是看到便宜就上吗？好像也不是。巴菲特买入前对公司的评价是：“这家公司过去 10 年销售停滞不前，库存周转缓慢，相对于资金成本而言没有实际利润。”这个评价很有意思，和地图公司一样，巴菲特看见公司主业正在衰退，但不会马上崩溃，他用的词语是“销售停滞不前”。同时公司主业并不消耗公司资本金，他用的词语是“相对于资金成本而言没有实际利润”，没有实际利润的意思，是说公司主业利润大致相当于资金利息。

更重要的是，巴菲特能看见主业明显有改善空间。他发现公司在售后维修中销售的配件，和生产新设备所使用的零配件采用同样的定价机制。巴菲特对此不以为然，他认为对已售旧设备提供维修零件时，应该制定更高的价格，毕竟此时买家已经没有别的选择了，高价也必须买。

巴菲特设想的定价策略相当正确，想想今天的汽车维修价格就知道了。根据中国保险行业协会和中国汽车维修行业协会联合发布的2018年底在售汽车零整比数据，零件/整车价格比最高的5款车型，维修保养对应的全车零件报价总和，相当于新车价格的694%和593%之间。

巴菲特的想法没错，但可惜魔鬼在细节中。即便巴菲特发现了改善公司主业的方法，也需要人去落实，巴菲特本人不擅长这个。公司原有管理层头脑僵化，反应迟钝，在巴菲特控股后很长一段时间，公司经营并没有起色。巴菲特甚至试图请一位在美国钢铁公司工作的老朋友来接手经营，老朋友考察之后拒绝了。

这下子巴菲特头疼不已。他在一次聚会中向芒格抱怨："公司现在一团糟，我弄了个笨蛋来管理，现在公司不断上升的只有存货、存货。"

临阵换将，危机暂时解除

芒格给巴菲特介绍了一位新CEO哈利·巴特勒。20世纪50年代芒格做律师时，曾经在一位客户的工厂里投资过一笔钱，这家工厂专门为军用火箭定制变压器。当时巴特勒是这家变压器厂的财务主管。

这次军用火箭变压器的投资经历将芒格折磨惨了。芒格回忆说："战争结束后这门生意就不好做了。我们的财政非常紧张。在财务主管哈利·巴特勒的帮助下，我们最终决定踢走所有不能让我们赚钱的客户，缩小工厂规模。当时我的内心非常挣扎，很痛苦。我们几乎失去了所有。"

经过芒格与合伙人的努力，这家变压器厂最后还算是赚了钱，于1961年处理了设备和存货后关门大吉。正是这次经历，让芒格意识到没有前景的企业，是令人多么痛苦和浪费时光。他说："我从此再也没有回到过高科技行业，因为我尝试过并发现了有很多问题。我就像马克·吐温的猫一样，只要有一次被烫过的经历就再也不会去坐火炉，哪怕火炉是冷的。……收购一家注定破产的公司，寄希望于在它破产前清偿所有债务并拿到盈利，可不是什么好玩的事情。……好企业和差企业的区别在于，在好企业里，你会做出一个接一个的轻松决定，而差企业的决定常常是在不同的痛苦之间做选择。"

芒格的眼光没有错。比巴菲特大 11 岁的巴特勒是一位相当成功的问题企业解决专家。1986 年，伯克希尔旗下一家名叫 K&W 的公司遇到困境，巴菲特和芒格再次向巴特勒求助。K&W 公司在巴特勒的带领下，也是迅速走出困境。第二年净利润就创出历史新高，同比增长 3 倍。巴菲特高兴坏了，在 1987 年致股东信里把巴特勒老先生夸成了一朵花儿，他说：

> K&W 公司遇到了困境……查理知道不需要通知我，只要直接找到 68 岁的哈利·巴特勒，任命他为 CEO，然后静静等待结果就可以了。事实上他没有等多久，就在 1987 年，K&W 公司净利润就创出历史新高，比 1986 年增长了 3 倍。不仅净利润提高，K&W 所需的资金也大幅减少，应收账款和存货同比还降低了 20%。所以，如果往后 10 年或者 20 年，伯克希尔投资的公司如果又遇到麻烦，你们都知道谁的电话铃会响了。

1962 年 4 月 23 日，巴特勒出任邓普斯特公司 CEO。通过巴特勒的努力，邓普斯特公司逐步收回应收账款，还清了银行贷款，同时将用于维修的零配件定价提高了 2 到 5 倍（没有受到客户抵制），关闭了不能产生利润的生产线，廉价转让生产设备，并解雇了大约 100 名工人，然后将回笼现金拿去投资巴菲特看中的低价证券。

巴特勒的解决方案非常成功。到 1962 年底，邓普斯特公司的资产负债表已经变成表 14－2 的模样。

表 14 -2　1962 年邓普斯特公司资产负债表　　单位：万美元

科目	账面价值	折扣率	估值	1961 年值	变动
现金类资产	10	100%	10	21	-11
应收账款	80	85%	68	104	-24
投资	76	100%	83①	0	+76
预付费用	1	25%	0	8	-7
递延所得税资产	17	100%	17	0	+17
存货	163	60%	98	420	-257
工厂及设备	95	60%	57②	138	-43
总资产	442		333	692	-250
应付票据	0	100%	0	123	-123
其他负债	35	100%	35	109	-74
总负债	35		35	232	-197
净资产	407		298	460	-53

注：①投资估值 83 万美元，为 1962 年 12 月 31 日市值。

②巴菲特在 1962 年致股东信里，按照预估市场拍卖值，将工厂及设备估值为 70 万美元，此处老唐依然按照 1961 年的折扣比例计算。

账面净资产虽然从 460 万美元降低为 407 万美元，缩水约 12%，但资产构成已经发生巨大变化。使用 1961 年同样的折扣率，可以发现公司的内在价值从 1961 年的 214 万美元增加到 298 万美元，增幅 40%。每股估值从 35.6 美元提升到约 49 美元——已经摊入给新 CEO 的股票期权 2000 股，30 美元的行权价。

这一年，巴菲特非常愉快。在当年的致合伙人信里，他毫不吝啬地大力夸奖哈利·巴特勒。他写道："哈利绝对是我们的年度之星。我们给他设定的每一个目标，他都达到了，而且总是给我们带来意外的惊喜。他完成了一个又一个看似不可能的任务，而且总是先挑最硬的骨头啃。……他善于适应新环境，工作努力，执行力强。他希望自己工作要做好，对得起高薪酬。我喜欢他这种人，不像有些经理人，就知道在总裁办公室里配备镀金洗手盆。"

突遭众人唾弃，惊恐中暗自反省

1963 年，经过巴特勒继续落实同样的措施，邓普斯特每股内在价值提升到约 65 美元。8 月，巴菲特在《华尔街日报》刊登广告，计划继续处理公司剩余生产线甚至是整家公司。可是，意外发生了。公司低价出售生产设备并解雇员工的行为，触动了当地居民在大萧条中失业的惨痛记忆。大量居民在恐惧和愤怒之中，举起干草杈包围了“可恶的吸血鬼沃伦·巴菲特”。

巴菲特吓坏了。他一直认为自己“拯救”了这家公司。如果没有自己的努力，公司现在应该已经破产了。但当地居民看见的，只是一个把公司设备当破烂卖掉，导致他们失业的“黑心资本家”。

居民们发起“赶走巴菲特”的运动。经过镇政府和居民的共同努力，他们筹集到近 300 万美元用以满足收购资产和持续经营。他们请出邓普斯特公司创始人的孙子牵头，于 1963 年 9 月 13 日正式收购了邓普斯特全部经营资产及品牌。当镇长宣布黑心资本家被成功赶走时，全镇警笛和钟声齐鸣以示庆祝。

尽管巴菲特和其他股东一起，将只剩下证券和现金的公司清算了，每股累计变现约 80 美元，巴菲特合伙基金从这笔投资中赚到大约 230 万美元净利润（44557 × 80 − 1262577.27）。但这段犹如过街老鼠——人人喊打的经历，让巴菲特开始对捡烟蒂的投资模式产生恐惧和反感，他无法接受被整个镇子的人仇恨的场景。巴菲特发誓永远不让这类事情重演，他再也不想做清算资产、解雇员工的事儿。为此，巴菲特将手头一堆烟蒂，一次性打包卖给了大师兄施洛斯。

然而，江山易改本性难移，尤其是追逐利益的习惯。如同马云的“饿死不做游戏”，雷军的“小米不做中低端”，巴菲特誓言的回声还未散去，他就手脑分离，再次将资金投入一只更大的烟蒂，并迅速制造了投资生涯里最糟糕的一次失败。

这次失败之后，巴菲特采取了一个有点俏皮，但代价重大的措施，防止自己“复吸”烟蒂：他将这个错误像狗皮膏药一样，贴在自己额头，让自己永远带着这张狗皮膏药行走。

成功的投资都是相似的，失败则各有各的失败。投资领域，很多成功其实是不能复制的，因为它或许是正确决策的结果，也或许只是一时撞大运。无法进实验室重复测试的事情，谁知道哪个因素的成分更大呢？所以，被巴菲特称为“西海岸哲学家”的查理·芒格有句非常著名的语录，“反过来想，总是反过来想”。虽然很多人都认同这句话，但或许它的重要性还是被大大低估了。

想知道人生如何得到幸福，首先研究怎么样才能变得痛苦；想知道企业如何能够做强做大，先了解企业怎么才能走向衰败；想知道如何在股市投资成功，先了解怎样会导致亏损。躲开越多导致失败的因素，获取成功的概率就越大。能躲开所有导致失败的因素，想不成功那纯属做梦。

不过很可惜，成功分析满天飞，失败剖析却少之又少。尤其是投资大师的失败案例，更是被有意无意地忽略。幸好，少并不意味着没有。伟大的巴菲特发誓不再清算资产和解雇员工，但很快又故技重演实施的这笔“最糟糕的”的投资——收购伯克希尔－哈撒韦公司，可以成为一个非常好的学习范例。

巴菲特本人多次公开承认收购伯克希尔是一次重大失败。在1998年的一次电视访谈里，经由比尔·盖茨的口，巴菲特强调了它是“最糟糕的”。盖茨说：“在今天早晨用早餐时，我和沃伦还在讨论哪个投资决策是他所做过最糟糕的。这不是件容易的事情，不过，我们最终还是根据一些衡量标准确定，买下伯克希尔－哈撒韦公司可能就是最糟糕的那个。”

是什么吸引巴菲特打破誓言？为什么伯克希尔－哈撒韦是“最糟糕的”投资？我们从中又可以学习到哪些经验和教训呢？

第十五回　冲动收购伯克希尔　损失超过千亿美元

发迹于二战的大型纺织企业

伯克希尔－哈撒韦公司由两家纺织企业合并而来。一家叫伯克希尔，创建于1806年，其间也经历过几次兼并重组，但创始人蔡斯家族的后人一直到巴菲特介入时，还是公司重要持股股东并担任董事长。另一家叫哈撒韦，创建于1888年，以“华尔街女巫”绰号出名、19世纪美国最富有、最令人讨厌的女人亨丽埃塔·格林是哈撒韦最早的创建人之一。

两家公司早在二战之前都已经规模巨大。但它们真正的发迹是在第二次世界大战期间，为军方生产降落伞布料及雨布、蚊帐等其他军需品。伯克希尔公司的老CEO曾这样回忆历史：

> 二战爆发时，军方将全国的纺织品企业召集起来开会，想委托各家企业开发生产尼龙降落伞布料。由于大家对这种尼龙布的生产都没有经验，对于是否接受这个订单都显得犹豫不决。
>
> 政府官员一家一家点名让企业自己申报。大部分企业都表示愿意生产，但愿意承担的数量基本都在2.5万码左右。轮到伯克希尔时，伯克希尔公司报出300万码的承接意向，并最终接受了500万码生产任务。

伯克希尔就这样在二战军需生产中发展壮大，哈撒韦也类似。到1948年，两家公司共拥有12家大型工厂，雇用约1万名员工，当年净利润180

万美元。1955 年两家公司合并，合并后的伯克希尔 - 哈撒韦公司堪称纺织业界的巨无霸，下属 14 家工厂，超过 1.2 万名工人，年销售额 1.12 亿美元，公司净资产 5545 万美元，为全美提供时装面料，西服面料，窗帘、衬衫、床单、手绢、衬裙等产品布料。

合并后公司的 CEO 由原哈撒韦 CEO 西伯里 · 斯坦顿担任。这是位企业经营狂热分子，致力于扩大对同行的竞争优势，但在投资回报率问题方面思考不足。他不断地往纺织厂投入资金，升级更先进的设备。

董事长由原伯克希尔董事长马尔蒂姆 · 蔡斯担任，他对西伯里这种做法持反对意见。他认为在同质化明显的纺织品竞争环境，投钱升级新设备即便能提升生产效率，最终也必将通过降价补贴给消费者，股东得不到什么好处。

蔡斯董事长的侄子尼古拉斯 · 布雷迪为此甚至写了一篇论文，论述在纺织业扩大投资没有好处。布雷迪后来成为美国财政部长，在 1991 年巴菲特拯救所罗门兄弟公司的过程中帮了大忙。

以烟蒂标准买入伯克希尔

事实和蔡斯董事长预判的一样。二战结束后，西伯里先后投入上千万美元提升公司产能和技术，但公司颓势不改，连续 9 年亏损，1962 年实现净亏损 215 万美元。这样的经营形势和前景，股价自然是一路大跌。1962 年冬天，伯克希尔市值跌至 1200 万美元左右，巴菲特开始买入，首笔买价是 7.5 美元/股，成交 2000 股。

买入的原因也很简单，公司 1961 年财报显示每股净营运资产 12.35 美元，股价低于净营运资产的三分之二，典型的格派烟蒂（1962 年财报每股净营运资产缩水至 10.25 美元）。左手捏着师父的剑诀——“购买股价低于每股净营运资产三分之二的股票”，右手打开钱包，巴菲特悄悄买入 11 万多股。

此时巴菲特并没有入主伯克希尔的意图，他只是根据一位朋友提供的公司高管内部不和、在继承人问题上有争执的信息（算内幕消息吗？请各位看官自行评判），判断公司或者会回购注销股份，或者某一方会增持，届时自己趁机卖掉就是了。

其间，巴菲特有一次顺路去参观了伯克希尔工厂。当时的财务总监是公司 CEO 西伯里的儿子杰克，他毕业于哈佛大学，也是西伯里意图培养的公司接班人。杰克接待了这位年轻的百万富翁，并给了巴菲特一份公司过去 40 多年的财务数据汇总表，然后安排副总肯·蔡斯陪同参观。这或许是杰克犯下的一个大错。当时西伯里的亲弟弟和蔡斯董事长都不看好杰克接班，他俩看好的接班人就是这位副总肯·蔡斯。肯·蔡斯和董事长并无亲属关系，只是恰好同姓。

肯·蔡斯陪同参观时，巴菲特问了很多问题。多年后肯·蔡斯这样回忆："沃伦一直问个不停，关于营销的，关于机器的，关于我认为应该采用什么策略，公司该怎样发展，我们目前销售的是什么产品，主要销售对象是谁……对每个细节他都刨根问底。"

最失败的一次投资

秋去冬来，转眼到了 1964 年，西伯里果然打算回购。按照巴菲特的表述，双方是在经纪人的撮合下，面谈并达成口头协议：按照 11.5 美元/股的价格成交（当时市价大约在 9 和 10 美元之间）。

1964 年初，巴菲特合伙基金净值已经有 1745 万美元，11 万多股伯克希尔，仓位占比也就约 7%。这事如果到此结束，它就只是无数烟蒂中不起眼的一个，不痛不痒地堆积在巴菲特的"烟灰缸"里，"最糟糕"也就无从谈起。然而历史由无数偶然组成，3 个星期后，巴菲特收到西伯里的正式收购要约，价格一栏数字是 11.375 美元。

这让巴菲特大吃一惊，他通过中间人提醒西伯里守信。西伯里不承认和巴菲特在价格问题上达成过一致意见。巴菲特感觉自己被愚弄了。他勃然大怒，决定不卖了。不但不卖，还要买进更多股票将西伯里赶走。

悲剧酿成，巴菲特为了不到1.5万美元的预期利润差异，最终投入高达1028万美元（包括控制公司后继续增持的投入），做出人生最失败的一笔投资。而西伯里呢，不仅丧失对公司的控制权，还和儿子一起失去高薪且体面的工作。双输！

冲动背后的投资逻辑

愤怒估计只是一方面，烟蒂的魅力则是必不可少的另一方面。巴菲特已经看过公司40多年的财务数据，再加上和肯·蔡斯深入沟通过改善公司运营的可行措施，所以可能内心还是觉得这笔投资有利可图。

1964年的伯克希尔－哈撒韦是个什么样子呢？简化一下，大致如表15－1所示。

表15－1　1964年伯克希尔－哈撒韦资产负债　　单位：万美元

资产		负债及权益	
现金	92	应付票据	250
应收账款	745	应付账款	210
存货	1169	应付工资、税款、社保	115
预付保险、税款等	19		
流动资产合计	2025	**流动负债合计**	575
土地、建筑、设备	757①		
其他	7		
非流动资产合计	764	**股东权益②**	2214
资产总计	2789	**负债及股东权益**	2789

注：①原值3363万美元，累计折旧2185万美元，计提资产减值421万美元，账面净值757万美元。

②经过公司回购，流通股降低为1137778股，每股净资产约19.45美元。

每股净营运资产约 12. 75 美元，每股净资产约 19. 45 美元。按照巴菲特惯用的烟蒂估值折扣：现金及债务全额，应收账款按 85% 折算，预付款按 25% 折算，存货、工厂和设备一律按照 60% 折算，公司估值 1315 万美元，对应约 113. 8 万股总股本，每股估值约 11. 5 美元。巧吗？巴菲特报给西伯里 11. 5 美元的价格，很可能就是这么算出来的。

正好，1964 年纺织行业的外围环境发生了乐观变化。美国政府通过一项立法，大致意思就是将对棉花价格实施管制，管制截止日为 1970 年 7 月 31 日。由于该法案降低了公司的采购成本，伯克希尔 1964 年度扭亏为盈，获得净利润 12. 6 万美元。

由于连续多年亏损，此时公司账上积累着大约 500 万美元可抵扣亏损。所以，假如肯·蔡斯上台后采用既定改进措施，则可以让公司盈利继续增加的同时，不增加税负。

这里必须注意一个关键点，即便是前期亏损时，公司产品依然有毛利润。只是因为固定资产折旧摊销比较高，导致报表净利润为负。比如 1964 年，营业收入 4998 万美元（比起顶峰时期腰斩有余），营业成本 4738 万美元，毛利润 260 万美元，毛利率 5. 2%。最终只有 12. 6 万美元净利润的原因，是营业总成本里含有约 145 万美元的折旧摊销和资产减值。这些折旧摊销和减值，虽然是利润表中的费用项目，但并不产生实际现金流出。如果巴菲特收购伯克希尔后，确定不再投资更新设备，那么 1964 年产生的可动用现金，就可以视为至少 157 万美元（145 + 12. 6）。

此时买下伯克希尔，既惩罚了不讲信用的交易对手，又能通过肯·蔡斯提出的相关改善措施提升盈利，再通过变卖存货和固定资产回笼现金，同时依赖历史累积亏损大幅减少应缴税收，将现金投入其他低估股票中去。这熟悉的配方，熟悉的味道，巴菲特能不心动吗？

说干就干，巴菲特不仅在市场上继续买入伯克希尔股票，同时也分别联系了西伯里的弟弟，以及对西伯里不满的董事长蔡斯，希望收购他们的持股。西伯里弟弟清仓式减持，悉数出售。蔡斯董事长本人的持股虽然不想出售，但巴菲特还是从蔡斯家族成员手里买到了一些。

1965年，巴菲特依赖合伙基金持有的392633股——此时总股本1017547股——入主董事会，并于5月10日正式接管伯克希尔-哈撒韦公司。西伯里父子辞职，肯·蔡斯被任命为新CEO。

此时的巴菲特对伯克希尔的未来还挺乐观的。入主之后的几天，有家报纸采访他，巴菲特介绍说："对投资而言，价格是很重要的因素，它会推动我们做出决策。我们以一个好价钱买到了伯克希尔-哈撒韦。"

1965年伯克希尔-哈撒韦的经营情况也确实在持续改观。当年实现营业收入4930万美元，微降68万美元。减去营业成本后，有682万美元毛利润，相比1964年260万美元毛利润而言，大增162%；公司净利润同比增长超过1700%，达到228万美元。形势一片大好。

究竟糟糕在哪里？

为什么形势一片大好的一笔投资，最终却被巴菲特归为人生最糟糕的一笔投资，这笔投资究竟糟在哪里？让我们先看1965年的公司财报，如表15-2所示。为方便读者比较阅读，将1964年的数据同时列出。

表15-2 1965年伯克希尔-哈撒韦资产负债 单位：万美元

资产	1964年	1965年	负债及权益	1964年	1965年
现金	92	368①	应付票据	250	0
应收账款	745	742	应付账款	210	258
存货	1169	1028	应付工资、税款、社保	115	112
预付保险、税款等	19	20			
流动资产合计	2025	2158	**流动负债合计**	575	370
土地、建筑、设备	757	662②			
其他	7	3			
非流动资产合计	764	665	**股东权益**	2214	2453

续表

资产	1964 年	1965 年	负债及权益	1964 年	1965 年
资产总计	2789	2823	负债及股东权益	2789	2823

注：①包含现金 78 万美元，证券 290 万美元。

②原值 2802 万美元，累计折旧 1959 万美元，计提资产减值 181 万美元，账面净值 662 万美元。

通过这份资产负债表，我们能清晰地看到 1965 年公司主要工作就是：消耗了 141 万美元存货，处理掉账面原值 561 万美元的固定资产，加上当年经营利润，额外拖欠供货商货款 48 万美元。换回的金钱投向两大块：一是还掉应付票据 250 万美元，二是增加现金及证券 276 万美元。也就是说，在巴菲特和肯·蔡斯的努力下，1965 年从这个烟蒂里共榨出约 526 万美元的现金。

巴菲特入主第一年，从公司挤出 526 万美元的现金（其中 250 万美元用于归还债务），公司还有账面值 1690 万美元的存货和固定资产，以及 742 万美元应收账款。如果 1966 年蔡斯能够把存货、固定资产和应收账款，分别按照巴菲特估值模拟折扣 60%、60% 和 85% 收回现金，累计可回收现金 1645 万美元。加上手头已有的 368 万美元现金及证券，还掉负债 370 万美元后，结余约 1643 万美元。

然而，无论是按入主之初的 39% 持股比例分配，还是最终控制约 70% 的持股比例分配，相比投入的本金，巴菲特只能算勉强收回本金和极其微薄的利息。比如，假设依然是 39% 的比例，按买入均价 14.86 美元估算，总投入约 580 万美元，则 $1643 \times 39\% \div 580 \approx 110.5\%$，能赚 10.5%。其他比例同理。巴菲特入主后陆续有增持和回购，1967 年 1 月合伙基金持有伯克希尔 59.5% 的股份，1968 年 4 月持股达到 70%。全部总投入 1028 万美元，持有总股本 979582 股中的 691441 股。

估计巴菲特拿到这份报表就傻眼了。花费几年时间，最终处置结果符合预期，勉强相当于拿到资金利息。想赚钱一方面寄托于行业持续复苏，一方面要期望肯·蔡斯能够将存货和固定资产变卖出更高的价格，或者应收账款能够回收更高的比例。一旦这两点之一或全部落空，哪怕是大崩溃风暴降生、本杰明亲传弟子，照样丢老师的脸，赔钱出门。

在我们梳理清楚巴菲特面临的困境时，可以想象或许巴菲特内心已经扇了自己 24 个大嘴巴。冲动是魔鬼啊！正如巴菲特后来忏悔的："西伯里和我都像孩子一样冲动。那 1/8 美元的价差对于我俩谁的财富能产生影响呢？他丢了工作，而我将一大笔钱砸进一个我不懂的糟糕生意里。"

巴菲特怎么会犯这种傻呢？事后看，确实很难理解。或许 1964 年 4 月 29 日，巴菲特的父亲去世，导致他状态有些失控？或许是，或许不是，旁人很难评估了。

巴菲特彻底摆脱伯克希尔的纺织业务，已经是 1984 年圣诞了。巴菲特这样总结教训："你沿着街道走，也许也会碰到一个烟蒂，它湿漉漉的让人很恶心，你避开了。可这是不要钱的，也许还剩下最后一口。1965 年的伯克希尔－哈撒韦，就这样剩下湿漉漉的烟蒂含在我嘴里。我的很多钱都套在这个烟蒂里。如果我从来都没听说过伯克希尔－哈撒韦，可能我的情况会更好。"可惜，1965 年的巴菲特还不具备这样的认识能力，他继续不甘心地挣扎着。

第十六回　不甘心试图找出路　犯糊涂再次走臭棋

资金的机会成本

巴菲特不甘心。他不仅借给肯·蔡斯 1.8 万美元让他买进 1000 股，实施利益捆绑，还持续给肯·蔡斯灌输投资回报率和资金机会成本的概念，让肯·蔡斯加紧回笼资金——尽可能利用存货生产，尽可能抛售厂房、设备、土地，尽可能拒绝各部门更新设备或并购同行的要求，不断回笼现金。

这个资金机会成本概念，贯穿了巴菲特一生的投资管理。后来伯克希尔旗下控股子公司越来越多时，巴菲特总是给不同子公司的 CEO 定出不同的增量资本回报率标准。增量资本回报率超标的 CEO 可以得到与超出幅度挂钩的高额奖金，而低于标准的 CEO 将遭受薪酬损失。

子公司 CEO 如果认为有好项目可投，可以向总部申请资金投入，子公司向总部支付利息；如果 CEO 自认缺乏资金管理能力或没有好项目可投，他不需要勉强自己，只要将企业赚到的现金全部交回总部即可，总部支付利息，同时 CEO 获得奖金。巴菲特总是这样引导 CEO 将资本配置在能带来更高回报的地方。

泥潭中奋力自救

在不断寻找机会回笼现金的同时，巴菲特并没有放弃丢掉烫手山芋的想法。他甚至意图游说两位好朋友查理·芒格和桑迪·戈特斯曼买下来，这两位至今仍然是伯克希尔公司董事。经过三天的讨论，芒格和戈特斯曼两人谁也不想买。芒格后来总结出的烟蒂股买卖体验，“买它就像一个人买游艇，一共有两个高兴的日子，买的那天和卖的那天”，估计巴菲特此时感受很深。

既然丢不出去，那就只能想办法尽力挽救。巴菲特就这样深陷于纺织品生意，不断地卖工厂、卖设备、出租厂房、解雇工人，其间偶尔还因为听信经理人的规划，增加投入，搞过并购。“为了达到持续的盈利能力，肯·蔡斯他们更新了产品线、机器配置和销售布局。我们还进行了一次重要的收购，收购了沃姆贝克纺织厂，希望能够产生重要的协同作用。但最终一无所获，我一定是犯了没有尽早退出的错误。”

1967 年，为了安慰伯克希尔股东，巴菲特甚至同意实施一次现金分红，每股分 0.1 美元。24 小时之内巴菲特就后悔了，因为他知道如果不分掉这 10.17 万美元，它将在自己手上变成数千万甚至数亿美元（实际上，到 2019 年底变成了约 17 亿美元）。这次分红是巴菲特入主伯克希尔至今 55 年里唯一的一次分红。

为了弥补这次现金分红的错误，巴菲特在 8 个月后发行了一种伯克希尔债券，年息 7.5%。股东可以选择用股票来交换这种确定每年都能收到现金的票据。还确实有 3.2 万股被巴菲特“骗”回来了。

万般努力难抵颓势

行业竞争特性决定了无论管理层怎么努力都无法挽救颓势。实际上，伯克希尔纺织部门两位经理人都很优秀，巴菲特评价的原话是，“我们100%确定，肯·蔡斯和他的继任者加力都是优秀的经理，每一点都与我们获利更多的公司经理一样好”，可惜即便有优秀的经理，伯克希尔却和巴菲特接手前的状态一样，“我们不时地报告有了转机，最终结果却总是进一步，退两步”。

巴菲特控制不住，开始对纺织业经营进行直接干涉。他无法容忍资金套在低效产业中，尤其是正好手边还有近似投资额的对比案例：巴菲特1964年在美国运通上投入1300万美元，1967年已经升值为2800万美元，并开始卖出回收现金。

在他一个又一个电话敦促下，肯·蔡斯和他的继任者的主要工作就是卖家当、解雇工人，维持纺织业最小限度的运营。一直到1984年圣诞节前，公司终于用光所有原材料，交付所有订单，卖光所有设备，宣布停止纺织业的运营。

巴菲特后来回忆，自己买入时认为“我们用远低于营运资产的价格买下了伯克希尔－哈撒韦，这代表我们几乎一分钱没花就获得了大量的机械和房地产。我以为即使出现最坏的结果，我也能够卖出高一点的价钱，并能够用所卖资金购买其他的生意”。然而，最终结果“不管你相信与否，伯克希尔公司本身就是一个错误。我们之所以买下这个公司，就像20世纪60年代早期多数投资一样，从统计数字上看价格很便宜。在前10年，它几乎没有一点儿盈利，相反，在10年的时间里公司的净亏损却在不断增加。最终，我们仍然以远远低于营运资产的价格卖出”。

低于营运资产买进来，以为捡了大便宜。苦苦挣扎之后，最终仍然以远远低于营运资产的价格卖出去。免费获得的机械，卖出去的时候也基本近于免费。1985年初巴菲特清算纺织部门时，原来花1200万美元买来的机械，全部卖掉只换回来不到20万美元，准确地说是163122美元。几年前每台5000美元买的新织机，卖掉时售价26美元/台，还不够支付运走它们的运费。有点收获的也就是场地了，巴菲特把它腾空租了出去。

巴菲特忏悔道："我们陷入可怕的商业陷阱，因为它的价格很便宜。我知道纺织业是一门很难做的生意，当时我或者是傲慢自大，或者是天真无知。现在我吸取了很多教训。但是我真的非常希望我能从别的什么地方得到这些教训。"

失败中反思：投资理念的飞跃性进化

经过深刻的反思，巴菲特得出这样的结论：

在经过多次惨痛的教训之后，我们得到的结论是，所谓有"转机"的公司，最后鲜有成功的案例。所以与其把时间与精力花费在购买廉价的烂公司上，还不如以合理的价格投资一些优质企业。

虽然在早期投资这样的股票确实让我获利颇丰，但在1965年投资伯克希尔后，我就开始发现这终究不是理想的投资模式。

如果你以很低的价格买进一家公司的股票，即便长期而言这家公司的经营结果可能很糟糕，但因为股票市价的波动，应该有机会以不错的获利水平转手。我将这种投资方法称为"烟蒂投资法"，就好比大街上捡一截还能抽一口的雪茄烟蒂，对瘾君子而言只是举手之劳。

然而，除非你是清算专家，否则买下这类公司实在是一种愚蠢的行为。

首先，看似便宜的价格可能最终根本不便宜。一家处境艰难的公司，解决一个难题后不久，便会冒出另一个难题。就像厨房里如果有蟑螂，就不可能只有一只。

其次，你先前得到的价差优势，很快地就会被企业的低回报侵蚀。例如你用 800 万美元买下一家清算价值达 1000 万美元的公司，若你能马上把这家公司给处理掉，不管是出售或是清算都好，换算下来你的报酬可能会很可观。但是如果这家公司最终是在 10 年之后才处理掉，即便收回 1000 万美元和每年有那么几个点的分红，那么这项投资也是非常令人失望的。

相信我，时间是好公司的朋友，却是烂公司的敌人。或许你会认为这道理再简单不过了，不过我却不得不付出惨痛的代价才搞懂它。

幸运的是，巴菲特没有将从伯克希尔身上榨出的现金，继续投入纺织品生意，而是拿去收购了国民赔偿保险、伊利诺伊州国民银行、奥马哈太阳报等优秀公司。1970 年，伯克希尔纺织业务年利润 4.5 万美元，购买的保险公司年利润 210 万美元，银行年利润 260 万美元，三个部门的业务所占用的资本大体相差无几。

看到这组数据，我们就很容易理解巴菲特为什么那么痛！1028 万美元砸进伯克希尔，从绝对金额看并没有亏损，但是如果资本没有被拴死在没落的纺织业，而是直接投资于银行、保险、报纸，到 1985 年巴菲特彻底关停纺织业务为止，长达 20 年时间，这 1028 万美元资本早已驴打滚式变成一笔天文数字。而拴在伯克希尔的驴，就那么静静地傻站着，没有打滚。在 2010 年 10 月 18 日 CNBC 电视台一档财经节目里，巴菲特说他估算过，这次错误造成的损失大于 2000 亿美元。

又一次愚蠢的操作

这还不算，巴菲特接下来又干了一件愚蠢级别差不多的事儿。1967 年 3 月，巴菲特以 860 万美元的代价，收购了国民赔偿保险公司。当年净利润 160 万美元的国民赔偿保险，巴菲特给出的估值是 600 万美元，但由于巴菲特从戴维森那里学来的对浮存金价值的深刻理解，让他毫不犹豫地接受了原老板林沃特860万美元的报价。从此，保险浮存金这个低成本甚至是负成本的优质杠杆，成了巴菲特财富的加速器。

这件事情的愚蠢之处在于，对国民赔偿保险公司的收购，巴菲特没有用个人资金，没有用巴菲特合伙基金，也没有用合伙基金占股80%的多元零售公司，而是用了伯克希尔公司。

要知道，由于连续的高回报带来的盈利和新资金，1967年合伙基金规模已经超过7000万美元，其中属于巴菲特个人所有的资金已经近1000万美元。由于暂时找不到合适的投资目标，巴菲特自出学校大门后，第一次将高达数千万美元的现金买成债券——相当于闲置。

如果此时动用个人名义收购国民赔偿保险公司，然后以国民赔偿保险为收购和投资平台，那就意味着今天我们看到的将不是伯克希尔帝国，而是国民赔偿帝国。这个国民赔偿帝国的资产值，近似等于今天的伯克希尔帝国，但它将几乎全部属于巴菲特个人。那样，巴菲特无疑会是地球首富，资产值约5000亿美元，遥遥领先于第二名。

即便是动用巴菲特合伙基金或者多元零售公司平台实施收购，未来不仅自己的财富值会大增，自己的家人、亲戚、朋友以及早期信任和支持自己的投资人也会从中分到更多的羹。然而不知是什么原因，巴菲特动用了当时合伙基金持股61%的伯克希尔实施收购。这直接造成另外39%股份的持有者及他们的“接盘侠”，作为一个整体搭车成为巨富。

举个有代表性的例子，比如当时的董事长蔡斯及其家族保留了不少伯克希尔股票。1991年蔡斯的儿子接替父亲的伯克希尔董事职位，2003年小蔡斯已经以9.35亿美元财富值，位居美国亿万富豪排行榜第289位，其主要财产就是伯克希尔股票。

这种坑自己、坑家人、坑亲朋好友，便宜外人的事儿，巴菲特后来实在想不起自己究竟是如何做出这个决策的，只能推给一时糊涂。这次犯糊涂走出的一步臭棋，代价超过千亿美元，堪称失败中的失败！

不过，这个失败在当时看不出来。1967 年和 1968 年，巴菲特继续为投资人赚到超高的回报率，两年的收益率分别达到 35. 9% 和 58. 8% ，远超指数 19% 和 7. 7% 的涨幅。尤其是 1968 年的 58. 8% ，是巴菲特基金建立以来最高的回报记录，也是巴菲特自 1956 年拥有公开投资记录至今 60 多年里，仅次于 1976 年的人生第二高投资回报率数据。

此时的巴菲特可能有点小得意，他很罕见地在 1968 年致股东信里指名道姓、用尖酸刻薄的语言再次嘲笑了一位当时大红的基金经理。巴菲特在信中写道："一些所谓的成长型基金，似乎应该改名'不成长基金'。在投资风格激进的基金中，杰拉德・蔡管理的曼哈顿基金大概是这几年全世界最出名的赚钱机器了，但他 1968 年收益率为负的 6. 9% 。"

很有意思，这已经是巴菲特第二次针对杰拉德・蔡，大概只能说人红是非多。杰拉德・蔡比巴菲特大一岁，是当时华尔街最受追捧的基金经理，没有之一。他是中国人，来自上海，华尔街热捧其为"神奇的中国佬""来自东方的金融魔术师"。他的投资风格是什么，巴菲特为什么要两次针对他呢？

第十七回　巴菲特嘲讽蔡至勇　华尔街追星中国佬

被巴菲特公开嘲讽的人

杰拉德·蔡，中文名字蔡至勇。1968 年是巴菲特第二次挖苦蔡至勇亏钱，上一次在 1962 年，只是那次没有直接点出姓名。巴菲特在 1962 年上半年致合伙人信里写道：

上半年那些所谓的成长型基金受到了更为严重的打击。几乎无一例外，这些基金的下跌幅度都超过了道琼斯指数跌幅。

虽然过去几年，三只最大的“成长型”基金（现在看来，名称上加引号是非常合适的）富达资本基金、普南成长基金、惠灵顿权益基金取得了非常好的业绩，但今年上半年它们平均亏损 32.3%。

只是由于在 1959—1961 年的突出表现，它们至今的总体业绩才好于平均水平。当然，或许它们未来还会超越平均水平。

讽刺的是，正是这些基金早期的优异业绩，吸引了大量新投资者加入。因此只有早期少数的投资者，享受了前几年的美妙时光，而大部分投资者都承受了今年的沉重打击。

这一实例进一步证实了我的观点：要恰当地衡量投资业绩，必须经历一个完整的市场周期（包括一个牛市和一个熊市）。大家现在或许比 6 个月前更能理解这一点。

拿共同基金与巴菲特合伙基金进行比较，并不是因为我们的投资方式或者投资组合与它们相似，而是因为这些共同基金反映了掌管着大约200亿美元的专业高薪投资管理人士的平均水准。

这段话里所嘲笑的“富达资本基金”，管理人就是杰拉德·蔡——蔡至勇，当时在华尔街的名气如日中天，手中管理着大约5亿美元。蔡至勇红到什么程度呢？当时金融圈里一般直接用“中国佬”代指蔡至勇，因为整个华尔街呼风唤雨的亚洲面孔，独此一张。大量读者对这位金融天才的好奇心，曾导致《纽约时报》派狗仔队对他实施全天跟踪，记录和报道他的日常生活。

蔡至勇其人

蔡至勇的父亲早年就读于美国密歇根大学，毕业后进入福特汽车公司做推销员。因为业绩出色，逐步提升，最后被派回上海做福特在华总代理。1929年3月10日，蔡至勇出生于上海。

小时候蔡至勇家条件很好，属于有仆人、有汽车、有司机的典型“买办”家庭。他妈妈是位精明的上海妇女，股票、房产、金条、棉花……各种投机活动都有参与，而且据说收获不错。蔡至勇从小就经常暗自替妈妈祈祷，因为妈妈赚钱后会很大方地发零花钱。在这种环境下，蔡至勇11岁就学会了炒外汇。

蔡至勇在上海生活到1947年，然后到美国读书。1949年，蔡家举家迁往美国。蔡至勇在波士顿大学获得经济学硕士，硕士论文题目是《上海的经济发展》。

蔡至勇毕业后进入一家纺织厂工作。工作期间，他发现自己非常喜欢股市投资。他说：“我喜欢股市。在股市，我感觉作为外国人没有竞争劣势，但在其他地方可能有。如果你以40美元购买通用汽车的股票，而它涨到 50 美元，不管你是中国人、韩国人还是佛教徒都不会有什么不同。”

所以蔡至勇只在纺织厂工作了约一年，就想方设法进入华尔街一家证券公司工作。那时的华尔街交易清淡、收入低微，对大部分年轻人都没有吸引力。比如巴菲特毕业时，老师和父亲都希望他到类似宝洁这样的大企业去找份稳定的工作。

大约一年后，蔡至勇跳槽到富达基金公司，任证券研究员，开启了自己的传奇之旅。

携手富达基金，开启传奇之旅

富达基金公司和巴菲特同龄，成立于大崩溃的 1930 年。由于成立后就遭遇大萧条，所以富达基金总体风格偏保守，主要侧重于分散购买高分红股票，获取相对稳定的回报。直到爱德华·约翰逊 1945 年接任富达基金总裁后，情况才有所改变。

当时富达基金管理规模仅 300 万美元，和格雷厄姆 – 纽曼基金规模大致相当，但富达基金是共同基金（类似我国的公募基金），主要收入是管理费（管理资金规模 × 管理费比例），不是盈利分成。所以富达基金 300 万美元规模，年收入仅 5 万美元左右，和格雷厄姆相比可差远了。

约翰逊大胆抛弃了富达基金侧重安全性的标签，致力于吸引愿意为高收益承担风险的客户。蔡至勇也是被约翰逊这种定位吸引，才来这家当时的小基金，应聘周薪 50 美元的研究员工作。谁能想到富达基金公司未来会成长为全球最大的基金公司呢！

蔡至勇敏锐地发现，目前大部分投资者注重分红，是因为他们经历过大萧条的恐怖记忆。他们不敢确定股票在未来可以高价卖出去，甚至连是否能卖出去也不敢确定。在他们心中，只有年复一年稳定分红，才是唯一值得信赖的。所以，这些投资者偏爱追捧类似美国电报电话这种看上去像债券的股票——美国电报电话公司（简称“AT&T”）从1922年一直到1958年，每年都支付9美元/股的股息。

还有一类投资者思考略深入。他们的关注点不在于分红，而在资产的清算价值。只要一家公司保守估算出来的清算价值远高于市值，他们就敢下手。这些投资者不关注企业未来的盈利，他们只看最坏情况会不会亏钱，比如格雷厄姆及其弟子们。在蔡至勇看来，这些人依然属于被大萧条吓破胆的类型。

蔡至勇认为，这两类投资者都没有发现，二战结束后美国经济日趋繁荣。美国制造了全世界一半的工业品，完成了全球三分之一的外贸，拥有全球四分之三的黄金储备。美国拥有强大的陆海空军，拥有极具威慑力的原子弹。美国是世界科技的中心，科技进步层出不穷，直接改变人类生活方式的发明一个又一个地诞生，比如洗衣烘干一体机、汽车自动变速箱、中央吸尘器、按键式电话、立体声收音机、电热毯、电动地板抛光机、电动卷笔刀、电动开罐器、电动地板打蜡机、带空调的公交车……这些东西逐步成为中产阶级的标配，而分期付款的制度创新，成为帮助他们拥有幸福生活的底气。

20世纪20年代美国国民生产总值增长59%，导致咆哮的20年代大牛市。蔡至勇认为现阶段美国经济的发展势头，和20年代很像，它也将推动美国股市走出完全不同于大萧条的行情。这个期间，投资股市是稳赚不赔的事情。他认为基金应该定位于选择有巨大增长潜力的股票，利用人们对新产品、新发明的憧憬和追捧，集中力量短线进出，以最大化获利吸引那些对风险要求低、对回报要求高的客户资金。

蔡至勇认为，一味规避风险对于基金公司和客户都没好处。风险只有在成为事实时才会造成损失，在这之前看不见摸不着。投资者不会因为基金经理号称规避了风险而付费。相反，当基金经理帮助客户实现高回报时，客户不会看见背后承担的某些并没有实际发生的风险。新资金只会因为高回报而大量涌入，愉快而大方地支付管理费。这种观点得到富达基金老板约翰逊及其儿子内德·约翰逊的高度认同。

蔡至勇没有看错，1952 至 1956 年美国人均收入虽然只增加了 21%，但分期付款信贷增长了 63%，某些行业的增速还要更高，比如汽车行业增速是 100%。新一代美国人正摒弃老一辈的节俭传统，他们更愿意抵押未来，交换立刻享受的权利。这种情况下，企业盈利增长迅猛，体现在股市上就是从 1952 年 250 点起步的 10 年 3 倍大牛市。

神秘东方面孔震撼华尔街

牛市的赚钱效应下，越来越多的人热衷于投资。美国市场共同基金管理资金总额，从 1940 年的不到 5 亿美元，膨胀到 1960 年的 170 亿美元，再到 1969 年的 500 亿美元。

乘这股浪潮，蔡至勇在 1958 年发行了自己的基金——富达资本基金。他预言道琼斯指数将在 1965 年底突破 1000 点。他错了，但偏差很小。道琼斯指数在 1966 年 2 月 9 日上午达到 1001. 11 点，并在千点之上待了好几分钟。不过蔡至勇绝对没有想到，这是整个 60 年代的 10 年里，道琼斯指数在千点之上仅有的几分钟。

蔡至勇将募集的资金，砸进几只当时被普遍认为过于投机和冒险，不适合基金投资的股票上，比如利顿工业、宝丽来、施乐等，然后采用大笔买卖、快进快出、波段炒作的趋势投资法操作。开始，他只是寻找市场热点，跟踪股票趋势。后来慢慢出名了，只要有消息说他买了什么行业或什么股票，市场上就会出现追随者，蔡至勇逐步成为趋势的创造者。

据说蔡至勇擅长图表分析，能够敏锐地发现和跟踪趋势的变化，并及早介入。人们经常惊奇地发现，蔡至勇仿佛能够未卜先知（他的东方面孔强化了西方人的猜测），他总是在股价刚刚抬头时大量买进，并在即将下跌时率先抛出。他买卖量大而且果敢，每年的换手率都超过100%。按照蔡至勇和约翰逊父子共同认可的观点，买卖股票不是结婚，甚至连试婚也不是，它只能算私通甚至是一夜情。

为此，后来被称为“伟大的趋势投资大师”、著有《笑傲股市》一书的威廉·欧奈尔，曾带着自己的书去求教过蔡至勇。当时蔡至勇是著名基金经理，欧奈尔是刚出道的新人，求教之说应该属实。

今天市场流行的图表分析技法，大部分来自欧奈尔。但请注意，欧奈尔虽然以趋势投资大师闻名，但他本人并没有任何可信的投资记录。早期欧奈尔做过券商分析员，1963年33岁的欧奈尔放弃分析员工作，创办了投资顾问公司，签下的第一个客户就是蔡至勇。欧奈尔公司的主要业务，是向投资者售卖股市信息和资料。比较出名的是《每日股价图》和《投资者商业日报》。

在蔡至勇的管理下，富达资本1959年、1960年、1961年的投资收益率都超过了50%，同期道琼斯指数涨幅为20%、-6.2%、22.4%，巴菲特同期的投资业绩分别为25.9%、22.8%、45.9%。

正如巴菲特所嘲讽的，1962年上半年富达资本不但没有延续年收益率50%的辉煌，反而出现大额亏损。但是蔡至勇在亏损之后继续重注买入，并成功搭上股市强劲反弹的东风，到年底继续延续年收益率超50%的神话，狠狠回报了巴菲特一个耳光——虽然那时的蔡至勇并不认识巴菲特这种小角色。

1963年到1965年蔡至勇神话延续，成为华尔街的传奇，成为广泛传颂的“来自东方的金融魔术师”。只要是杰拉德·蔡染指的股票，立刻就能获得追捧。“杰里①·蔡正在买入！”的呼喊声，让华尔街的老人们很容易想起曾经的“杰西·利弗莫尔正在买入！”的呼喊声，那是已经尘封的

① 杰里是杰拉德的昵称。

传奇。

蔡至勇开始具备某种自我实现的能力，股票上涨和蔡至勇买入之间互为动力。他看中的股票一般都能迅速飙升，他抛弃的股票一般都会迅速下跌。他的买入或卖出行为，甚至能让一家公司在几小时内，发生数以亿计的市值变动。

良好的业绩吸引了大量投资者。到 1965 年，蔡至勇管理资金的规模突破 10 亿美元，整个富达基金公司管理资产规模上升到 40 亿美元，成为全美国最大的基金公司。1965 年底，巴菲特管理资金总额约 3700 万美元。

蔡至勇的基金当时有多吸引人？他的晚辈彼得·林奇在《战胜华尔街》一书里这样描述："连我的母亲，一个只有少量积蓄的寡妇，也被这阵基金狂热影响，在一个晚上做兼职基金推销员的学校教师劝说下，购买了富达资本基金。让她感兴趣的是，这只基金是一位中国人管理的，她相信东方人的头脑非常聪明。这位中国人就是杰拉德·蔡，他和管理富达趋势基金的内德·约翰逊，并称那个时代基金经理中的绝代双骄。"

彼得·林奇生于 1944 年，1969 年入职富达基金公司。蔡至勇在 1963 年已经是富达基金公司二把手，仅次于掌舵人老约翰逊，并持有富达基金公司 20% 的股权。彼得·林奇曾经这样感叹过："内德·约翰逊的富达趋势基金和杰拉德·蔡的富达资本基金，业绩始终远远超过竞争对手，成为 1958 年至 1965 年期间基金业一致敬仰的佼佼者。前辈们给予的培训和支持，让我似乎能够理解牛顿那句名言的真正含义'我看得更远，是因为我站在巨人的肩膀上'。"

当时的蔡至勇，期待自己能够接老约翰逊的班，成为富达基金公司新的掌舵人。然而，既生瑜何生亮，老约翰逊的儿子内德·约翰逊同样优秀，他于 1961 年发行和掌控的富达趋势基金，收益率始终和蔡至勇不相上下，甚至偶尔还比蔡至勇更胜一筹，比如 1965 年。

1965 年，老约翰逊计划退休并明确表示希望内德接班。蔡至勇急流勇退，将富达基金 20% 股权以 220 万美元价格卖出，然后离职筹建自己的基金公司。凭借辉煌的收益记录和“神秘中国佬”的号召力，蔡至勇很容易就募集到一大笔资金，成立了完全由自己掌控的曼哈顿基金。

第十八回　风口飞猪现出原形　东山再起创下奇迹

志得意满蔡至勇

蔡至勇很轻松就募集到2.47亿美元的资金，曼哈顿基金于1966年2月15日正式运行。2.47亿美元，每年抽取0.5%的管理费，代表蔡至勇年收入超过120万美元——大约相当于2019年的925万美元或6500万元人民币。

他在第五大道680号租下豪华办公室，雇用70多名员工，精心装备交易室和信息中心，配备最先进的报价机，挂上他持仓股票的点线图和其他各种技术指标。

交易室内有三名雇员全职维护数百种股票的价格、比率、振荡幅度及相关指数等信息。从价格上涨和下跌的振荡分析，到各种政府债券的图表，以及道琼斯指数的25、60和150日的移动平均线图，等等。按一名分析师的说法："我们什么都有。哪怕你一年可能只需要用到一次某张图表，当你需要的时候，你一定能在这里找到。"

在这个时代，任何拒绝模仿蔡至勇的基金经理，都有被投资者抛弃的风险。"中国佬"可以每年帮着赚50%，投资者为什么要把钱交给一个只能赚20%甚至10%的人去管理呢？巴菲特趁蔡至勇业绩滑坡时，指名道姓地挖苦蔡至勇，很可能就是因为感受过来自蔡氏的压力。

究竟谁在裸泳

就在蔡至勇志得意满的时候，巴菲特生平第一次发现找不到可以买的股票了。他将新加入的680万美元闲置，并做空了700万美元的股票来保护现有投资组合。这次，命运没有眷顾“金融魔术师”，哪怕他已经将自己武装成钢铁侠。信心爆棚的蔡至勇，带领崇拜者踏上了一条通向深渊的不归路。

虽然1966—1967年业绩令人失望，但凭借良好的历史回报记录，资金还是潮水般地涌入。到1968年，曼哈顿基金管理规模超过5亿美元。

然而，股市自1932年大萧条41.22点开始的大牛市，悄悄地接近尾声。蔡至勇的魔力消失了，1968年曼哈顿基金出现6.9%的亏损，在全美共同基金行业排名倒数第六。

这时，蔡至勇神奇的另一面出现了。他在1968年把基金管理公司以2700万美元的价格卖给CNA金融公司（约折合2019年近2亿美元），并得到CNA金融公司副总裁的职位，继续负责管理曼哈顿基金。这家“CNA Financial”是一家保险公司，最早叫“北美洲保险公司”，后来兼并了国家火险公司和美国伤害险公司，提取三家保险公司的首字母，组合命名为CNA金融。很巧的是，巴菲特也恰在此时，通过收购国民赔偿保险公司，实现了投资道路的重大转型。

1969年，蔡至勇与发妻离婚并于一个月后再婚。这一年，曼哈顿基金亏损36.8%。1970年，曼哈顿基金继续亏损28.8%。情况似乎刹不住车了，曼哈顿基金陷入持续的亏损状态。到1974年，基金客户累计亏损超过70%。曼哈顿基金持有的45只股票里，有半数以上股票亏损幅度大于90%。亏损叠加赎回，基金规模迅速缩水90%，总额只剩下5400万美元。华尔街上关于“中国佬”的段子，已经变成了“中国佬把自己的脑袋忘在了富达”。

1973 年，蔡至勇黯然离职。其实也谈不上什么黯然，蔡至勇确实失去了在 CNA 的豪华办公室，但一名 44 岁的亿万富翁，实在也黯然不到哪儿去。真正黯然的，是基金客户和 CNA 股东——蔡至勇担任 CNA 副总裁期间，负责公司的战略收购业务。和他的股票投资一样，蔡至勇买回来的那些“骑士”，绝大部分迅速暴露了“癞蛤蟆”真容。

孰高孰低，人品见分晓

在蔡至勇卖掉基金公司的第二年的 5 月，个人身家 2650 万美元的巴菲特也宣布解散他的基金。同样有人意图收购这个历史记录良好的合伙基金公司，巴菲特拒绝了。他将伯克希尔、多元零售和蓝筹印花三只股票留下，其他股票全部抛出。然后将上述三只股票标出合理价格，所有合伙人可以任选全现金、全股票或者都来一点。大家选剩下的，就是巴菲特的。

对于带着现金离开的合伙人，巴菲特都给出了详尽而真挚的投资规划和建议。对于需要继续委托别人理财的合伙人，巴菲特还推荐了合适的资金管理人。

这些细节其实可以看出，巴菲特和蔡至勇在道德观和财富观上的差异。两个人年龄接近，都通过代客理财赚到约 2700 万美元的财富。但一个是通过给客户赚钱获取的，另一个是靠出售客户的信任获取的。巴菲特未来的财富值和影响力，远超起点更高的蔡至勇，这大概就是“善良的复利”吧。

人生的第二次飞跃

说蔡至勇被巴菲特超过，并不是说他未来失败了。依赖资本、名气和聪明的头脑，蔡至勇继续创造着他毁誉参半的辉煌人生。

经过从富达基金到曼哈顿基金的大起大落，蔡至勇可能发现替别人买卖股票赚佣金，比直接炒股挣钱靠谱。所以，他收购了一家小规模的证券经纪公司，改名为“蔡氏股票经纪公司”，在纽约和加州多地设立分公司，从事股票经纪业务。

同时，蔡至勇还利用自己的华尔街人脉，为投资机构和企业主之间的收购、兼并、投资和交易合作牵线搭桥，从中获取佣金。蔡至勇当时有位好朋友，后来也成为巴菲特的好朋友——1978 年升任所罗门兄弟公司董事长兼 CEO、80 年代被称为“华尔街之王”的约翰·古弗兰。

对蔡至勇来说，曼哈顿的霉运似乎还没有散去。由于“越战”和中东石油危机的影响，美国股市从 1973 年 1 月高点 1067 点，一路下跌到 1974 年 12 月低点 570 点，接近腰斩。这期间包括查理·芒格这样的投资高手也是死字当头，两年业绩分别是 -31.9% 和 -31.5%，可想而知普通投资者情况有多惨。市况不好，经纪公司的日子自然也不好过。蔡至勇决定卖掉蔡氏股票经纪公司，离开股市这个伤心地，向企业经营和并购方向转移。

和巴菲特一样，他也看中了保险公司的浮存金。1978 年，蔡至勇支付 220 万美元，收购了联合麦迪逊保险公司 18% 的股份，成为公司大股东并亲自负责公司管理。通过联合麦迪逊公司平台，蔡至勇又收购了几家保险公司，其中有一家是以邮件推销为主的保险公司——和盖可保险模式相同、产品不同，这家销售人寿保险。

正是这家公司的邮件推销模式，让蔡至勇再次实现人生的飞跃。1982 年，蔡至勇偶然在报纸上读到一条新闻，说大名鼎鼎的美国铝罐公司正在计划彻底转型。美国铝罐是全国制罐行业两大巨头之一，主营业务是用金属铝制造各种容器。公司早在 1916 年就进入道琼斯指数，成为美国道琼斯工业指数 20 家成分股①之一，在全球都具有不小的影响力。

① 道琼斯早期只有 20 家成分股。

说来也巧，美国铝罐公司的创始人之一，就是指数基金之父、先锋集团创始人约翰·博格的爷爷。而约翰·博格之所以致力于推广指数基金，恰恰也是因为目睹了普通投资者，在追捧类似蔡至勇这类明星基金经理的过程中，所付出的惨重代价。

入主美国铝罐，展示并购奇才

美国铝罐公司此时的 CEO 叫威廉·伍赛德。面对塑料容器的广泛使用，他和他的前任都清楚，公司的铝罐主业必将走向衰落，于是想利用公司还能产生现金流的时机，逐步收购并进入其他行业，完成企业转型。不幸的是，伍赛德先生属于典型的"一家公司干到退休"的美国金领，1951 年进入美国铝罐公司，没有任何其他行业或公司的商业经验。经他主导的多次收购，最终均以显著亏损而告终。

尤其是伍赛德在卖出公司的时机把握上，实在太差。或许是他性格偏绵柔，与华尔街投行思维结构不同，沟通不顺畅，经常导致买家丧失耐心而离去，从而将本可以卖出高价的资产低价成交。典型的例子，是旗下公允价值大约 10 亿美元的林业和造纸业资产，最终只以 4.23 亿美元卖掉。华尔街分析师普遍认为伍赛德犯了致命的错误，连伍赛德本人也不得不哀叹，"我选择了一个最不合时宜的机会抛售资产……我实在不擅长寻找接盘侠"。

多次碰壁后，伍赛德终于明白自己在企业买卖方面不具备天赋，还是找一位在这方面有竞争优势的人，来主导公司转型更靠谱。"瞌睡来了送枕头"，蔡至勇刚好在此时写了封信给伍赛德。

蔡至勇看中的是美国铝罐公司通过几十年的垄断经营，积累的大量客户地址和名录。对于蔡至勇旗下的邮件推销业务而言，需要很漫长的时间去积累真实地址和名录。如果可以通过合作获取美国铝罐掌握的资源，人寿保险业务可能出现一个飞跃。保险业务的飞跃，就是浮存金规模的扩张，随之扩大的就会是公司的收购能力，这是蔡至勇内心真正期望的游戏。

本来类似联合麦迪逊这样的小公司，妄想和美国铝罐这样的巨无霸展开合作，无异于痴人说梦。但蔡至勇认为美国铝罐既然正在寻求转型，大胆试试或许有一线机会，反正就是22美分邮票的事儿，成本不大。结果蔡至勇试对了。

虽然他在资金管理行业已经臭大街，但起码知名度还在，收到信件后伍赛德立刻就想起了这位神奇的“中国佬”。而且更关键的是，蔡至勇炒股被证明失败，但他卖出公司的时机那可是把握得真好。伍赛德或许在想：反正自己又不是掏钱委托他炒股，见见何妨？于是伍赛德派首席财务官和蔡至勇接洽，结果俩人一见如故，沟通得非常愉快。

郎情妾意，干柴烈火。事情迅速升温到干脆由美国铝罐买下联合麦迪逊，然后蔡至勇加盟美国铝罐负责企业并购业务。这是双赢，美国铝罐获得具有企业买卖经验的人，蔡至勇获得更具影响力的舞台。

很快，联合麦迪逊以1.6亿美元的价格卖给美国铝罐。这意味着四年前蔡至勇投入的220万美元，变成了16000×18% =2880万美元，增值12倍。不仅如此，伍赛德还给了蔡至勇二把手的地位和5亿美元的收购资金。究竟是伍赛德的谈判能力过于“菜鸟”，还是蔡至勇太威武？

伍赛德这么做也不奇怪，当时整个华尔街都很看好蔡至勇入主美国铝罐。现任美国总统唐纳德·特朗普，就在听说蔡至勇加盟美国铝罐后，马上大量买入了美国铝罐股票。特朗普说：“当天我就去买了那只股票。我押杰拉德·蔡赢。投资就是投人，蔡是个赢家。”

蔡至勇在美国铝罐干得不错。前后大约花费10亿美元，先后为公司买下保险公司、房贷公司、基金公司、证券经纪公司等大约30家与金融服务有关的企业，整合出全美最大的人寿保险销售公司，全美第二大房屋贷款公司，以及一些盈利还不错的基金公司和证券公司。美国铝罐逐步完成转型。

1984 年，美国铝罐公司净利润创纪录地突破 1 亿美元，其中过半利润来源于蔡至勇收购和整合的金融部门。1986 年，公司净利润突破 3 亿美元，除音像连锁店和直邮业务的少量盈利之外，其他利润全部由蔡至勇管理的部门创造。伴随着公司盈利的增长，公司股票市值飙升，赌蔡至勇会赢的特朗普等人，自然赚得盆满钵溢。

不仅买公司厉害，在华尔街交游广泛的蔡至勇卖公司的能力更令人佩服。几年之内，他成功卖掉了美国铝罐原有的 25 家下属企业。更令人佩服的是，1986 年蔡至勇以 6 亿美元的价格，将美国铝罐的铝罐制造业资产连同“美国铝罐公司”这个响当当的名字，一起卖给了美国另一位传奇金融家尼尔森·佩尔茨。

尼尔森·佩尔茨是特里安基金管理公司创始人，在美国资本市场有“董事会入侵者”的称号。该基金以针对潜力大但业绩不佳的大型企业做大笔投资而闻名。投资后会动用一切力量要求进入公司董事会，而公司董事会往往会想办法阻止佩尔茨的进入。这种争斗场面是媒体的最爱。比如 2017 年佩尔茨入侵宝洁公司董事会战役，就号称史上最贵的代理权争夺战。佩尔茨投入 2500 万美元为自己进入董事会拉票，而宝洁公司的预算则是投入 3500 万美元阻止佩尔茨。据说最终获胜的宝洁实际花费为 1 亿美元。

公司原管理层之所以不欢迎佩尔茨，是因为佩尔茨进入董事会后，惯用的手法就是强势推动管理层削减管理费用、剥离附属业务、切割非核心品牌，推动短期业绩增长，带动股价上升后卖出离场。这种模式被佩尔茨命名为“运营积极主义”。由于经常能够推动股价上升，所以佩尔茨入侵董事会的行动，很容易得到市场支持。

此人或许朋友们不熟，说一个和巴菲特有关的交易。2015 年，巴菲特与3G资本联合收购了卡夫食品，然后将其与全球知名食品企业亨氏集团合并。在这之前，佩尔茨已经成功入侵亨氏董事会，并拥有两个董事席位，算是巴菲特的对手盘。2019年卡夫亨氏经营业绩和股价双双暴跌，伯克希尔因为拥有卡夫亨氏26.7%的股权，一次性减记30亿美元损失，是伯克希尔有史以来最大单季损失的主要构成部分。巴菲特面对CNBC采访时承认："当初我们在卡夫亨氏的投资上犯了两三个错误。"

因为巨大的成功，蔡至勇在欢呼声中接替退休的伍赛德，出任公司CEO。57岁的蔡至勇再次创造历史：他成为第一个担任道琼斯指数成分股、财富500强企业CEO的亚洲人，掌控着这家市值30亿美元，名列美国金融企业前20名的大型企业。

第十九回　耗尽人品黯然离开　慈善八卦聊度余生

由于美国铝罐公司这个名字被卖掉了，蔡至勇给公司定了个新名字，叫“普瑞玛瑞卡金融服务公司”（Primerica）。伴随蔡至勇娶了漂亮的第三任妻子——华尔街老牌投行美邦证券的漂亮副总裁辛西娅·艾克伯格，然后又出资7.5亿美元收购了美邦证券，普瑞玛瑞卡股价创出历史高点54美元/股。

再次从风口跌落

营业收入、净利润和股价不断创出新高，公司股东和董事会当然对蔡至勇交口称赞。比如有一位知名董事，70年代美国卫生部部长约瑟夫·卡里法诺，就直接给蔡至勇工作评价打了11分——总分10分。然而，一片繁荣中，危险悄悄地来了。

事后人们发现，和60年代一样，蔡至勇只是又一次生逢其时，做了“风口上的猪”。从蔡至勇1982年加入美国铝罐到1987年泡沫破裂，正逢里根总统通过大减税创造的“里根繁荣”，美国股市走出一轮从770点涨到2746点的大牛市。这期间任何能够引起美好畅想的收购行为，都会带来快乐的股价上涨。

然而，不断收购推高了公司的负债率，普瑞玛瑞卡的长期债务已经高达20亿美元，资金链脆弱不堪。1987年10月19日，道琼斯指数一天之内暴跌23%，引发全球金融震荡，又一次大崩溃来临。

暴跌的股价，不仅使蔡至勇丧失了发行股票实施收购的能力，还导致债权人纷纷要求增加抵押品或偿还债务。蔡至勇不得不低价抛售那些买来的公司，以挽救紧绷的资金链，同时采用一些“创造性的会计手法”美化报表。

长话短说，普瑞玛瑞卡股价一路暴跌至22美元以下，蔡至勇的日子愈发难过。此时，一名希望整体收购普瑞玛瑞卡的投资大师出现了。他是曾被杰克·韦尔奇评价为“能用空气赚钱，神奇到不可思议的人”、未来做巴菲特的“接盘侠”收购所罗门兄弟的旅行者集团CEO兼董事长、未来花旗集团CEO兼董事长桑迪·威尔，此时的身份是商业信贷公司CEO兼董事长。

“接盘侠”桑迪·威尔

桑迪·威尔出生于1933年，1956年开始在华尔街做证券经纪人。1960年，就在蔡至勇风光无限时，威尔和三位好友创建了一家证券经纪公司。很巧，他们公司第一位机构客户就是富达基金“绝代双骄”之一的内德·约翰逊。其后21年，在威尔和合伙人的共同努力下，公司成长为一家拥有1.7万名员工的大型券商——希尔森。

1981年，威尔将希尔森以9.3亿美元的价格卖给美国运通公司（就是巴菲特至今依然持股的美国运通公司），并出任美国运通二把手，路径和蔡至勇到美国铝罐公司几乎一模一样。这次交易让希尔森公司股东获得了巨大的增值，股东里有美国前总统杰拉德·福特。福特总统甚至专门为此致电威尔表达谢意。

和蔡至勇顺利接任总裁职位不同，威尔因为和运通董事会主席不和，在1985年8月辞去总裁一职离开了运通。之后，威尔以注资入股为代价，成为商业信贷公司的大股东兼CEO。商业信贷公司是上市公司“控制数据公司”

的下属子公司。威尔还在美国运通时，控制数据曾意图向美国运通出售商业信贷公司，后来没谈成。威尔就是顺着这条信息入主商业信贷的。

很少有人知道，控制数据公司创始人，是巴菲特亲叔叔弗雷德·巴菲特的小舅子威廉·诺里斯。1957 年诺里斯创立控制数据公司时，曾经向姐姐和姐夫寻求投资。当时巴菲特的叔叔婶婶没什么钱，为此他们专程去请教已经小有名气的基金经理沃伦·巴菲特。其实也有希望巴菲特出钱的意思，但巴菲特非常不看好诺里斯的想法。

巴菲特认为创立一家和 IBM 竞争的公司，纯粹是疯了！他后来回忆这件往事时说："凯蒂婶婶和弗雷德叔叔想在公司成立之初投资。威廉没有钱，从某种意义上说，除了我，整个家族没有谁真正有钱。如果我愿意，我应该可以为它提供一半创始资金。但是我非常不看好它，我告诉他们：'这个项目对我而言没什么价值。谁还会需要另一家计算机公司呢？'"

毕竟是亲弟弟，凯蒂婶婶和弗雷德叔叔没有听巴菲特的意见。叔叔决定拿 300 美元给小舅子，婶婶偷偷加了 100 美元私房钱。这 400 美元按照 0.16 元/股的价格，认购了 2500 股控制数据公司的股票。

这一次巴菲特错得离谱，叔叔婶婶的善意获得了变态级的回报率（可惜投入金额太少）。诺里斯的公司大获成功，凭借公司天才设计师西莫尔·格雷设计的"超级电脑"，控制数据成长为 IBM 公司最大的竞争对手，在七八十年代鼎盛时期拥有超过 6 万名员工，是全球第四大数据处理公司。诺里斯也因此被评为"商用电脑之父""IT 产业化进程中最具影响力的十大英雄之一"。不过很可惜，在个人电脑取代大型电脑的科技浪潮中，公司没有跟上变化，最终衰落了。诺里斯 2006 年 8 月 21 日去世，享年 95 岁。

桑迪·威尔入主商业信贷公司的时候，从美国运通带走了一名得力助手，此人未来的名气和影响力比威尔更大。他就是现任摩根大通银行 CEO 杰米·戴蒙，财富 500 强最年轻的 CEO，被称为"当今世界最被人敬畏的银行家"。巴菲特对杰米的评价是："杰米是位不折不扣的银行家，杰米的年报是我读过的最好的年报。”

1986 年 10 月，威尔和戴蒙成功率领商业信贷公司上市，募集到一大笔现金（8.5 亿美元）。威尔自离开美国运通就一直有个梦想，要超越运通成为美国最大的金融超市。正好，威尔手下有位姓苏的华裔与蔡至勇是朋友，通过苏的介绍，普瑞玛瑞卡进入威尔的视线。威尔觉得普瑞玛瑞卡似乎能够帮助他实现超越运通的梦想。

虽然商业信贷公司规模只有普瑞玛瑞卡的四分之一，但郎有情妾有意，经过一场艰难的谈判，威尔最终以商业信贷公司增发股票加现金，合计 16.5 亿美元的价格收购了普瑞玛瑞卡。蔡至勇通过提前给自己拟好的黄金降落伞条款①，在这场交易中为自己拿到了价值 4800 万美元的股票和 1380 万美元现金。他丢下包袱，留下一个徒有虚名的董事席位，带着 6000 多万美元的财富走了。蹲在墙角独自悲伤的，是普瑞玛瑞卡的股东。

普瑞玛瑞卡一路高歌

威尔带领的普瑞玛瑞卡，于 1993 年 3 月又从美国运通手中以 10 亿美元的代价，将希尔森公司重新买回来。运通买下希尔森后，仅新增投入就有大约 10 亿美元，但无奈经营情况每况愈下，打包处理给原主，也算各生欢喜。

普瑞玛瑞卡继续高歌前进，公司于 1993 年 9 月与世界第六大保险公司旅行者集团合并，并沿用旅行者集团的公司名称。威尔掌控的资产规模超过 1000 亿美元。1996 年，旅行者集团市值超越原东家美国运通，威尔实现了自己的梦想。1997 年 9 月 24 日，旅行者集团以 90 亿美元的价格收购所罗门兄弟公司，并将它与当初蔡至勇收购的美邦证券整合为所罗门美邦公司。

正因为这次收购，巴菲特投下去的 7 亿美元，经历九死一生，历时 10

① 黄金降落伞条款，指雇用合同中约定的，当公司控制权发生变动时，给予高管一次性补偿的条款。

年，终于获得不错的回报，实现了退出。为此，巴菲特亲笔写下一张饱含吹捧意味的纸条给桑迪·威尔。纸条全文内容是："在过去的几十年里，桑迪以其令人惊异的价值创造能力和出类拔萃的融会贯通能力，在我们面前诠释了一种真正的管理天才，以及在金融业中对并购业务的远见卓识。在我看来，所罗门案例同样也不会成为例外。"这张纸条被装裱后，一直悬挂在威尔的办公室里。

1998 年 4 月 6 日，旅行者集团和花旗集团共同宣布，双方将完成美国商业史上最大规模的合并案，合并市值 1400 亿美元。双方实现"平等地位的合并"，公司沿用花旗集团的名称，同时使用旅行者集团的小伞作为标识。旅行者集团 CEO 桑迪·威尔和花旗集团 CEO 约翰·里德并列为新花旗集团联席 CEO。2000 年 4 月，威尔赢得董事会斗争的胜利，里德退休，威尔独掌花旗集团，成为全球最大金融帝国的唯一领袖，年薪 1.5 亿美元。

旅行者与花旗的合并震惊了整个华尔街，各大报纸的头条集中着类似《华尔街并购之王联合美国银行业王子》《金融帝国在华尔街投下巨大的阴影》《两位商业巨子改写商业并购史》标题的长篇报道。华尔街对这次合并持高度乐观态度，合并宣布当日，旅行者集团股票上涨了 18%，花旗集团股票上涨了 27%，直接推动美国道琼斯指数有史以来第一次收在 9000 点之上。

杰米·戴蒙从 1986 年起一直担任威尔的首席财务官，直到 1998 年威尔任命戴蒙和德里克·莫恩共同担任所罗门美邦联席 CEO，而原本戴蒙是希望自己独自担任的，上下级之间由此生出嫌隙。1998 年 10 月 24 日花旗集团的晚宴上，戴蒙和莫恩因为一点小事动了拳头。几天后花旗集团补偿戴蒙现金和股票合计 3000 万美元，解雇了戴蒙。

戴蒙在家闲居一年多后，于 2000 年 3 月受聘为全美第五大银行"美国第一银行"的 CEO。戴蒙用了 3 年时间，将美国第一银行从年亏损超过 5 亿美元，变成年盈利 35 亿美元。2004 年美国第一银行和摩根大通银行合并，戴蒙任新摩根大通银行 CEO 至今。

耗尽人品，黯然出局

蔡至勇从普瑞玛瑞卡出局后，以几乎一模一样的手法，控股了一家叫三角洲的保险公司，5年后转手卖给安默人寿保险公司，蔡至勇个人从这笔交易里获利1400万美元。和曼哈顿基金的“接盘侠”一样，安默人寿接手三角洲后，发现是一个言过其实的烂摊子，收购后首年的营业收入就下降约70%，安默保险为此付出了高昂的代价。华尔街由此得出一个结论：杰拉德·蔡拥有独一无二的低买、高卖，然后让别人承担麻烦的能力。

可能是把人脉和口碑都折腾没了，出售三角洲保险公司后，68岁的蔡至勇宣布退休，退休后以享受生活和慈善活动为主。在蔡至勇捐出的大量慈善善款中，最有名的是对母校波士顿大学的两笔捐助：捐资550万美元建设了波士顿最顶尖的音乐厅“蔡氏表演中心”；捐资200万美元为波士顿大学学生村建了“南希和蔡健身中心”——南希是他第四任妻子。

21世纪，蔡至勇再次成为媒体焦点，却是因为一则八卦新闻：2006年，77岁的蔡至勇和小布什总统弟弟的前妻、55岁的莎朗·布什订婚。一年多以后，也不知道究竟是男方主动还是女方主动，总之俩人走到要取消婚约的地步。

取消婚约，两人均无争议。有争议的是，蔡至勇要求莎朗·布什归还自己之前赠予的价值24万美元的订婚戒指，或者按照那枚11克拉大钻戒当前的市价43.4万美元支付现金。莎朗·布什辩称该钻戒并非订婚戒指，而是交往期间蔡至勇送的节日礼物，不同意归还。于是蔡至勇一纸诉状将莎朗告上法庭。因为双方都是社会名流，一时间官司闹得沸沸扬扬，占据各大娱乐报纸头条。这个官司因为蔡至勇2008年7月9日突然去世而不了了之。

第二十回　市场风格难以适应　解散基金图个清静

1969 年 5 月，不满 39 岁的巴菲特准备解散自己的基金。此时道琼斯指数 970 点，距离 3 年前的历史高点 1001.11 点一步之遥。对于巴菲特来说，这是个令人郁闷的时刻，他瞪大双眼也难以找到合乎标准的投资对象。账面闲置的大量现金无疑将拖低巴菲特合伙基金 12 年 27 倍（年化超过 31%）的传奇。

不仅如此，或许还有另外两个因素也推动巴菲特起了解散基金的念头。

火爆市场和短期暴利让长期投资者备感艰辛

一个是最近几年市场火爆。虽然巴菲特的回报率已经长期超越市场平均水平，但因为有大量类似蔡至勇这样以大胆著称的基金经理，年复一年给人们带来更高收益，导致部分投资人对巴菲特的保守投资风格并不满意。因此，即便是 1967 年道琼斯指数涨幅 19%，而巴菲特基金收益率高达 36% 的时候，1968 年 1 月仍有超过 160 万美元的资金退出了巴菲特合伙基金。

以巴菲特从老师那里学来的投资理念的认知，他清楚地知道自己“绝对没有任何亏钱的可能”，但前提是长期。至于短期能否战胜市场，除了上帝和骗子之外没有人敢确定，因为“市场先生的情绪无法预测”。所以，巴菲特特别在意资金的长期性和稳定性。

早在1956年5月，他开始运行自己的第一只合伙基金时，就对这个问题有过考虑。巴菲特这样回忆说：

1956年5月，从纽约回来之后，我的家人让我帮着打理股票投资。我对他们说，我不想再做股票经纪人的工作了，我喜欢的是投资。经过一番研究，我选择了合伙人的形式。

我特别确信，自己绝对没有任何亏钱的可能，否则我不会答应给别人管钱。我担心的不是自己做得如何，而是合伙人的表现，我需要我的合伙人与我同心同德。1956年5月，我们坐到了一起。一共有七个合伙人，都是我的亲戚和朋友，其中一个是我的大学室友，还有他的母亲。

我给他们发了一份合伙协议，我说："这东西你们不用细看，我不可能在这个合同里藏着掖着什么，你们不用找律师看这东西。但是，我写了我们合伙的基本原则，其中说明了我觉得自己能做到什么，你们评判我的标准是什么。

"如果你们同意这些基本原则，我愿意给你们管钱。因为你们同意的话，我就没有后顾之忧了，你们不会在市场下跌时恐慌，也不会听信别人的言辞。所以说，我们必须同心同德。你们和我同心同德，我可以放心地给你们管钱。你们和我不同心同德，我不能给你们管钱。假如我们没达成共识，在我觉得更值得投资的时候，你们却可能感到很不满意。"

然而，1969年开始有合伙人质疑巴菲特的能力，开始根据"别人的言辞"来评判巴菲特。这种情况的后果，就是可能危及资金的"长期"性质。如果没有资金的长期性质，无论巴菲特如何看待投资对象，他都有可能被迫跟随市场先生的疯癫步伐买入或卖出。

最靠谱的长期资金，当然是只管理自己的钱，资金期限是永久。其次的选择就是从法律上确保合伙人的资金永远无法退出。股份公司就是后一种，股东投入的本金，可以自由转让，但永远无权要求公司退股。

如果说早期“贫穷”的巴菲特，只能暂时以侥幸心理依赖说服合伙人来确保资金的长期性质，今天手持2650万美元的巴菲特，已经有能力从上述两种长期资金模式中任选一种了。无论选择哪种，解散基金都是必不可少的第一步。

当然，代价也是巨大的。如果依照巴菲特1970年至今的真实投资回报率数据，假设保有解散时的规模，不再吸收任何新资金，并假设以每年超过6%的部分提成20%规则计算，现在基金规模将会有5500亿美元以上，其中属于巴菲特个人的大约有3600亿美元。也就是说，为了保证资金的长期性质，巴菲特或许放弃了约2000亿美元的潜在财富——如果不计算期间的捐赠，巴菲特的474998股伯克希尔A股，以2019年末股价折算约1600亿美元。

不过，这其实是个错误的问题，如果没有资金的长期性质，巴菲特将不得不放弃几十年里的绝大部分投资机会，例如，大量的全资收购和持有某些股票长期不卖。结局或许和施洛斯类似，拥有更高的收益“率”和更少的财富“额”。

美国FCM资本管理公司创始人布鲁斯·伯考维茨[①]，在2012年的一次专访里所说：“伯克希尔的秘诀就是永久资本。它至关重要，我认为它就是巴菲特放弃合伙公司的原因。你需要永久资本，否则在危急关头，人们会跑掉。”

基金行业信誉坍塌尽失民心

找不到便宜的投资对象，基金合伙人有质疑和退出的现象，这是巴菲特面对的烦心事。但还有一个外围问题，也是推动巴菲特解散基金的一根

---

① 布鲁斯·伯考维茨是2010年度晨星评选的“美国最佳国内共同基金经理”。格雷厄姆经典著作《证券分析》第六版巴曙松译本第四部分的导读，由伯考维茨和老唐各写一篇。

稻草。

当时市场出现了对基金净值数据的大范围质疑。导火索是梅茨基金公司。梅茨基金以虚假手段计算净值和收益率，导致无法应对基金持有人的赎回要求，引发舆论对基金净值数据的质疑。

梅茨基金成立于1967年，管理人叫弗雷德里克·梅茨。基金推出第一年就大获成功，收益率超过100%，这使梅茨在1968年成为与“富达绝代双骄”类似的市场宠儿。梅茨甚至对外宣布要利用基金扶贫。他准备将基金认购门槛降至50美元起，让穷人也有机会搭乘梅茨号财富快车，改变贫穷的命运。

幸好，由于涌入的金钱太多，每天认购额超过150万美元，导致梅茨基金不得不在1968年6月关闭认购，拒绝再接受新资金，扶贫计划没有来得及实施。讽刺的是，没有接受穷人资金就是梅茨基金对穷人最大的帮助。因为到1968年末，梅茨基金就陷入技术性破产，震动了整个基金业。

技术性破产的缘由，是梅茨基金使用了一种有问题的记账方式，导致在净值和收益率都很高的情况下，却无钱满足基金持有人的赎回要求。这种记账方式是什么呢？我们拿其中一只叫欧美佳的股票来示范。

梅茨基金以3.25美元/股的价格认购了欧美佳公司的股票30万股，当时欧美佳股票在场外交易市场的成交价格是24美元/股，这使3.25美元的买价好得不像真的。股市里有个规律，但凡事情好得不像真的，它很可能确实不是真的。梅茨基金购买的这些股票，没有在美国证监会登记注册，按照当时的法律规定不可以转手卖出。梅茨买入时已经同意在获得登记之前不做转售。法律条文烦琐，我们就直接理解为长期锁定股即可，其他细节与我们要聊的事儿无关。

现在的问题是，梅茨基金计算基金净值和收益率的时候，欧美佳股票应该按照多少钱计入基金净值？24美元还是3.25美元，还是按照欧美佳公司净资产的对应比例，或者干脆直接用股票面值？一个诚信的基金经理，可能会按照对公司的保守估值来计入，例如巴菲特对邓普斯特的估值。

梅茨没有用以上任何一种数据。他采用了当时共同基金行业普遍流行的会计手法：参照 24 美元的股票市价，减记 1/3 作为不能流通的折扣，按照每股 16 美元计入基金净值。通过这个手段，在欧美佳市价没有发生变化的情况下，给基金持有人创造了超过 390% 的“收益”。

在包括欧美佳在内的众多股票“良好表现”下，到 1968 年 12 月初，梅茨基金 1968 年内收益率已经高达 168%，再次成为市场的超级明星。然而，意外突然发生了。12 月 20 日，欧美佳公司因涉嫌披露虚假或不完整信息，被美国证监会宣布停止股票交易。

此时很多敏感的投资者要求赎回基金。由于梅茨基金拥有许多不能转售的股票，他无法满足大量投资者按照净值赎回的要求。面对汹涌的赎回要求，梅茨向美国证监会紧急求助，申请中止赎回。不知道是犯糊涂，还是为了避免 3300 多名基金持有人集中赎回对市场造成过大冲击，美国证监会居然同意了申请。顺带提一下，欧美佳股票 3 年后跌至 5 美分/股。

整个基金行业吓傻了。共同基金持有人有权要求拿回自己的钱，就像银行储户有权从自己的账户里提取现金一样，一直以来就是毋庸置疑的绝对权利，是整个共同基金行业存在的基石。现在，这一基石被粉碎了。市场所有的基金投资者，无法不对自己投资的基金产生怀疑，尤其是持续高回报率的基金。它们是否也和梅茨一样披着一件皇帝的新衣？这种怀疑就像一个幽灵，飘荡在整个资金管理行业的上空。

巴菲特清算基金，妥善安置投资人

就在这时，巴菲特决定清算基金。他留下了多元零售、蓝筹印花以及伯克希尔，卖掉了其他所有股票。其中蓝筹印花是计划后面再慢慢卖出；

多元零售是与芒格、戈特斯曼共同成立的收购平台，巴菲特基金持股80%，芒格和戈特斯曼各持10%，当时除控股一家棉纺连锁商店外，其他资产基本是现金；而伯克希尔则拥有国民赔偿保险公司、伊利诺伊州国民银行、奥马哈太阳报和部分蓝筹印花股票。

巴菲特将大约5600万现金和三只标出合理估值的股票，像一份比萨一样摆上台面，由基金持有人优先选择。基金持有人可以选择全现金、全股票或者都来一点，最终剩下就是巴菲特的。这时基金总额约1亿美元，依赖过去13年每年收益的提成及提成再投资收益，巴菲特夫妇拥有其中的2650万美元。

巴菲特期望别人拿走现金，给自己留下股票。但他仍然很坦诚地告诉大家："我的个人看法是，多元零售和伯克希尔股票的内在价值在未来几年会有巨大的增长。我认为两种证券都应该长期持有，我很高兴能够把我资产净值的相当大部分投资在它们上。未来我自己非常有可能会长期把自己的资金和精力，都放在多元零售和伯克希尔公司。"巴菲特说的当然是真心话，但悲惨的真相是，此时听信巴菲特而选择伯克希尔股票的人，至少在未来五六年里还是被嘲笑的对象。到1975年末，伯克希尔股价才38美元，比1969年散伙时可以卖给巴菲特的价格还低4美元。

对于拿着现金离开的人，他们与巴菲特的关系结束了。而拿着股票的人，某种意义上说，他们依然是将资金委托给了巴菲特。只不过，巴菲特从此不再提取收益分成了，以近似免费的价格继续提供理财服务（年薪5万美元）。

所有打算自己管理财富的，巴菲特都给出了专业建议。对于需要寻找新资金管理人的，巴菲特分别介绍了芒格合伙基金、戈特斯曼的第一曼哈顿公司以及自己在哥伦比亚大学的同学比尔·鲁安。

芒格对那时的市场也有些不安，他对吸收资金不怎么热心。于是一些较大的资金去了第一曼哈顿，而比尔·鲁安则新设立了红杉基金①承接剩余资金。

红杉基金从 1970 年 7 月 15 日开始运行，起初情况非常不妙，连续 5 年跑输大盘。其中 1973 年和 1974 年还分别亏损 24% 和 15.7%。到 1974 年末，净值只有 0.845 元（即 5 年后还亏损 15.5%），直到第七年才追上指数，连累巴菲特陪着挨了不少骂。好在后 8 年争气，到 1984 年巴菲特发表《格雷厄姆和多德部落的超级投资者》演讲时，鲁安的年化收益率折合 18.2%，远超同期标普 500 指数年化 10% 的收益率，没给巴菲特和格雷厄姆丢脸。

鲁安一直工作到 2004 年，于 2005 年因肺癌去世，享年 80 岁。截至 2004 年底，红杉基金 34.5 年的年化回报率是 16.1%，同期标普 500 年化回报率 12%。不要小看年化 4 个百分点的差距，16.1% 的收益率代表着 1 万美元变成了 173 万美元，而 12% 的收益率，只从 1 万美元增长为 50 万美元。

也有一些合伙人打算自己选择基金管理人。如果这些人邀请巴菲特帮忙把关，巴菲特会抽出时间与目标管理人会面，帮忙“面试”。于是，一位拥有 19 年年化回报率 19.1%，完整的 230 个月公开业绩里，有 227 个月盈利，仅有 3 个月净值有回撤，且全部月度回撤均小于 1% 的大神闪亮登场。不过，此时的大神还是投资界的票友，他的传奇投资回报记录，是从和巴菲特谈话之后才起步的。

① 红杉基金不是全球知名的风险投资公司红杉资本。红杉资本是 1972 年由唐·瓦伦丁在硅谷创立的。唐·瓦伦丁人称“硅谷传奇”，风险投资之父，2019 年 10 月 26 日去世，享年 87 岁。

第二十一回　股神赌神偶然相逢　投资赌博原理互通

还记得格雷厄姆的杰拉德舅舅吗？杰拉德舅舅的儿子拉尔夫·杰拉德在格雷厄姆解散基金后，按照格雷厄姆的建议把钱交给巴菲特管理。现在巴菲特也要散伙，拉尔夫只能再次寻找资金管理人。

《击败庄家》横空出世

拉尔夫是一位杰出的生物学家，此时担任加州大学欧文分校的研究生院院长。他们学校有一位研究概率—博弈理论的知名数学家，叫爱德华·索普。索普在1962年出版了一本风靡全球，直至今天依然非常畅销的书，叫作《击败庄家》。

这可不是一本指导炒股的垃圾书，它起源于索普的一篇数学论文。在论文里他将赌场的21点作为数学问题，建立模型计算出一种能够获取概率优势的算牌策略。然后索普将策略简化为一套能够被普通人记住的计点系统，于1962年结集成书，原本叫《财富公式：一个21点的必胜策略》，出版社将其改名为《击败庄家》。2005年有一本介绍索普和凯利公式的书，借用了《财富公式》的书名。

《击败庄家》迅速登上《纽约时报》畅销书排行榜，并引发大量索普的“粉丝”到各地开设21点游戏的赌场捞金。这些“粉丝”里面，有两个有趣的人值得分享。一个是未来著名的债券投资专家，全球最大债券投资公司太平洋投资管理公司（PIMCO）的首席投资官，被投资界称为“债券天王”的投资大师比尔·格罗斯；另一个是美国大西洋城最大黑帮的二号人物曼尼·基梅尔。

“债券天王”格罗斯

先说格罗斯。格罗斯出生于1944年4月，在他读大学三年级时，有一次因车祸住院。住院期间偶然读到索普的《击败庄家》，书中所讲的赌博计点法，勾起格罗斯浓厚的兴趣。在住院期间及出院后很长一段时间，格罗斯如痴如醉地沉浸在索普的书中不能自拔。他和他的朋友们，熬更守夜地练习21点，实践索普书中描述的技巧。

1966年6月格罗斯大学毕业。按照兵役法要求，他需要在10月份到军队报到。格罗斯利用这不足4个月的间隙，带着200美元来到拉斯维加斯。他住进每天6美元的廉价旅馆，徒步去赌场，严格按照索普传授的技巧，每天在赌场“工作”16个小时。到10月份，格罗斯口袋里有了1万美元。

格罗斯说，他从《击败庄家》以及赌场实践里，学到了三个最重要的投资原则：第一，赌徒要懂得分散风险。纸牌时好时坏，技术再高明的赌徒也需要忍受烂牌的考验，最重要的是不能在连续烂牌出现时，输光本金。凯利公式是分散风险的重要原则。第二，赌徒要知道风险的存在，并加以量化。索普理论的核心，其实就是利用已出现的牌面，计算未来大小牌出现概率的改变，以及这改变对博弈胜率的影响。第三，赌徒在遇到胜率或赔率有利于自己时，要敢于加大赌注。

格罗斯服完兵役后，以这1万美元作学费进入加州大学读硕士。很快，他又读到索普1967年出版的第二本书《战胜市场》。这本书是索普和金融学教授希恩·卡索夫合著的，介绍利用认股权证和可转换债券打败市场的原理和方法。当时可转债在市场上的关注度还很低。在索普的影响下，格罗斯将硕士期间的研究方向放在了可转债上，并以《论可转换债券》为题完成了硕士毕业论文。

硕士毕业后，格罗斯去 PIMCO 应聘初级分析师，负责招聘的恰巧是 PIMCO 可转换债券基金的负责人，看到格罗斯居然以可转换债券为题目写过硕士论文，立刻就录用了他。“债券天王”就这样在 PIMCO 成长起来。2003 年《财富》杂志评选的商界 25 位最有影响力的人物排行榜，其中只有两位是职业投资者——排在第 1 位的巴菲特和排在第 10 位的格罗斯。

巴菲特在 1976 年为收购盖可保险发行债券融资时，与格罗斯所在的公司产生交集，两人就此认识。之后两人保持长期的通信联系，格罗斯一直将巴菲特视为自己的导师之一。格罗斯心目中的另外三位导师是：利弗莫尔、巴鲁克和索普。

在格罗斯看来，他向利弗莫尔学到了透过价格感知市场微观，向巴鲁克学到了穿透价格波动看背后的人心和大局，向索普学到了发现市场的无效定价并利用它获利。它们交织在一起，形成了自己的投资体系。

格罗斯饮水不忘挖井人，成为巨富后，曾以自己和妻子的名义向索普任教的加州大学欧文分校捐赠 1400 万美元，建立了“苏和比尔·格罗斯干细胞研究中心”，目前已是全球干细胞研究领域举足轻重的科研领先机构。

黑帮头目基梅尔

1961 年，索普在美国数学家协会做的概率与博弈论专场报告，被《华盛顿邮报》记者汤姆·沃尔夫[①]以《数学专家相信：你可以打败 21 点》为题，发表在邮报 1961 年 1 月 25 日 A3 版，这篇报道吸引了赌徒基梅尔的注意。

这篇关于索普的报道在当时引起轰动，超过两万封读者来信忙坏了索

① 美国著名记者、作家，“新新闻主义之父”。曾获美国国家图书奖、哥伦比亚新闻奖、国家人文勋章、芝加哥论坛报文学终身成就奖、美国全国图书基金会美国文学杰出贡献奖等。

普教授的6个助手。这些信件和电话，有些是来嘲讽的，类似“你既然有这个本事，应该很有钱啊?”或者“专家教授纸上谈兵口炮党”之类的，也有很多信件表明愿意出资给索普去赌场验证理论，然后平分盈利。

为了验证自己的理论，还嘲讽者一记耳光，索普准备接受资助者的赌本，去拉斯维加斯赌场实战。他从这些信件中选出两位明显既具有损失承受力，同时还有赌博经验的富翁。被挑中的两人就是基梅尔和他的朋友埃迪·汉迪，两人愿意出资10万美元供索普试验。索普后来的文章里将两位分别称为X先生和Y先生。

基梅尔是美国新泽西州二三十年代最大黑帮头目努基·泽威曼的搭档，他们主要从事赌博业和烈酒走私。想了解他们的故事，可以看以他们为原型的美剧《大西洋帝国》，其中好几位人物都是直接用的真名。比如剧中人物路西安诺和兰斯基，就是1929年5月努基和基梅尔建立的美国黑帮联盟董事会里，最有实力的“六大佬”真实人物。

索普带着基梅尔进入赌场，按照索普的21点必胜策略开始赌博。长话短说，很快索普和基梅尔就两次赢光庄家的全部筹码。赌场不甘就范，陆续采用出千、饮料里下药、拒绝入场乃至暴力威胁等手段应对。

之所以提到基梅尔，是因为基梅尔未来将掌控一家鼎鼎大名的公司，我确信我们每个人都知道它的名字，而且绝大多数人都体验过它家下属企业产品的盗版，而且不止一次——HBO和DC漫画。

基梅尔和索普相遇时，正在筹划旗下金尼停车系统服务公司（以下简称“金尼服务”）上市融资的事情。金尼服务早期是基梅尔赌骰子赢来的大型停车场，后来变成赌场及私酒中转站。

金尼服务于1962年3月上市，招股说明书里没有出现黑帮头目，最大股东是基梅尔的儿子凯撒·基梅尔。上市时的主营业务包括停车场、殡仪馆、出版、保洁等，其中最有名的业务部门是漫画巨头DC漫画公司。DC漫画创造的很多IP，今天大家都耳熟能详，包括：超人、蝙蝠侠、神奇女侠、绿灯侠、闪电侠等。

1969 年，金尼服务公司在公司大股东兼收购委员会主席凯撒·基梅尔的主持下，出资 4 亿美元收购了华纳兄弟影业。鉴于媒体广泛关注金尼公司与黑帮之间的联系，公司改用华纳传播的新名称，并于 1971 年剥离了原停车场和殡仪馆业务，聚焦于传媒、出版和娱乐。

1972 年，原掌控金尼服务下属殡仪馆业务的史蒂夫·罗斯出任华纳传播的董事长兼 CEO。罗斯酷爱赌博，同样是《击败庄家》的“粉丝”，老基梅尔还亲自教过他赌术。

1990 年华纳和出版巨头时代公司（拥有著名的 *Time* 杂志、HBO 电视网和 CNN 有线电视台）合并为时代华纳，一举成为全球最大的娱乐传媒公司，史蒂夫·罗斯和时代原 CEO 共同出任公司联合 CEO。这家时代出版公司，巴菲特 1982 年到 1986 年间两次出入过，累计投资额近 9000 万美元。1986 年清仓，获利约 5000 万美元。

2000 年，时代华纳与互联网新贵美国在线合并。很不幸，伴随纳斯达克网络泡沫破裂，美国在线迅速衰落，9 年内美国在线的市值从 1640 亿美元跌至 34 亿美元。2009 年公司剥离了美国在线，留下的时代华纳，目前是世界 500 强排名第 108 的传媒巨头。

“赌神”索普转战华尔街

由于赌场间共享黑名单，各大赌场均采用各种各样的方法堵截索普入场，哪怕索普一次次地乔装打扮。这事对索普来说就变得无趣了，他的主要兴趣是证明学术理论的胜利，而不是赢钱。于是索普干脆将目光投向他心中更大、出入更自由的“赌场”——华尔街。幸好如此，30 年后，一位当时亲历该事件的赌场老板回忆，1964 年赌场老板们聚在一起考虑应对方案，其中一个备选方案就是：干掉索普或者打断他的双腿。

索普对华尔街“赌场”的深度研究，成果就是认股权证和可转债定价的模型，并以《战胜市场》为名出版。该书主要挖掘的是市场的无效定价，由此和有效市场理论拥趸之间产生了不可调和的矛盾。

有效市场的主要拥趸，是以保罗·萨缪尔森为核心的主流经济学家团体。萨缪尔森的大名，但凡接触过经济学的应该都是如雷贯耳，他号称经济学最后一个通才，凯恩斯主义之集大成者。他1948年发表的《经济学》是全世界最畅销的经济学教科书，翻译成几十种语言，在全球销售上千万册，直接间接影响着全球几代人的思想——包括你我。

萨缪尔森这人很有意思，虽然是有效市场理论的坚定核心人物，但自己的钱在巴菲特入主伯克希尔后不久，就买成伯克希尔的股票，一直持有到2009年去世。查理·芒格曾很毒舌地评论萨缪尔森：“萨缪尔森的教科书里写的是有效市场理论。说股票的价值就是它的交易价格，没有人能打败股市，对所有号称可以打败股市的投资专家都持怀疑态度，巴拉巴拉巴拉。自己却早早地把钱交给巴菲特。通过成为伯克希尔的股东，萨缪尔森对冲了他的有效市场理论，顺便还发了大财。”芒格的意思是，如果巴菲特成功，萨缪尔森发大财。如果巴菲特失败，则有效市场理论被有力证明。

萨缪尔森的有效市场理论，最终由芝加哥大学商学院尤金·法玛教授发扬光大，并因此而获得2013年的诺贝尔经济学奖。虽然该理论被巴菲特鄙视为“如果市场总是有效的，我只能沿街乞讨”，也被索罗斯嘲笑过“现行的有效市场假说理论——所谓的理性选择理论，实际上已经破产”，但这丝毫不妨碍该理论成为现代投资组合理论的基石，尤金·法玛也因此被称为“现代金融之父”。

有效市场理论的支持者里，有一位是索普在加州大学欧文分校的同事——以资产定价模型获得1990年诺贝尔经济学奖的威廉·夏普。夏普的理论可以简单概括为：“市场是有效的，获取高利润的唯一方法就是承担更多风险。希望减少风险，结果只能是获得更低利润。”这个理论对于索普来说，不用看背后的数据或逻辑，也能断定它是荒谬的。因为就在索普的研究领域，无论是赌博还是股市投资，出现过太多低风险甚至零风险的利润，也出现过很多高风险低利润甚至零利润的定价。由此，他们俩经常在校园里就此展开争论，这争论也是《战胜市场》一书出版的动力之一。

《战胜市场》致力于证明市场错误定价的存在，内容集中在利用认股权证和可转债的错误定价套利。到 1967 年，索普已经在这本书的研究基础上，推导出一个期权定价公式，并秘密利用这个公式在股市大发其财。

利用《战胜市场》的研究基础，推导出期权定价公式的不止索普一人。1969 年，有两位当时寂寂无闻的学者给索普寄来一份论文，声称是索普的“粉丝”，他们从《战胜市场》出发，推导出一个期权定价公式，想请索普看看。索普惊奇地发现，二人推导出来的公式和自己正在使用的几乎完全一致。这两位学者是费希尔·布莱克和迈伦·舒尔茨（尤金·法玛的学生）。他俩推导出来的这个公式，于 1973 年发表后被称为布莱克 – 舒尔茨期权定价模型，简称 BS 模型。舒尔茨和后来对 BS 模型做过改善的罗伯特·默顿教授①一起获得了 1997 年的诺贝尔经济学奖。布莱克因为当时已经去世，不在获奖名单里。

除了布莱克和舒尔茨在论文里对索普的致谢之外，模型的命名和获奖均没有标记索普的贡献。对此索普很平静。他说：“（他们的）论文是绝无仅有的杰作。我从未考虑过我的荣誉，因为我不是从事经济学和金融行业研究的人，这个问题附带的重大意义并不在我的思考范围。我所看到的只是一种赚大钱的方法。”

赚大钱的方法可以藏着，但名气藏不住。伴随着名气的扩散，加州大学欧文分校的老师们，纷纷将资金委托给索普。索普连续几年取得年化约 25% 的回报，到 1968 年管理资金规模达到约 40 万美元。索普每年从利润

① 默顿是保罗·萨缪尔森最得意的弟子。

里提成20%，大致和做数学教授的收入差不多。此时索普没把它当作一个正事儿看待。

“股神”和“赌神”惺惺相惜

当巴菲特有了解散基金的想法后，拉尔夫想把资金委托给索普，但又不确定索普的那套理论是否靠谱。于是邀请巴菲特和索普一起到自己家做客，实际上就是想让巴菲特帮忙“面试”索普。巴菲特和索普就这样相遇了。

虽然两人投资风格迥异，但都是市场有效理论的坚定反对者，都擅长套利，对投资、概率、风险、不确定性等投资要素均有相当多的共识。正所谓“金风玉露一相逢，便胜却人间无数”，天才间的碰撞格外璀璨夺目。巴菲特事后对拉尔夫作出“索普靠谱”的结论，索普则当天就对妻子说“巴菲特未来会成为全美国最富有的人”，这一预言在1993年实现了，那年巴菲特登顶全美富豪榜。

拉尔夫给索普看了巴菲特历年致合伙人的信。索普被打动了，也起了建立合伙基金公司的心。很快，“可转换对冲合伙基金”诞生，拉尔夫是该合伙基金的第一位客户。该基金于1975年改名为“普林斯顿－新港合伙基金”。

传奇起飞。索普的基金从1969年11月1日开始运行到1988年底停业，年化回报率19.1%，扣费后客户收益率15.1%。这个数据看上去也不算惊人。惊人的是，20年里没有任何一年亏损，回报率低于10%的只有3年：1969年4%（只运行了两个月），1973年8.1%，1988年4%。其他年份收益率在11.3%和33.3%之间。在全部的230个月里，有227个月盈利，只有3个月净值有回撤，且3个月的回撤幅度全部小于1%。

这是一个什么样的神人，靠什么持续稳定地获得这种难以置信的回报水平？如此靠谱的业绩，为何要在1988年底停业呢？

第二十二回　赌神索普创造传奇　香农凯利协防有功

天生学霸

索普出生于1932年8月14日，从小就是传说中那种天才儿童的标准模样。比如3岁能数到100万；5岁能背诵历史上几十位英国国王的名字、登基和退位的准确时间；6岁能够进行任意数字的四则混合运算，能口算平方根、立方根，各种心算比旁人按计算器速度还快……

索普从小酷爱各种实验，对木工、电工、制图、无线电等技能具有浓厚的兴趣。由于家境不好，索普11岁就和巴菲特一样送报挣钱，并依赖这些收入购买各种实验材料。索普在13岁拿到联邦政府认证的无线电发报员证书，14岁成功自制炸药和强效染料。

高一时索普得知，如果在全国化学竞赛里拿到前三名，可以获得大学奖学金，于是找来化学教材自学。结果考试时因为不知道需要配备昂贵的专用计算尺，索普在竞赛时间内凭手算完成1000分里的873分题目，得分869，获全美第四，痛失奖学金。

为了挣到读大学的奖学金，索普高二参加过全加州物理竞赛，以931分（领先第二名50多分）获冠军。高三参加过西屋科学奖[①]大赛，以一篇

① 西屋科学奖(West House Science Prize)被称为“美国中学生的诺贝尔奖”，由美国西屋电气服务公司于1942年创建，目的在于发现具有科技创造潜力的青年人。

计算天体轨迹和玻璃棱镜折射率方法的论文，从 1.6 万名竞争者中脱颖而出，成为 40 名获奖者之一……多项优异表现，让索普有了在加州随心所欲挑选大学的权利。

本来加州理工学院是他最心仪的大学，但是该校的奖学金仅包含学费，索普没钱支付住宿费和生活费。于是他选择了提供包含学费、生活费和住宿费奖学金的加州大学。

当严谨的学术应用于赌博研究

读书期间，有次同学们聊天聊到轮盘赌的话题。大家的观点分为两派，一派认为轮盘赌纯粹是随机运动，无法预测；一派认为轮盘赌设备不可能完美，总有物理缺陷导致某些数字出现的概率会更高，从而可以利用这种概率赢钱。索普对两种观点都持认可态度，他认为如果轮盘赌是完美的，可以利用物理学知识预测小球轨迹赢钱；如果轮盘赌是不完美的，那会导致某些数字具备微弱的胜率，通过计算这个概率，也可以赢钱。

不过很可惜，索普没钱购买赌场专用的轮盘赌设备来研究，该想法暂时搁置。直到 1956 年的一次聚会上，已经拿下物理学硕士学位的索普，偶遇加州理工学院最负盛名的物理学家理查德·费曼①。两人在聊天中也聊到轮盘赌，费曼说目前科学界还没有能够打败轮盘赌的方法。见全美顶级的物理学家持如此看法，索普隐藏内心的对轮盘赌的兴趣又浮上心头。

因为利用物理学知识计算轮盘里小球的落点需要大量的数学知识，索普为此恶补数学，并顺便于 1958 年 6 月拿到数学博士学位。拿到博士学位后，索普暂时担任加州大学洛杉矶分校数学系临时讲师。

当年冬天，索普携妻子到拉斯维加斯过圣诞节。之所以选择拉斯维加

---

① 费曼是 1965 年诺贝尔物理学奖得主，纳米科技之父，量子计算理论奠基者，美国曼哈顿计划创立成员，美剧《曼哈顿计划》主人公查理的原型。

斯，一者因为索普此前从未参与过赌博，他想亲眼看看轮盘赌的运作；二者因为当地政府为了吸引更多赌客，已经将当地打造为一个性价比极高的旅游度假区，可以节省费用。

出发前，学校一位教授向索普推荐了一种21点的策略，是四位知名数学家刚刚发表的论文。这种策略将庄家的优势压低为0.62%，是所有赌博活动中庄家优势最小的一种。这虽然依然无法确保赢钱，却已经是最接近公平的赌博。索普打算拿10美元去试试。

结局没什么意外的。依靠一张密密麻麻写满数字的策略卡片，在超人的记忆力和严谨的心算能力帮助下，索普无视干扰、冷静分析，在15分钟时间，成功地输掉了8.5美元，离开了赌场。

回家后，索普的注意力就从轮盘赌转移了。因为21点不需要购买什么昂贵的设备，只需要思考和计算就可以了，更适合数学家，尤其是贫穷的数学家做研究。虽然学界普遍认为战胜赌场的策略是不存在的，但索普经过深刻的思考后，发现一种理论上的可能性。

理论上说，每张牌出现的概率一样，这种情况下赌场拥有0.62%的胜率优势，但随着一张张扑克牌暴露在赌桌上，剩余的牌出现的概率会发生改变。举个简化的例子，如果发了20张牌，其中出现四张5，那么剩下的牌堆里再出现5的概率就不会是4/32，而是0。由于玩家掌握是否下注和下注多少的主动权，因此存在一种可能，就是玩家只在剩余扑克会导致自己赢面高于50%时下注，并在赢面大时下较大的注，似乎就有了战胜庄家的可能。

索普写信给在21点上已经有深入研究的那四位数学家。经过交流和讨论，索普得到了四位数学家数千页的原始实验手稿。伴随索普继续研究，他发现整套策略要面对庄家10种手牌和玩家55种手牌的组合。这550种组合下，每副牌有3000多万种变化，全套策略靠人工计算需要大约4亿年。

幸运的是，1959 年索普申请到麻省理工学院两年的讲师合同，而麻省理工拥有一台 IBM 公司 1957 年 4 月推出的 IBM 704 大型计算机，运算速度为每秒 4 万次。有了 704 的帮助，索普终于在 1960 年夏天完成测试，证实了自己的猜想。

院士助力，赌博研究更上一层楼

他计划向《美国国家科学院院刊》提交论文。但向这份具有学术影响力的杂志投稿，需要一位院士的推荐才行。于是索普求见麻省理工学院唯一一名国家科学院院士——信息论的创立者、数字计算机和数字电路设计理论的奠基人、伟大的数学家和密码学家、麻省理工终身教授克劳德·香农①。

香农的秘书给索普安排了几分钟会面时间，但索普的介绍迅速吸引了香农的注意。几分钟的会面变成长达数小时的沟通，最终香农同意推荐索普的论文。不仅如此，香农这个老小孩，后来还和索普一起下功夫研究轮盘赌，一起去赌场实践。为了提升参与轮盘赌的胜率，香农和索普共同发明了人类最早的数字可穿戴智能设备。

香农对索普最大的帮助，除了作为论文推荐者，还在于帮助索普解决了不同胜率情况下赌注分配的问题。他给索普介绍了同事凯利的研究成果：凯利公式（也称“凯利准则”）。他们之间的对话大概是这样的。

索普：“香农，我还有一个问题没解决，如何确定每一副牌下注多少，才能既保证最大化地赢钱，又能防止因连续很多次运气不好而赔光所有的筹码呢?”

---

① 克劳德·香农(1916 年 4 月 30 日—2001 年 2 月 24 日)取得的成就，被认为是“自文艺复兴以来无人企及”。他独立开创了一门重要的新科学：信息论。信息论是计算机、互联网和其他一切数字媒体的理论依据。简单地说，我们今天能用上电脑、手机，能上网、听音乐、看电影，就依赖于香农建立的二进制数字在电路里的表达方式。

香农："这个问题，你去看一篇贝尔实验室约翰·凯利 1956 年的一篇论文就知道了。"

凯利公式

约翰·凯利（1923—1965 年）是物理学博士。他和香农同在著名的贝尔实验室任职。他那篇论文题目原本叫作《信息理论与赌博》，1956 年发表，发表时考虑公众影响改名为《信息率的一种新解释》。公式起源于凯利对信息噪音的研究，同属于香农的信息论理论范畴。具体理论深奥，与咱们投资领域无关，老唐举个简单的例子来帮助读者理解信息噪音。

信息的传递是有噪音的，比如你收到一条信息，内容是"索普没有偷你的钱"。这句话要传达的真实信息，可能是以下任何一种：

①索普没有偷你的"钱"——他偷的是你的手表。

②索普没有偷"你"的钱——他偷的是老唐的钱。

③索普没有"偷"你的钱——他只是拿走了属于他的那部分。

④索普"没有"偷你的钱——所以你的钱还在原处。

⑤"索普"没有偷你的钱——是其他人偷的。

……

凯利由此联想到一个数学命题：假设在赌场、赛马场或者股市，有个内线经常给你传递内幕消息。但一者由于内幕消息不能保证 100% 正确，二者在消息传递过程中或许会因噪音发生误解（就像巴鲁克那位买入联合煤气的美女亲戚），那么，赌徒收到内幕消息后，应该如何下注，才能既保证最大化地赢钱，又能防止因连续多次运气不好而输光赌本呢？

在香农教授长途电话噪音问题的研究基础上，凯利最终推导出著名的凯利公式。公式为：$f=(bp-q)/b$。其中，f 就是需要计算的最优下注比例，b 为赔率，p 为胜率，q 为败率 $=1-p$。在这个公式指导下，一个胜率 51%，赔率为1∶1的赌局，每次下注比例为（$1\times51\%-49\%$）$/1=2\%$。

举个简化的错误定价游戏。一个公平的抛硬币游戏，正反面出现的概率均为50%，即$p=50\%$，$q=1-p=50\%$。如果此时有个赌局，开出的赔率为2∶1，即正面朝上你赢2元（含本金拿回3元），反面朝上你输1元，$b=2$。

很显然，参与这个游戏具备显著的胜率优势，但是赌徒每次应该拿多少钱下注呢？凯利公式的答案是每次拿出全部资金的25%下注，可以在保证永远不会出局的前提下，获得最大化盈利。计算过程：$f=(bp-q)/b=(2\times50\%-50\%)/2=25\%$。

索普的研究成果，解决了如何取得相对于庄家的胜率优势，而凯利公式则解决了在不同优势胜率下的最优下注比例问题。通过凯利公式我们可以发现，有些赌局一分钱都不应该投。比如$b\leqslant0$的，公式无法计算。什么是$b\leqslant0$呢？简单一点说，就是正面他赢，反面你输的游戏。赌桌上不会有这种游戏，但证券市场很常见，而且参与者众。

再比如同样是抛硬币，胜率还是50%，如果赌局开的赔率是0.9∶1，即正面朝上拿回1.9元，反面朝上输1元。根据凯利公式计算结果，下注比例$f=(0.9\times50\%-50\%)\div0.9\times100\%=-5.56\%$，$f$小于零，不参与。

相反，如果胜率100%的游戏，赔率只要大于零，无论多小，都应该下注所有资金。因为$f=(b\times100\%-0)\div b\times100\%=100\%$。

理论结合实践：战绩不俗成“赌神”

索普就有个经典的、下注所有资金的知名案例，该案例创造了纽约交易所有史以来（截至1981年）最大单笔成交纪录。有趣的是，该案例的投资手法，和格雷厄姆套利G公司一模一样。

1981年美国政府认定AT&T公司形成垄断，公司被要求将下属7个子公司分拆出去。AT&T 公司股东将获得对应比例的 7 家下属子公司的股票以及一家“新 AT&T 公司”股票。在分拆实施过程中，新老 AT&T 以及下属 7 家子公司的股票均在市场有交易。

索普和年轻的格雷厄姆一样，发现老公司股价低于对应的 8 家新公司股价之和，价差很小，除去交易成本后利润微薄。当时索普管理的普林斯顿 - 新港公司资金总额约 6000 万美元。鉴于这场交易获利确定性为 100%，索普借入 3.3 亿美元，买进老 AT&T 公司股票 500 万股，同时等量卖空 8 家新公司股票。分拆后的新股到账，归还卖空股票，差额为净利润。索普支付 80 万美元的利息之后，净赚 160 万美元。

获利概率 100%，按照凯利公式应该押上所有的钱。这种案例早在这笔“有史以来规模最大”的投资引起媒体注意之前，索普其实已经演练过很多回了。比如 1974 年，他就做过一笔更加精彩的套利，只是那时资金还比较少，没有 1981 年这笔动人心魄罢了。

当时，美国汽车公司（AMC）的可转债在市场流通，债券面值 1000 美元，票面利率是 5%，每张可转债可以随时申请转换为 100 股公司股票，到期日是 1988 年。

在 1973 年爆发的全球性股灾后，AMC 股价一路下跌到 6 美元，此时可转债市价跟随下跌至 600 美元。索普发现了这个荒谬的市场定价，立刻押上全部资金并使用了杠杆。他购买 AMC 可转债，并抛空等量的 AMC 股票，即每买入一张面值 1000 元、市价 600 元的可转债，对应抛空 100 股股票。这是一个 100% 确定获利的交易。

由于持有一张可转债，可以享受面值 5% 的年利息，对于花 600 元买下的索普而言，年回报率是 $50 \div 600 \times 100\% = 8.33\%$。同时，只要公司不破产，最长持有到 1988 年，还能确保收回额外的 400 美元差额。由于债券随时可以申请转换成 100 股股票，所以一张可转债很明显比 100 股股票更有价值。索普买入可转债并卖空股票后，只需等市场发现这一点，导致债券价格涨幅大于股价涨幅时，卖出债券同时平仓股票空单，即可兑现利润。

如果这家公司最终破产，债券股票双双下跌呢？索普会赚得更多。因为公司一旦破产清算，拍卖资产的收入将优先分配给债券持有者。AMC 股票将变得一文不值，而债券持有者除了获得持有期间的利息，还可以获得清算收入。对于持有债券同时卖空股票的人，破产带来的获利空间更大。

即便是最糟糕的情况：价格原地不动，或债券与股票价格比始终保持 1:1，索普仍然能够获得可观的收益。600 美元买入可转债，年收入 50 美元利息，回报率 8.33%。索普以 8% 的利率借钱购买债券，年回报率 0.33%。同时，索普可以将卖空 AMC 股票收到的现金，以 6% 的利率出借。这样，即使最糟糕的情况出现，索普每年仍能保证赚到 6.33%——这还是由于条件所限，索普出借资金利率低于借入资金利率的情况下。

经过索普几本畅销书的科普，加上索普基金的辉煌战绩，今天凯利公式已经是赌博界和投资圈，尤其是量化投资领域必不可少的风控工具。然而，凯利公式的使用其实存在巨大的认知风险，不仅以保罗·萨缪尔森及其弟子默顿为代表的主流经济学家写过大量论文驳斥凯利公式的有效性，就连有效市场理论的反对者，推荐凯利公式给索普的香农教授，在处理自己的投资时，也没有采用凯利公式操作。这是为什么呢？

第二十三回　凯利公式暗藏隐患　投资奥秘各有不同

要说凯利公式的理念精髓，实际上一句话就可以总结：无优势不参与，有优势赌大点。从这个角度说，以巴菲特为代表的价值投资者都是这样分配资金的。

备受争议的凯利公式

但具体到数学，对凯利公式的争议还是挺大的。主流经济学家驳斥凯利公式的论文很多，比较有代表性的是保罗·萨缪尔森假设的一个赔率很高、赌徒享有明显优势的赌局：抛硬币，输赢概率各50%，赔率为5∶1，即赢了收回6元（含1元本金），输了赔掉1元。按照凯利公式的计算，赌徒应该每次投入40%的资金下注：$f=(5\times50\%-50\%)/5=40\%$。

一个遵循凯利公式的赌徒，以100元为起点，参加这个具有明显优势的赌局。第一次赌局后衍生两个轨迹，赢了变300元，输了变60元。如此这般持续4次后，将产生16条轨迹，如表23－1所示。

表23－1　赌局的16条轨迹　　单位：元

本金	第一局	第二局	第三局	第四局
100	300	900	2700	8100
100	300	900	2700	1620
100	300	900	540	1620
100	**300**	**900**	**540**	**324**

续表

本金	第一局	第二局	第三局	第四局
100	300	180	540	1620
100	**300**	**180**	**540**	**324**
100	**300**	**180**	**108**	**324**
100	300	180	108	64. 8
100	60	180	540	1620
100	**60**	**180**	**540**	**324**
100	**60**	**180**	**108**	**324**
100	60	180	108	64. 8
100	**60**	**36**	**108**	**324**
100	60	36	108	64. 8
100	60	36	21. 6	64. 8
100	60	36	21. 6	12. 96

最后，赌徒的资金额必将是8100、1620、324、64. 8、12. 96这5个结果中任意一个，其中概率最大的是324，来自4次赌局中两赢两输的6种组合。4次50%胜率的赌局两赢两输的结果，是统计学意义上标准的“大概率”。

萨缪尔森等人承认凯利公式带来的正常结果324元确实比其他任何资金管理策略都高，但它依然远远落后于全部赌局结果的简单平均数：（12. 96 +64. 80 ×4 +324 ×6 +1620 ×4 +8100）/16 =1049. 76元。而且，使用凯利公式的赌徒容易被误导，以为4轮赌局之后“大概率”两赢两输获得324元，代表着将“会”获得324元。

赌徒容易忽略的是，即使是优势如此明显（胜率50%，赔率为5）的赌局，采用凯利公式作为资金策略，最终仍然有高达5/16的可能性是亏损。其中有1/16的可能性只剩下12. 96元，亏损87. 04%；有4/16的可能性剩余64. 80元，亏损35. 2%。

萨缪尔森等人要提醒的就是，小概率不等于不存在，大概率不等于必然，均值不等于现实。凯利公式确实可以保证永远不会输光，这类似庄子的智慧：一尺之棰，日取其半，万世不竭。但小概率事件一旦出现后，危害性是非常突出的。比如，可能 4 次赌局输掉 87% 以上的资金，9 次赌局输掉 99% 以上的资金。

1979 年萨缪尔森发表了一篇论文，论证凯利公式及类似法则的不可行。在论文里萨缪尔森写道："人们感觉通过这种方式一定可以赚到更多钱……但是他们错了。他们没有看到的是：当你失败时——而且你确实可能失败——你会输得很惨。"老唐感觉这个中文翻译似乎没有传达出萨缪尔森的真实意思。据老唐的个人理解，他想表达的底层意思应该是：当优势明显时，凯利公式推荐的赌注也越来越大，然而优势明显不等于必胜，因此，使用凯利公式的宿命可能导致赌徒总是在更大的基数上遭遇失败，从而输得很惨。

争论的两边都是大牛，这问题到今天也没有论证出个一致的结论。后期的索普也吸收了萨缪尔森等人对凯利公式的批评，更侧重于使用凯利减半策略配置资金，即按照凯利公式计算结果减半执行——公式算出来应该下注 20%，实际下注 10%。

本来，一边是真金白银实践的索普，一边是心口不一的学者，情感上说似乎索普"更可能"是对的。因为有效市场理论的核心人物萨缪尔森已经将自己的资金投给了巴菲特，旗下另外两位大将——因 BS 模型获诺贝尔大奖的默顿和舒尔茨更搞笑，一边大力宣扬市场有效理论，一边给长期资本站台融资（这故事将在本书第三十七回出现），说长期资本必将长期战胜市场。当懵懂的投资者"以子之矛，攻子之盾"，质问长期资本如何战胜有效市场时，舒尔茨居然恼羞成怒地回复提问者："因为有像你一样的笨蛋存在，所以长期资本才能从市场获利。"

学者型投资奇才：香农

但是，介绍凯利公式给索普的香农，在自己的投资活动中，也不使用凯利公式。这让站队变得有些难度了。

香农的兴趣广泛到令人难以置信，在投资领域，他的业绩也是相当逆天：1952—1986 年，35 年时间年化收益率 28%。

不过对于香农而言，金钱没什么吸引力。据很多助手回忆，香农的办公室里经常乱七八糟散落着大额支票。他的投资更主要是出于对科学和未知领域的好奇和探索，而不是金钱。所以到 1986 年香农的投资账户资金总值也不大，只有约 150 万美元。

从某种程度上说，香农可以算是有效市场理论支持者的噩梦，因为他总是轻而易举地从市场赚到钱。从 60 年代中期开始，香农就经常在麻省理工召开会议，就科学投资这个议题与各领域的大牛们展开讨论，这里面就有香农的好朋友萨缪尔森。香农经常发表关于套利的讲座，也常常由于听讲的人太多，而不得不将原本打算小范围举行的讲座，搬到麻省理工学院最大的报告厅举行。

香农不是基金经理，也不替人管理资金。但出于科学家的习惯，他保留了自己的投资记录。他一直计划将其写成论文发表，但由于文章的论点和数据精度达不到香农对论文的高标准要求，一直没有完成。直到 80 年代，香农得了老年痴呆症，记忆力开始减退，他意识到自己永远不可能完成这篇论文，于是在一次访谈中回顾和展示了相关记录。

无论是否有记录，香农这种天才加上他已经取得的成就，完全没有撒谎的必要。更何况，香农的投资经历实在太简单了。他是一名集中投资兼长期投资者，81% 的仓位投在一只股票上，前三只股票占仓位比 98%。自 60 年代后他基本上就没怎么卖出过股票，整个投资生涯的主要利润其实就来自重仓的前三大持股。

第一重仓：特利丹，由香农的同学兼好友亨利·辛格尔顿创建。香农 1961 年买入，初始购买价格 88 美分，1986 年股价 300 美元。

第二重仓：科德思公司，是麻省理工学院下属的一家制造调制解调器的公司。1966 年以 50 美分价格买进，后被摩托罗拉以 1∶1 换股收购，1986 年股价 40 美元。

第三重仓：哈里森实验室公司，由贝尔实验室一位科学家创建，主要为彩色电视提供电力支持系统。持股时间 32 年，初始买入价 12.8 美分，1962 年被惠普收购，1986 年每股折合 45 美元。

香农研究股市是从 50 年代开始的，他想知道他的信息理论是否可以帮助他解析市场的随机变化。为了开展研究，香农阅读了能摆满图书馆三个书架的股市相关书籍。其中既包含格雷厄姆的书籍，也包含大量技术分析的书籍。

和大部分投资者一样，香农也在技术分析上耗费了大量精力，他甚至发明了一台电力设备，用以模拟股市资金流动情况。这方面似乎索普要高明得多，索普只读过一本爱德华兹写的《股市趋势技术分析》后，就理解了技术分析行不通，立刻放弃。索普认为《股市趋势技术分析》提供了“否定性帮助”，帮自己节约了很多时间。

经过彻底的研究，香农最终放弃了技术分析体系。他说：“我认为那些耗费很大精力研究价格图表、头肩顶、V 字反转的技术人员，无非在做一种重要数据干扰重现的工作，意义不大。”

香农强调：“我们能够根据对公司管理以及市场对公司产品的未来需求的评估，推断出有关收益增长的信息……长期来看，股票价格将会跟随公司收益的增长。”因此，香农几乎从不关心短期股价的波动。他说：“我认为关键数据不是过去几年或几个月里股价的变化幅度，而是过去几年里企业收益的变化幅度。”从这个意思上说，香农和巴菲特属于同一类型的投资者，区别只是香农的能力圈在科技行业。

“巴菲特的孪生兄弟”：亨利·辛格尔顿

香农的第一重仓是特利丹公司，创建者亨利·辛格尔顿也是一位带有传奇性质的投资大师。巴菲特这样评价辛格尔顿："在美国商界，就运营和资本配置而言，亨利·辛格尔顿的记录无人可及。即使从顶尖商学院中选拔出100位最优秀的毕业生，把他们的成就合并在一起，其纪录也无法和辛格尔顿相匹敌……商学院的学生不向亨利·辛格尔顿学习简直就是犯罪。"

查理·芒格曾这样评价辛格尔顿的投资手法："就像沃伦和我一样，他喜欢集中化，只买他非常了解的少数股票。"在投资圈，辛格尔顿有"巴菲特的孪生兄弟"的美誉，因为他管理特利丹的思路与巴菲特惊人地相似。

·他们都首先将自己视为投资者，而不是企业管理者，专注于资本配置而不是行政管理。

·他们都由自己掌控投资决策权，只拥有极少的雇员和中间层级。

·他们都集中投资且仅限于投资自己非常熟悉的行业，辛格尔顿通常会把70%的资金集中在前五大持仓股上。

·他们都拒绝为分析师提供季度报表，拒绝与华尔街深度沟通，向全体投资者平等提供最大限度的详尽报表。

·他们都拒绝股票分拆，并对分红不感兴趣，更喜欢自己配置资本，或通过回购回馈股东。

·他们都将自己近于全部的身家投入自己管理的公司，持有自己管理的公司大量股权。如同巴菲特所说"我们吃自己做的饭"。

·他们都深知"浮存金"的价值，都将保险公司作为投资平台。两家公司下属的保险子公司都是他们最大和最重要的业务。

……

辛格尔顿和香农同龄，是麻省理工电气工程学博士，曾和理查德·费曼作为队友一起获得过1939年的普特兰数学竞赛大奖。辛格尔顿毕业后进入利顿工业，并帮助公司设计了一套飞机导航系统。不久，辛格尔顿被提拔为利顿工业下属电力系统部门的总经理。在辛格尔顿的领导下，该部门成为利顿工业公司内部规模最大、利润最高的部门，间接帮助了蔡至勇在华尔街的腾飞——蔡至勇早期的神话之一就是重注买入利顿工业。

1960 年，辛格尔顿意识到自己没有机会成为利顿的 CEO，遂离职创立了特利丹公司，生产和销售导航系统。公司于 1961 年成功上市，并迅速成为 60 年代的大牛股，不到 7 年时间股价涨了 24 倍。

和巴菲特经营伯克希尔一样，特利丹以低价收购优质企业，然后重新配备其自由现金流为主要经营模式。1961—1969 年，辛格尔顿利用特利丹大受市场追捧，依靠高价发行股票收购了 130 家企业，集中在航空电子、特种钢材和保险领域。辛格尔顿的收购策略，简单表述，就是以低于 12 倍市盈率的价格，收购目前已经盈利，且潜在成长可能性很大的企业。

从拥有准确数据的 1963 年到辛格尔顿退休的 1990 年，合计 28 年投资区间，辛格尔顿为股东实现了 20.4% 的年化收益，期间标普 500 指数年化回报率 8%。如果一位投资者在 1963 年将 1 万美元投给辛格尔顿，1990 年底会变成 180.9 万美元；而如果投资标普 500 指数基金，只能变成 8.6 万美元。

索普：寻找市场的错误定价

和香农、巴菲特等人的交易风格不同，索普纯粹以中性眼光看待市场，采用完全不同的价值判断手段。在他眼中，投资和赌博是一回事，两者都可以用数学、概率和计算机分析，都需要资金管理，都需要谨慎地平衡风险和收益之间的关系。

索普的基金每年交易超过百万次，相当于在开市时间内平均不到六秒下一次赌注。有时候索普基金的交易量会超过市场交易总量的 1%，这样的数据样本绝对无法用幸存者来解释，它让有效市场理论拥趸非常尴尬。

1988 年索普基金因意外事件停业。休息几年后，在朋友们的怂恿下，索普于1994年8月又成立了一家对冲基金——山脊线合伙公司。索普说："我有个电话本，里面记录了一些人，无论我想要做什么，他们都会给我投资。我只是打了打电话，不到一天合伙公司就'满员'了。"山脊线合伙公司甚至比上个基金的表现还要好。在持续存在的8年零一个季度里，投资者的费后年化收益率是18%，这一切是在仅有6名员工的情况下实现的——前一个基金最多时有80名员工。

山脊线合伙公司在2002年秋天完成了使命。次要的外部原因是对冲基金数量激增，导致统计套利交易机会减少；更重要的首要原因，是索普对赚钱的兴趣降低了。他开始觉得相比拥有更多的财富，和家人在一起的时光才是不可替代的至宝。他和夫人都希望有更多时间和孩子们以及孩子们的家庭在一起，共同旅行、阅读和学习。

如果他不停业，未来会如何呢？很难猜，但刚好有个例子可以参考。1990年，在索普停业且没打算再开基金的空闲期，他作为客户投资了一个人：22岁的肯·格里芬。索普是格里芬的第一个客户，不仅投了钱，而且将一些非常宝贵的个人私藏资料也给了格里芬。

格里芬总计募集420万美元，设立了城堡投资集团。25年后，2015年的城堡投资集团，管理着超过200亿美元的资产，拥有超过1000名雇员，客户费后年化收益率达到20%。2015年，格里芬个人资产56亿美元，人称对冲基金界的"神奇小子"。当然，这并不表明索普如果持续经营，也会像格里芬一样成功，而是说索普在投资中"寻找市场错误定价并从中获利的空间"始终存在。

索普在1988年究竟遇到了什么麻烦，导致运行良好的普林斯顿－新港基金关门？我们接着就要引出另外两位大神的故事："垃圾债券之王"迈克尔·米尔肯，以神奇公式闻名的价值投资者乔尔·格林布拉特。他们和索普是如何产生联系的呢？

第二十四回　米尔肯入狱坑索普　神业绩变招疑乔尔

索普基金的停业纯属躺着中枪，是受一位叫迈克尔·米尔肯的合伙人牵连。这位迈克尔·米尔肯在美国资本市场可是大名鼎鼎，人称“垃圾债券之王”“华尔街自 J. P. 摩根之后最有影响力的金融思想家”。

“垃圾债券之王”迈克尔·米尔肯

垃圾债券，乍听上去似乎没有关注价值，但如果叫“高收益债券”，你是不是就有兴趣了？这俩其实是一个东西，指信用评级在标普 BBB 级或穆迪 BAA 级以下的公司发行的债券。这些债券只有提供明显比 AAA 级企业债券更高的利率时，才会有人愿意投资。所以，从公司评级角度叫“垃圾债券”，从收益率角度叫“高收益债券”。

20 世纪 70 年代以前，发行垃圾债券的主要是一些小型公司，一般是为开拓新业务筹集资金。由于公司信用低，项目前景朦胧，投资者担心“我图你的利息，你图我的本金”，所以市场保有量很小，70 年代初整个市场流通量大约不到 20 亿美元。这个市场的做大，基本上就是凭借迈克尔·米尔肯一己之力。

米尔肯出生于 1946 年，父亲是名会计。受父亲影响，米尔肯从小就对支票、财报之类的东西感兴趣。

在米尔肯读大学期间，读过布拉多克·希克曼教授写的关于垃圾债券的书籍。书中对1900—1943年的公司债券市场表现进行研究，得出一个结论：和投资蓝筹股及优质债券相比，对垃圾债券进行多元化的长期投资，回报率更高而且风险更小。另一位叫阿特金森的教授对1945—1965年的市场数据进行了后续研究，结论和希克曼一样。

希克曼教授说："在垃圾债券违约或接近违约时，债券常常以非常大的折扣交易，比如面值100美元的债券市价可能只有20美元。但实际上，这些企业不一定都会违约；即便违约也有部分企业会在延迟一段时间后还本付息；即使不能拿回全部本息的，也可能通过企业破产清算拿回面额的一部分。投资者分散买入大量高折扣债券，只要有很小部分能够正常兑付，回报就已经很可观了。"

米尔肯在大学期间，就开始动用少量资金涉足垃圾债券的投资。他敏锐地发现，实际情况比教授书中所写更好："由于美国在二战后逐步完善了许多监管措施，旨在保护投资者不会因为企业的破产或拖欠债务而遭到损失，如克莱斯勒汽车公司这类大公司是不准许破产的，它的股票并不会停止交易。反而导致债券的信用等级越低，其违约后投资者得到的回报越高。"

他把这些垃圾债券形象地定义为值得拥有的"所有权债券"。在70年代米尔肯功成名就后，曾在和某位知名企业家聊天时，很经典地阐述了"所有权债券"这个看似自相矛盾的词汇。他说："是的，你持有公司40%股权，但我手上握有你们公司1亿美元的债券。只要你有一次无法支付利息，我就能拿走你整个公司。"

米尔肯认为，这种债券在利率风险很大的时期反倒能保持稳定，因为其回报主要是与公司的发展前景相连，而不是与利率挂钩——垃圾债券的关键是能否还本，或能够多大程度上还本。

1970 年，米尔肯从沃顿商学院毕业，进入德崇证券[①]，以一名初级研究员的身份，对垃圾债券展开了深度研究。这是一项艰苦的工作，当时的华尔街几乎没有任何公司对此有过研究，主流焦点还是交投活跃的股票。米尔肯为之付出的努力令人难以想象。早期他住得偏远，每天上下班要坐两个多小时公交车。米尔肯会戴一顶矿工安全帽，因为帽上有灯，可以供他在公交车上持续阅读资料。

通过持续努力，米尔肯积累了大量数据翔实、逻辑清晰的统计资料和论证。然后他带着这些装满数据的研究报告四处奔走，推荐客户购买高收益债券，或至少为了建立多元化组合，配置一些高收益债券。慢慢地，米尔肯的努力起了作用，部分客户开始投资高收益债券，这为高收益债券市场注入了流动性。流动性本身也吸引了更多的投资者，这就像著名的反身性理论。高收益债券因为低流动性造成的折价幅度正在逐步减小。

通过帮助企业利用垃圾债券融资，米尔肯推动了许多小企业抓住机遇挑战大企业，比如与美国微波通信公司（MCI）的合作。MCI 公司创立于 1963 年，是电信市场的小玩家。当 MCI 向世界最大的电信公司 AT&T 发起挑战时，米尔肯利用垃圾债券帮助 MCI 融到 20 亿美元，使 MCI 成功打破 AT&T 对长途电话市场的垄断，一跃而成为全美第二大长途电话公司。

伴随着业务的扩大，在公司支持下，米尔肯设立了专门的债券买卖部门，并逐步成为高收益债券的“市场”本身。米尔肯有能力在任何人需要卖出时买下来，然后将其卖给需要的客户。到 1975 年，德崇证券公司 100% 的利润来自米尔肯管理的部门。

到 70 年代末期，在米尔肯的引领下，高收益债券已经成为非常抢手的投资产品了。但由于债券本身数量有限，已经无法满足众多基金公司的购

---

① 米尔肯毕业加入的是德雷克塞尔－费尔斯通证券公司。1971 年这家公司和另一家同样运营困难的小券商合并成立德崇证券。

买需要，于是米尔肯迅速开创了一条新的道路：杠杆并购。

杠杆并购指小公司借助发行垃圾债券，从市场上得到足够的资金，然后大量买进低估值大公司的公众股东持股，最终要么直接发出要约收购大公司，要么由意图保住饭碗的大公司高管做出溢价回购的决定。在此过程中，小公司可以用未来将会掌控的大公司资产与现金流作为偿还债务的保证，以小博大完成“蛇吞象”。比如 1988 年克莱斯意图收购雷诺烟草公司，收购价高达 250 亿美元，但克莱斯本身动用的资金仅 1500 万美元，99.94%的资金靠米尔肯发行垃圾债券筹得。

通过多次成功的案例，米尔肯展示了自己在垃圾债券市场的影响力。最能展示肌肉的一次是 1984 年 12 月，皮根斯袭击海湾石油公司的要约收购。最终要约收购虽然没有成功，但它证明了米尔肯具备数天内筹集数十亿甚至上百亿美元的能力。

在这种能力的支持下，当某企业的收购项目获得米尔肯的认可时，米尔肯会发表一封公开信，声明“有高度信心”为收购企业提供必需的资金。这封信是资本市场的追命夺魂枪，一旦发出，很少有上市公司能逃过被收购的命运。米尔肯也由此被誉为“华尔街自 J. P. 摩根之后最有影响力的金融思想家”。

到 1986 年，德崇证券的年度交易额已经高达 4 万亿美元，总收入 50 亿美元。几乎凭借米尔肯一己之力，德崇证券从寂寂无闻的小投行跃升为全美第五大投行。

索普受牵连清算基金

索普和米尔肯之间的联系，源自索普的合伙人詹姆斯·里甘。索普的基金比较独特，公司分为东西海岸两部分，相隔千里。索普的办公室在自己生活的新港，主要负责研究、编程并发起交易。合伙人里甘的办公室在普林斯顿，主要负责行政管理、合规处理和基金营销以及部分交易的执行。

索普基金持续获利，里甘研究出一些避税手法，可以实现纳税延后，相当于享受了税务局的无息贷款。其中比较经典的模式主要有两种：一种是在获利较高的年份，将部分股票亏损卖给某可信机构，造成当年账目上的亏损，然后在次年以原卖出价加上少量利息的价格买回来，无论届时市价是多少；另一种是买下带有息票的国库券，然后将历年息票撕下留存，再将不含息票的国库券卖出，形成一笔账目表现为亏损、实际结果是持平的交易。当时的国库券是一种纸质凭证，发行时附带付息凭证，简称“息票”。持有者凭息票兑付利息。

里甘和米尔肯有一位共同的好友，因此索普基金的股票交易也是委托给德崇证券做的。在里甘的第一个避税想法里，德崇承担了这个“可信机构”的角色。而无息票国库券则勾起了米尔肯的浓厚兴趣，这相当于创造了一个全新的、信用评级为国债级别的零息债券①市场，会有相当大的市场需求。于是米尔肯成立了一家公司，专门做无息票国库券产品交易。普林斯顿－新港基金成为这家公司的合伙人。

1986 年 5 月，米尔肯手下一位高管因涉嫌内幕交易被美国司法部逮捕。11 月，案件波及面扩大，米尔肯也接到传票。1988 年 9 月，美国证监会对德崇证券、米尔肯及其 4 名下属提起诉讼，涉及罪名 98 项，主要包括操纵储蓄与信贷机构、销毁会计记录、内幕交易②、商业贿赂③等。

1990 年 4 月 20 日，米尔肯承认其中 6 项罪名，被判处 10 年监禁（实际只蹲了 23 个月监狱），终身禁入证券市场，赔偿和罚款合计 11 亿美元，其中罚款 2 亿美元、补缴税款 4 亿美元、民事赔偿 5 亿美元。

---

① 零息债券，指以低于面值的价格发行，期间不付息，到期按照面值兑付的债券。

② 米尔肯及其亲信，在杠杆收购即将开展前买入目标企业股票。

③ 用多种隐秘方法，向做出买入垃圾债券的基金经理或决策人支付贿赂。

这个过程中，索普基金位于普林斯顿的办公室被税务局及 FBI 查抄，并以诈骗和税务欺诈等罪名被起诉。经上诉，公司摆脱了罪名，但里甘被判有罪，入狱 6 个月并罚款 32.5 万美元。索普对此一无所知，新港办公室无人被起诉。只是由于诉讼期间客户们惶恐不安，不断提出赎回要求，让索普烦躁灰心，索性在 1988 年度结束后，将当时规模为 2.72 亿美元的基金清算解散。

神奇公式究竟神奇否?

米尔肯被起诉后，1989 年的美国垃圾债券市场崩盘。米尔肯反复向投资者灌输的“投资者从垃圾债券上获得的收益，比从优质债券上获得的收益更高”的观点被推翻。事实上，获得高额回报的主要是犯罪分子。

根据一家机构的数据分析，整个 80 年代，垃圾债券市场的整体年化回报率约为 3.79%。这不仅低于同期股票指数基金收益率，也低于经常被米尔肯嘲笑的优质企业债券收益率，甚至连国债收益率也没达到。垃圾债券的投资者承担了更大的风险，却只获得相当于货币基金的回报率。

数据也不支持米尔肯帮助了小企业成长的说法。数据显示，1977—1990 年，共有 104 家企业经由德崇证券发行了垃圾债券，其中 24% 的企业拖欠债务或破产，是同类企业拖欠债务或破产率的 5 倍。

事后看来，米尔肯的“天才”似乎在于他吸引人的魔力，他竟然使许多人相信了他所说的“低风险高收益”。正如米尔肯的一个大客户对记者所说：“市场里有很大一部分人，无论迈克尔·米尔肯说什么，他们都会相信。”事后，有位作家写了本非常有名的书记录此事，书名叫《贼巢：美国金融史上最大内幕交易网的猖狂和覆灭》，该书荣获普利策新闻奖。

垃圾债券收益更高的说法不靠谱，但米尔肯曾做过一笔很靠谱的小投资。他在 1985 年向一位名不见经传的小伙子投资 700 万美元，成就了一位投资大师——今天以“神奇公式”闻名海内外的乔尔·格林布拉特。

国内引进乔尔的书有三本，分别叫《股市天才》《股市稳赚》和《价值投资的秘密：小投资者战胜基金经理的长线方法》。

其中《股市天才》主要讲套利，包括合并套利、拆分套利、破产套利、重组套利、期权套利等，与格雷厄姆的《证券分析》思想一脉相承，也与索普的部分套利案例逻辑一致，都强调仔细阅读相关法律文件，找到市场定价的盲点，实现确定性盈利；《股市稳赚》则介绍和推广他发明的一种叫“神奇公式”的选股方法和投资策略；《价值投资的秘密》侧重于探索如何通过构建组合超越指数本身，背后的逻辑与神奇公式基本一致，只是指标选择和权重设置略有不同。

乔尔的名气主要来自这个“神奇公式”，它的大致意思就是先算出企业的两个指标，然后做个排名，将排名相加后再排序，就可以买入了。公式以“神奇”冠名，以其简单易懂、便利操作的特性，在国内外拥有广泛的拥趸。国内外均有基金公司依照神奇公式发行对应的基金，在这些书籍和基金里，一般是这样介绍乔尔的：

乔尔·格林布拉特管理的哥谭资本自 1985 年成立至 2005 年的 20 年间，资产规模从 700 万美元增到 8.3 亿美元，年均回报率高达 40%，其中前 10 年扣除费用后的年度复合增长率更是高达 50%，被誉为华尔街投资史的一项奇迹。

老唐这种较真的人，看见数字喜欢按计算器，结果发现这几个数据之间的关系非常可疑：如果是 20 年从 700 万美元到 8.3 亿美元，年化回报率是 26.97%，远远不到 40%；如果前 10 年年化回报率 50%，那么 700 万美元应该在 1994 年变成 4 亿美元以上，这意味着后面 11 年的年化回报率不到 7%。

合理的推测，是 700 万美元和 8.3 亿美元之间，可能出现过客户的大额出入金，这两个数字并不能拿来计算乔尔的收益率。那么哥谭资本的收益率到底是多少，神奇公式真的有那么神奇吗？

第二十五回　压力促生神奇公式　格老否定证券分析

乔尔·格林布拉特出生于1957年。大学三年级时，他偶然在《福布斯》杂志上读到一篇名为《本杰明·格雷厄姆的遗愿与遗嘱》的文章，由此对格雷厄姆投资思想产生了浓厚兴趣。随后他阅读了能找到的一切有关格雷厄姆的资料，成长为一名格雷厄姆的忠实信徒，在套利和烟蒂股模式上倾注了大量心血。

优秀的投资人：乔尔·格林布拉特

求学阶段，乔尔甚至与两位同学一起，借助沃顿商学院的一台有四间房那么大的电脑，对《证券分析》出版后几十年的烟蒂股，做了深入而全面的回溯研究。研究结果被乔尔写成硕士毕业论文，1981年公开发表在《证券投资组合管理》杂志上。

其间，乔尔从父亲的朋友那里募集到25万美元，开始了自己的基金运作，投资模式就是纯粹的格雷厄姆烟蒂和套利模式。这只小基金只运行了两三年，累计获得约44%的回报。停止运行是因为乔尔找到一份全职工作：在一家做套利的小型投资公司做低级分析师，年薪只有2.2万美元，大约是同班同学平均工资水平的一半。

工作了大约3年后的某天，乔尔和同学在电话里聊天，说起如果能募集到几百万美元，就不想在这家公司继续干了。很巧，这位同学为当时华尔街如日中天的“垃圾债券之王”迈克尔·米尔肯工作。第二天同学打电话过来说：“米尔肯愿意拿钱让你试试。”

哥谭资本就这样起步了，早期主要从事并购套利业务。这些成功案例在乔尔后来担任哥伦比亚商学院客座教授时，经常拿出来作为课堂案例分析。这段时间乔尔的投资非常集中，年均收益率据说高达50%。在2015年一次由橡树资本创始人霍华德·马克斯主持的著名访谈里，乔尔面对镜头这样回顾道：

1985年，我成立了自己的公司。10年后，1994年我们返还了全部外部资金。在这10年里，我们扣费前的年均收益率是50%。

在投资领域只有三个办法可以做到一年赚50%。

第一是保持小规模。开业5年后，我们返还了一半的外部资金。10年后我们返还了全部外部资金。第二是集中投资。在那10年里，6到8只股票占我们投资组合的80%。我们的投资非常集中。第三是需要一点运气。我们的投资特别集中，肯定需要一点运气。

很遗憾，由于全网查不到哥谭资本这10年的具体收益率数据，甚至联系哥谭资本公司，公司也拒绝提供，所以不太清楚乔尔这年均收益率50%的说法，究竟是指10年获利5666%，年化收益率50%；还是10年获利500%，年均50%（年化收益率19.6%）?[①]

无论年化收益率是50%还是19.6%，都是很棒的业绩。但依据乔尔的访谈可以确定一点：至少在1995年前，乔尔的投资手法主要是集中投资，与平均买入25~30只个股的神奇公式完全无关。

---

① 唯一明确是复合收益率50%的，是《对冲基金怪杰》记录的一篇访谈，表述为复合收益50%，最低的年度收益率为28.5%。但该访谈说业绩详见附录，经老唐联系出版方查找，在该书及乔尔所著的几本书内均查不到所提及的附录。

“神奇公式”风靡投资界

2005 年，乔尔在新书《股市稳赚》里，首次提出“神奇公式”的概念，并回溯统计了 1988—2004 年 17 年间的美股数据。回溯结论是：如果采用神奇公式，年化回报率将达到 30.8%，而同期标普 500 指数的年化回报率仅为 12.3%。也就是说，神奇公式 1988—2004 年的收益率，只是统计回溯的学术研究，并非哥谭资本的实际回报。

即便是在 2005 年之后，乔尔也没有使用神奇公式。证据依然来自 2015 年的这次访谈，乔尔面对镜头说：“现在我们做长短仓投资组合，多空两边都有几百只股票。”

把神奇公式的面纱去掉，其底层逻辑和以 ROE（净资产收益率）和 PE（市盈率）结合选股有类似效果，并没有特别的神奇之处。实际上就在《股市稳赚》的附录里，乔尔同样介绍了直接使用 ROA（总资产回报率）和 PE 构建另一种“神奇公式”的思路。

按照乔尔的表述，神奇公式的思想来自格雷厄姆，他只是对指标细节做了调整。乔尔放弃了人们常用的 ROE（或 ROA）和 PE 指标，改用有形资本回报率和企业收益率作为选股准则，命名为“神奇公式”。操作流程分四步。

· 神奇公式第一步，计算有形资本回报率和企业收益率。

有形资本回报率 = EBIT ÷（净营运资产 + 固定资产）× 100%

企业收益率 = EBIT ÷ EV × 100%

其中：EBIT = 净利润 + 所得税 + 利息，它代表企业支付所得税和利息之前的利润。之所以选择 EBIT 而不是净利润，乔尔是意图将使用不同资本结构和享受不同所得税率的企业，拉回同一个起跑线上比较。

EV = 股票总市值 + 净有息债务

净营运资产 = 应收账款 + 其他应收款 + 预付账款 + 存货 − 无息流动负债

· 神奇公式第二步，利用上述指标对市场所有股票进行排名，并加总得分。

先将有形资本回报率从高到低排序，排名即企业在该项目上的得分；再将企业收益率做同样处理；两项排名得分相加即为总分。比如一家企业在有形资本回报率指标排名第 1，企业收益率排名第 5，则总分为 6 分。

· 神奇公式第三步，将总分由低到高排列，选择总分最低的前 25 至 30 家企业股票平均买入。

· 神奇公式第四步，每年重排一次，卖出退出至 30 名开外的，买入新入选的。

就这么简单。

从底层公式可以看出，它就是“分散买入便宜好公司”的量化版。用有形资本收益率排序，量化企业获利能力；用企业收益率排序，寻找低估的市场弃儿；通过两者相加，得出好公司里的弃儿，或弃儿里的好公司。

乔尔的贡献和施洛斯后期所做的修正一样，在标准烟蒂数量不足时，将格雷厄姆“绝对便宜”的标准，修正为寻找市场里“相对最便宜”的股票，以适应市场的新变化。

从集中到分散，其实是无奈的选择

以哥谭资本目前管理的基金收益率和投资方向看，乔尔已经彻底放弃了早期集中投资的高收益模式。无论是神奇公式，还是“长短仓投资组合，多空两边都有几百只股票”，其共同特点就是分散。不过很可惜，采用分散策略后的哥谭资本，实战结果相当普通，毫无神奇之处。

哥谭资本公司网站显示，公司发行和管理的基金有几十只，高峰期管理资金超过60亿美元（目前规模约20亿美元）。网站首页主推的公司年化回报最高的五只招牌基金，截至2019年9月底收益都很一般，基本就是围绕指数小幅波动，具体收益情况如表25－1所示。

表25－1　哥谭资本主要基金收益

基金代码	参考译名	成立时间	年化回报	同期指数	超额收益
GINDX	哥谭指数增强基金	2015/03/31	10.84%	10.68%	0.16%
GTRFX	哥谭总回报基金	2015/03/31	7.43%	10.68%	－3.25%
GVALX	哥谭大市值基金	2015/12/31	12.66%	12.83%	－0.17%
GDLFX	哥谭防御型多头基金	2016/09/30	12.91%	13.39%	－0.48%
GSPFX	哥谭SP500增强基金	2016/12/31	14.94%	13.14%	1.80%

这就让我们产生一个疑问，乔尔为什么放弃早期高回报的集中投资手法，转而走向分散投资之路呢？他分享的一次投资经历，或许可以让我们管中窥豹，猜测转变的原因。乔尔这样描述这笔投资：

我们买了一家被拆分的公司，它旗下的Comdex公司是电脑展会做得最好的。在拆分前，我们有办法按每股3美元买入。母公司计划以6美元发行新股，当时还没发布正式公告。但是，我们可以通过买入母公司，并操作一个沽空，锁定3美元价格买入的拆分公司。

讲到这，这笔投资没问题。

可是，后来我们爱上了这家公司的生意。Comdex在拉斯维加斯经营展会业务。拉斯维加斯有大量场地，它可以随便租。它租来的场地租金是每平方英尺2美元，转租出去的价格是每平方英尺62美元。展会空间不够了，它可以再花2美元租来，然后再以62美元租出去。我们特别喜欢这家公司的商业模式。

它的股价开始是3美元，后来在6美元增发了一些。在3美元的时候，我们重仓投资，因为我们有信心可以在6美元卖出去。到了6美元我们没卖。我们爱上了这家公司，后来涨到12美元。

讲到这，还是没问题。

再后来，我们就倒霉了。2001年9月9日，这家公司收购了另一家展会公司，借了很多钱。“9·11”之后，没人敢去展会了，公司的业务一落千丈。而且所有人都明白了金融杠杆的危害，大家都知道，借钱多了不好，借钱是冒险，自己只有1美元，却借了9美元，风险太高。

在这笔投资中，我明白了什么是经营杠杆。一家公司，投入2美元能赚62美元。等销售收入下降时，收入少62美元，60美元的利润就没了。净利润一下子就掉下来了，这就是经营杠杆。我得到了教训，明白了什么是经营杠杆。

最后，我们在1美元多的价格清仓了。世事难料，这笔投资让我对集中投资、经营杠杆有了更深刻的理解。

不管你再怎么厉害，水平再怎么高，集中投资6到8只股票，总是会遇到一个问题。每两三年，总会有一两只股票表现不如预期，给我们带来20%到30%的下跌。每两三年，都会遇到这样的情况，从无例外。

有时候，是因为当时的市场不喜欢我们看好的股票。遇到这种情况，我们不在意。股票还在我们手里，就是更便宜了。我们明白自己手里的股票，只是它更便宜了，没关系。

有时候，是因为我们犯错了。我可以坦然接受错误。我清楚自己手里的股票，有时是我错了，有时是股票更便宜了。我能接受这个现实。我也清楚，跌个20%到30%是正常的，股市投资本来如此。

问题是，给别人管钱，我心里就不好受了。我觉得自己是个成熟的人，我清楚自己手里的股票，知道自己在做什么。只是总想着这是别人的钱。我的投资者其实都是很好的人，问题在我自己。每当遇到大跌时，我总是不由自主地感觉很不好。

从这段话可以看出，至少截至2001年“9·11”事件前，乔尔依然是集中投资者。2005 年乔尔提出神奇公式，意味着乔尔从集中转为分散的时间，最有可能发生在 2002—2004 年间，这恰好是 3 美元重仓 Comdex，涨到 12 美元没卖，最终 1 美元多清仓的重创期。有理由推测，正是重仓股由大赢转为巨亏的大幅波动压力，推动他的投资体系从集中向分散转化。

乔尔的承压能力不太好，在经典电影《大空头》里也展示过。《大空头》改编自真实事件，主人公是塞恩资本的创始人、基金经理迈克尔·伯利，电影里面叫劳伦斯的那位华尔街大佬就是乔尔。

乔尔早期投资了 1 亿美元给伯利。伯利 2005 年做空次贷产品后，价格不断上涨，乔尔无法承受压力，在 2006 年巨亏时坚决要求撤资。伯利使用无赖手段拖延，硬是扛到次贷崩盘，让乔尔的 1 亿美元变成 5.89 亿美元。2008 年，伯利清盘了 8 年多总获利 726% 的塞恩资本，隐退江湖，不再管理别人的资金。

集中投资和波动压力几乎是硬币的两面。压力要么来自自己的心理承受力不足，要么来自客户对短期回报的关注和要求。面对这样一对矛盾，资金管理人有两个选择：放弃集中投资，或者放弃短期性质的资金。

乔尔选择放弃集中投资，减少波动压力，从而持续赚取基金管理费和收益分账。这种转变符合乔尔作为格雷厄姆忠实信徒的身份，因为格雷厄姆本人晚年的思想演变轨迹同样如此。

一代宗师的自我否定

虽然格雷厄姆整个投资生涯里，超过一半的利润来自对盖可保险的集中投资，但那只是一次莫名其妙的神来之笔。终其一生，格雷厄姆始终坚持并建议投资者采用分散模式，比如 1950 年初的报表显示，格雷厄姆 - 纽曼基金当时管理资金 570 万美元，并不算多。但除了持有债券外，还持有股票 75 只，可谓高度分散。

晚年的格雷厄姆，甚至直接否定了自己的《证券分析》，建议投资人只用简单的指标筛选出分散组合，然后借助市场先生在极度乐观和极度悲观之间的摇摆获利即可。这次否定，以访谈形式刊载在1976年9/10月刊的《金融分析师》杂志上。

访谈由曾做过耶鲁大学投资委员会主席，出版过《赢得输家的游戏：精英投资者如何击败市场》《高盛帝国》等十多本相当有影响力的财经书籍的查尔斯·埃利斯主持。查尔斯有个问题是这样的："在选择股票投资组合时，您是否建议对个股进行仔细的研究和选择？"

格雷厄姆回答："总的来说我不建议这样做。现在我已经不再是证券分析技术的支持者了，而证券分析的目的就是找到绝佳的投资机会。40年前，当《证券分析》这本书第一次出版时，这应该算是一项非常有意义的工作。但从那时开始，情况已经发生了很大的变化。过去，训练有素的证券分析师，能够以职业化的手段通过仔细研究，挑选出价值被低估的股票。然而根据目前正在进行的大量研究，我怀疑在大多数情况下，这样的分析研究是否能挖掘出表现优异的股票，使其收益足以弥补研究成本。当然，这并不意味着我支持如今被大学教授们普遍认可的有效市场假说。"

这是相当勇敢的自我否定。毕竟格雷厄姆本人在投资界被称为"价值投资鼻祖、证券分析之父"，其声誉几乎完全建立在《证券分析》的基石上。这种自我否定，不仅显示了格雷厄姆的伟大胸襟，也说明格雷厄姆一生始终没有停止思考。

在格雷厄姆看来，"股票作为一个整体，具有明显的向上动力，或者说它们的长期趋势是看涨的"。这很容易理解，正如种子在土地、阳光和水分的滋养下，会"无中生有"带来更多粮食一样，一个正常社会，因为人的努力、分工的细化、贸易规模的扩大、科技的发展、劳动生产率的提高、人类需求的不断增长以及法币[1]时代必然的通胀属性，等等，都会推动经济自然增长。在这个增长中，企业作为创造财富的主要载体，必然长期看涨。

但正如格雷厄姆所言："我怀疑在大多数情况下，这样的分析研究是否能挖掘出表现优异的股票，使其收益足以弥补研究成本。"在他看来，大部分不具备商业研究能力的普通人，只要通过一些简单的甄别，辅以分散策略，就可以获得不错的回报，学习和研究《证券分析》是完全没有必要的。

格雷厄姆逝世于 1976 年 9 月 21 日，享年 82 岁。就在去世的前一天，一家名为 *Medical Economics* 的杂志，刊登了一篇对格雷厄姆的访谈，算是格雷厄姆留给投资界最后的思想财富。

在这篇访谈里，格雷厄姆为普通投资人准备了一套无须任何艺术空间、直接可以照猫画虎的操作流程。概括起来大致如下：

①首先找出所有 TTM 市盈率小于 X 倍的股票，TTM 市盈率 = 市值/最近四个季度公司净利润。

②X = 1/两倍的无风险收益率。例如，无风险收益率为 4%，则 X = 1/8% = 12.5。

③找出其中资产负债率 <50% 的。资产负债率 = 总负债/总资产。

④选择其中至少 30 只以上，每只投入不超过总资金的 2.5%，即股票投入上限不超过总资金的 75%。

⑤剩余 25% 资金，加上选股不足 30 家导致的剩余资金（若有），买入美国国债或其他无风险收益产品。

⑥任何一只个股上涨 50% 后卖出，换入新的可选对象或国债。

⑦购买后的第二年年底，涨幅不到 50% 的个股也卖出，换入新的可选

① 法币，指本身无价值，由国家用法律形式强制赋予价值的货币。

对象或国债。若该股依然在新的可选对象名单里，放弃卖出。

⑧如此周而复始。

格雷厄姆说："这是一种以最少工作量从普通股票中取得满意回报的安全方法。这种方法真好，简直让人难以置信。但我可以用60年的经验保证，它绝对经得起我的任何检验。"按照格雷厄姆的预计，该方法长期而言能够获得超过15%的收益率。

乔尔延续伟大导师的道路，走上通过分散来规避波动的体系，并创造出神奇公式的概念。同样是格雷厄姆的信徒，巴菲特则走上另一条路，他选择去寻找永久性质的资金。

第二十六回　巴菲特专注搭讲坛　懂平衡芒格双丰收

巴菲特之所以选在1969年解散基金，是因为此时具备了三大条件。

条件1：巴菲特通过13年代客理财，积攒了2650万美元的财富。这使39岁的巴菲特具备了摆脱客户资金的能力。

条件2：从成为格雷厄姆的学生到1969年，道琼斯指数足足升了5倍，市场中很难找到足够的烟蒂去配置过亿美元的庞大资金。他不得不面临一个选择：要么放弃烟蒂股模式，要么缩减资金规模。

条件3：在查理·芒格持续10年的推动下，巴菲特的目光已经不再局限于烟蒂股，他开始考虑和伟大企业长期共存的模式。这种模式和短期理财资金有着不可调和的矛盾。

其中，条件3是最重要的。

给你一个机会成为巴菲特，你愿意吗？

正如巴菲特所言："是查理推动我在投资领域从猿进化为人，如果没有他，我会比现在穷得多。"在巴菲特的生命里，芒格确实是最亲密的合作伙伴，甚至被朋友和亲人们戏称为"连体婴儿"。但是，他俩的人生观和财富观，其实有着相当大的差异。

巴菲特是个超级专注的人，他对投资的热爱和投入，几乎无人能够相提并论，包括芒格。人们常常注意到巴菲特在投资领域的耀眼光芒，却很难注意到他的付出。坦率地说，此时如果有位神仙告诉我，只要我愿意一辈子过巴菲特那样的生活，马上就可以得到6000亿元人民币（约等于巴菲特2019年的身家），我不会接受这笔交易，估计你也不会愿意接受。

6000亿元人民币，超过马云和马化腾财富总和，可以名列中国第一，世界第三。为了想象这个数字究竟有多大，你可以假设每天烧掉1000万元——那是230斤百元大钞。大概需要你爷爷的爷爷在1854年生火，165年全年无休烧到今天。这还得要求6000亿元不生息，否则按照3%的年利率，每天将产生近5000万元利息。

老唐为什么不肯接受这笔交易呢？让我们简单审视一下巴菲特的生活。

除了晚年慈善目的捐赠和对三个孩子的少量赠股之外，巴菲特一生从未出售过伯克希尔的股票。而伯克希尔也仅在1967年实施过一次每股0.1美元的分红，让巴菲特收到不到5万美元的红利。这意味着从入主伯克希尔至今的50多年，巴菲特几乎没有从这个庞大的财富堆里抽取任何物质上的好处。

巴菲特靠什么养家糊口呢？有据可查的主要是三大块：其一是作为董事长的工资，早期是年薪5万美元，从1993年上调为10万美元，至今没变；其二是巴菲特担任十几家公司的董事，每年有少量的董事津贴；其三是巴菲特保有少量个人投资，数额低于身家的1%。

巴菲特的原配夫人苏珊在花钱方面是一把好手。在1999年维斯科公司股东大会上，有股东问芒格如何评价巴菲特至今还做些烟蒂类小型投资。芒格略带调侃地答复："你知道的，沃伦在伯克希尔领的工资很少。他有一位很能花钱的老婆，她有属于她自己的奈特捷私人飞机，并且沃伦还有一些其他开支。因此沃伦拥有一些私人投资是比较好的，他可以买入一些烟屁股追忆旧时光，让他保持心情愉悦。"

至于巴菲特本人的消费，简直可以评价成"只为活着"。论吃，永远是汉堡、牛排、三明治、可乐组合。50多年风雨无阻在上班路上买麦当劳早餐，吃2.61美元还是3.17美元的套餐，取决于夫人给扶手箱里放多少零钱。论穿，他从没在意过，若没人管，他甚至能穿两只不同款的皮鞋出门。家中任何人洗衣服时看到巴菲特，都会把他抓住，勒令他把衣服换下来。论住，1958年3.15万美元买的房子，普通中产档次，一直住到现在。论行，2014年女儿抗议他继续开破车让人尴尬，这才花了4.5万美元买的现在这辆凯迪拉克XTS（目前在中国售价约30万元人民币）。论亲情，回家永远在阅读，脑袋里永远是公司和数据，从来注意不到老婆孩子的存在。最终，老婆婚内出轨，两儿一女都没能读完大学。当然，1999年后巴菲特拨款让三个孩子都成立了慈善基金会，也算人到中年有了体面的工作。

这样的生活，大致相当于普通中产秃头男+地下室埋着一块永远不能动的巨型金砖吧！而且这块巨型金砖已经确定将在巴菲特身故后10年里，分批捐给各类慈善基金。因此，巴菲特投入一生精力创造的巨额财富，本质上就一个价值。芒格这样形容它："财富是个讲坛，财富值数字越大，代表讲坛越高，来听讲的人也就越多。"也就是说，财富对巴菲特的价值，是满足了巴菲特向更多人传教的欲望。

伴随财富的增长，伯克希尔股东大会参会人数从1970年的8个人，到1990年突破1000人，再到如今超过5万人，聚在讲坛下面听讲的人越来越多。但用这种程度的个人牺牲，换来站在讲坛上传教的机会，扪心自问，是你想要的吗？我不想。

完美人生的诠释者：芒格

芒格完全不同。他相当低调，不喜欢暴露自己和家庭的情况。作为大洋对面的中国投资人，很容易以为芒格就是那个"我没有什么需要补充的"伯克希尔副董事长。实际上，芒格的成就远比我们想象中的大，无论从财富、事业还是家庭角度，芒格都算是完美楷模。

查理·芒格生于1924年元旦。他的事业是从1949年取得律师资格开始的。芒格首先在MPG律师事务所工作到1962年，然后和托尔斯、希尔斯等6位同事一起离职创建“芒格和托尔斯律师事务所”（简称“MT”）。这6人里面包含后来成为美国证监会主席的罗德·希尔斯和他的妻子卡拉·安德森·希尔斯。

罗德起初就是芒格招进MPG律所的，然后又和妻子一起参与了MT律师事务所的创建。1974年，罗德以MT律师事务所大律师身份，被福特总统任命为白宫首席顾问，后出任美国证监会主席。多年以后，罗德依然在公开场合评价说：“（MT律师事务所）傲视群雄，是全国最好的事务所。”

卡拉的成就丝毫不逊于丈夫。她在1973年就被尼克松总统任命为美国最高法院助理大法官，后陆续担任过美国司法部助理部长、住房与城市发展部部长、美国贸易代表、美国对外关系委员会共同主席、美国美中关系全国委员会主席等职位。20世纪90年代，中国加入WTO涉及的中美贸易和知识产权谈判，我国带队的是时任外贸部部长、后任副总理的吴仪，谈判对手就是这位同样有着“铁娘子”称号的卡拉·希尔斯。

芒格当时是MT律师事务所的精神领袖，按照合伙人的评价，“查理·芒格坚持什么，这家事务所就坚持什么”。

芒格以交游广泛而闻名，他除了是伯克希尔副董事长以外，还是加利福尼亚州报业集团“每日新闻集团”的董事长，以及号称“小伯克希尔”的维斯科金融公司董事长。在他的人际关系网里，无论是商界、政界、媒体圈，类似希尔斯夫妻这样的人可不少。按照全球知名仓储式连锁零售公司好市多的CEO詹姆斯·辛尼格的说法，“查理认识谁都不值得大惊小怪”。

芒格不做律师已经50多年。他在事务所的股份也早就被他转赠给一个遗产基金（该基金属于一位英年早逝的合伙人），但事务所迄今还保留着芒格的冠名和私人办公室。事务所现在叫“芒格、托尔斯和奥尔森律师事务所”（后文简称“MTO”）。新增的冠名合伙人奥尔森，是加利福尼亚州1998年律师影响力排名第一的大律师。他对芒格的评价是：“查理是我见过的最有智慧、最成熟、最通情达理的人。”

MTO律师事务所专攻公司法、证券法、商业诉讼、劳工案、反垄断法、税法、不动产、信托基金、遗嘱检验和环境法，在全球享有崇高的声誉。直到今天，用同样身为律师的女儿莫莉·芒格的话说，“我的整个职业生涯都因为我姓芒格而受益匪浅。工作中遇到的人，没有一个不知道我爸爸就是创建MTO律师事务所的人”。

这是从事业角度看芒格的成功。

芒格的身家估计约70亿美元——包含已经移交给孩子们的。芒格很早就将大量财产陆续移交给孩子们，让他们有能力在年轻的时候，就站在更高的起点去做自己喜欢的事。

70亿美元的财富值不足巴菲特的一成。之所以如此，一方面是因为芒格35岁才从零开始；另一方面也是因为芒格和巴菲特的家庭观、财富观和慈善观不同。

和巴菲特仅有两儿一女不同，芒格通过两次婚姻拥有5个儿子和3个女儿，有一个庞大而幸福的大家庭。

1945年，21岁的芒格和19岁的南希结婚，8年后因性格不合离婚。两人生了两女一儿：莫莉、温迪和泰迪。很不幸，1955年9岁的儿子泰迪因白血病离世。也正是因为治疗儿子的白血病，芒格耗尽了早期的积蓄。

难以置信地巧合，芒格的后任夫人也叫南希。这位南希的朋友和芒格的搭档托尔斯认识，芒格和南希被牵线相亲。两人认识后相处融洽，于1956年结婚。南希带来两个儿子哈尔和戴维，婚后两人又生了三儿一女。于是芒格有了五儿三女和一大堆孙子孙女、重孙重孙女。

芒格和第二任夫人相濡以沫，非常恩爱。8个孩子的教育也都很成功，前面两儿两女都受芒格影响做了律师，婚后生的三儿一女，查尔斯是物理学教授、女儿埃米莉是记者兼编辑，巴里是摄影师，最小的儿子菲利普高中时就两次作为辩手拿过洛杉矶冠军，目前职业不详。

按照孩子们的回忆，芒格喜欢和家人一起围坐吃晚饭；晚上他会一边看书，一边在家人的闲聊里插上几句；他会给孩子们讲他认为值得尊敬和不值得尊敬的人的故事，会以身作则影响孩子，而不是高高在上指责谁做得对或者不对；他给了孩子明确的为人处世的原则：尽你所能、永不撒谎、言出必行、永远不要找借口、尽快下决定、尽可能体面地做事，你在某个地方的所作所为，日后会以不可思议的方式帮到你，等等。

即便是早期打几份工挣钱养家时，按照南希带来的老大哈尔描述，芒格也没忽略父亲的责任。哈尔说："查理除了没有生我之外，从任何方面都可以称为我的父亲。我今天之所以是我，他的贡献最大。我看待生命的方式、我的价值观、我会去做以及不会去做的事情，都受到他的影响。"

责任没有忽略，经济也没穷过孩子。大女儿莫莉回忆说："他当时手头并不宽裕，但我开着白色敞篷野马，还有服装补贴。他总是在我身边，我觉得被照顾得非常周全，不仅仅是金钱上。"

芒格兴趣广泛，按照比尔·盖茨的说法，"查理·芒格是我遇到过的最渊博的思想家。从经商原则到经济规律，从学生宿舍的设计到游艇的设计，他都没有对手"。正因为兴趣广泛，所以芒格有钱后经常卖出伯克希尔股票去做些自己喜欢的事情，他可不想以精明而可悲的财富积累专家而闻名！

有据可查的，仅 1993—1997 年，芒格就卖掉了当时价值 2500 万美元以上的伯克希尔股票。这些钱，给芒格及家庭创造了许多生活的乐趣。他至少给家庭购买或建造过 8 座以上的大宅，分别位于洛杉矶、圣芭芭拉、新港沙滩、夏威夷、明尼苏达等地，并雇用多名管家在各处负责管理这些宅子；芒格在家庭度假的小岛上，设计并建造的超级大客厅，足以容纳芒格家族数十人的聚会；芒格建造网球场，并配置自动发球机用于锻炼身体；芒格建造船坞，建造家族专用码头……

甚至芒格会因为一位钓友的兴趣，投资 600 万美元开办船厂、雇用了 97 名技术人员和工人，花费三年时间，给自己造了一艘当时世界上最大的双体船——荷载 149 名乘客和 6 名船员，重达 107 吨。大船建造完毕后，芒格出资帮助所有工人都找到新工作，然后解散了这家船厂。这一切，只因芒格觉得偶尔做做异想天开的事情很有趣。

芒格送出去很多伯克希尔 A 股。他陆续向慈善撒玛利亚医院、支持妇女堕胎组织、斯坦福大学法学院、哈佛 - 西湖学院等多家机构赠送过伯克希尔公司 A 股，每家都是几百股的数量。芒格甚至还因为喜欢罗伯特·西奥迪尼写的《影响力》一书，直接送了作者 1 股。伯克希尔 A 股 2019 年底股价约 34 万美元/股。芒格说："我送出了相当一部分的伯克希尔股票。我送了很多，因为我认为那样做是对的。"

芒格做慈善，不仅是捐钱送股票那么简单，他喜欢亲力亲为参与慈善项目。比如，芒格担任慈善撒玛利亚医院的董事长长达 10 年，他参与管理，甚至参与类似医生招聘这样的具体事务。这家医院在芒格的带领下，于 1998 年被《美国新闻及世界报道》评为"全国最好的医院（之一）"。

芒格担任着 5 个儿子的母校哈佛 - 西湖学院的校董，捐赠了数百万美元用以建设芒格科学大楼，且亲自参与设计和建设；他也为夫人南希的母校捐赠了大量金钱，南希担任着马尔伯勒学校和斯坦福大学的校董……这样的例子还有很多，列举不完。

从这些有限的列举中，一个事业成功、兴趣广泛、对家庭和亲人负责且热心慈善的芒格，站在了我们面前。在芒格心中，积累金钱并非世上唯一有趣的事情，甚至算不上最有趣的事情。巴菲特则完全不同，正如芒格总结的，"沃伦不打算花钱，他的钱最终统统要回馈社会。金钱对他而言只是一个讲坛，巨大的数字只是为了吸引人们来聆听他的教诲"。正因为这样，巴菲特才对投资增值本身有着无与伦比的专注。

然而，巴菲特放弃人生其他那么多乐趣，用一生专注搭建的高大讲坛，芒格几乎是唯一有份儿共享的人。巴菲特之所以对芒格这么慷慨，是因为芒格至少从投资思想、专业支持和人脉资源三个方面，为巴菲特的赚钱大业提供了宝贵的助力。

第二十七回　芒格推动思想进化　喜诗展示优质魅力

先说投资思想。巴菲特说："查理用思想的力量拓展了我的视野，在他的帮助下我以不可思议的速度从猿变成了人。如果不是他，我会比今天穷得多。……我对他的感激无以言表。"这里的"从猿到人"指的是在芒格的推动下，巴菲特从格雷厄姆传授的"关注企业现有资产清算价值"的投资体系，转化为"关注企业未来自由现金创造能力"的投资体系。

按照芒格的谦辞，自己的作用被巴菲特夸大了，即便没有自己，巴菲特最终也会走上这条路的。为什么呢？我们看看巴菲特的性格和他所面临的历史环境就知道了：这条路他非走不可，简直不可能有其他选择。

从猿到人迈出的重要一步

从巴菲特 1950 年秋天成为格雷厄姆的学生算起，一直到 1969 年夏天清盘基金的 19 年里，美国股市整体处在一轮波澜壮阔的大牛市，道琼斯指数从 200 点出头上升到千点附近。推动大牛市的动力很多，除了众所周知的二战后美国经济的高速发展之外，主要还有两个原因：一是美元和黄金脱钩，二是信息技术的发展。

二战后美元和黄金的逐步脱钩，导致通货膨胀成为无可阻挡的必然趋势。按照美元通胀系数计算，1969 年的 152 美元才能与 1950 年的 100 美元大致等价。这种压力下，资本的逐利天性必然推动资本从储蓄或债券转移到股市。按照纽交所数据，1929 年大萧条爆发之前的巅峰时期，美国也仅有四五百万人参与股市（总人口约 1.2 亿），而 1970 年美国已经有 3100 万股民（总人口 2.05 亿），占比超过 15%。

另一方面，电视、广播和报纸等信息传播工具的快速发展，改变了信息传播的范围和速度。加上美国证监会成立后对企业信息披露要求的不断完善，其结果就是，烟蒂股模式必将面对可投资对象越来越少的局面。

此时，要坚持格雷厄姆投资体系，只能是维持较小的资金规模，或许可以获得不错的收益"率"，但需要接受利润"额"不大的事实，如同施洛斯的人生。反之，如果要满足赚取更多金钱的强烈欲望，寻求改变就是唯一选择。至于因谁而变，即便没有芒格、费雪，或迟或早也可能会有其他人出现。从这个角度说，芒格的谦辞是有道理的。

然而，投资有个重要规律：金钱有时间价值。早一天转变就有早一天的价值，这个价值差异在长期复利规律下，会庞大得惊人。芒格是最早、最用力推动巴菲特转变的那个人，所以巴菲特说"如果没有芒格，我会比现在穷得多"也是正确的。

丰富的阅历带来看问题不同的视角

芒格刚接触投资时，投资体系实际上是受巴菲特影响，走的也是格雷厄姆烟蒂路线。但是，格雷厄姆和巴菲特是从学校毕业就直接进入投资行业，而芒格在接触投资行业前已经有过丰富的商业经验，他开发过房地产、销售过收割机、生产过变压器、经营过印刷厂（印刷报纸）……通过这些生意，芒格已经亲手赚到过高达 140 万美元的财富。

正是由于这些从商经历，芒格不需要任何人教，非常容易就能发现：①有些生意天然就更容易赚到钱。比如印刷厂就很难提价，因为报纸立刻就能将业务交给其他工厂印刷。而报纸提高广告价格，广告主却很难抗拒。②同样的生意，由不同的人管理可能产生巨大差异。比如同样的地块，原来的业主拿着只能是巨亏，而芒格买下来却有办法让它变成暴利项目。这些生意的特质和人的因素，恰恰是格雷厄姆所忽略的。甚至格雷厄姆还特意叮嘱弟子们不要去关心这些区别，盯住财报数据就够了。

除了商业经验，芒格及其父亲的律师生涯，也让他轻而易举地发现：越是优秀的人，找律师处理麻烦的概率越低。因为优秀的思考和行为习惯，会让他们有意无意地就避开潜在的麻烦。那些生活中麻烦不断的人，往往并不是运气不好，而是因为他们的性格和行为习惯里，天然就隐藏着滋生麻烦的种子。以烟蒂股思想挖掘到的便宜股票，绝大部分也是遇到这样或那样麻烦的企业，否则也不会便宜到清算价以下。它们就像生活中麻烦不断的人，往往因为公司文化和生意特质，注定解决一个麻烦，后面可能跟着一串麻烦。

在芒格看来，烟蒂投资就仿佛不断寻找一些烂人，和他们做完一次生意就绝交，再重新寻找下一拨烂人，如此周而复始。这种生意不仅在短暂的交易过程中要对交易对手保持高度警惕（永远不要低估烂人的下限），而且由于对于烂企业需要在价值回归后及时出手，对时机的把握和新信息的关注度要求很高。一旦资金量变大后，必然面临心力交瘁的困境，活得非常累。

买下那些由优秀的人掌控的优秀企业则不同。优秀企业和优秀的人一样，因为优秀所以更优秀，反而经常挑战成就的上限。投资者买下优秀企业后，往往并不需要再做什么，只要坐着享受优秀者努力的成果就好。同时，还可能不断接触优秀的人身边那些同样优秀的人和企业，毕竟“物以类聚、人以群分”。

与优秀的人为伍：惊喜不断

举个典型的例子。1983 年巴菲特买下布鲁姆金夫人（巴菲特喜欢称呼她为“B 夫人”）的家具商场后，不仅顺藤摸瓜买下了 B 夫人妹妹和妹夫的波仙珠宝商场；还因 B 夫人家族的盛赞，买下了家具同行比尔·蔡尔德经营的犹他州家具业霸主威力家居；又经蔡尔德介绍买下得州家具业霸主繁星家具公司；再经上述三家 CEO 推荐，买下波士顿家具业霸主乔丹家具公司……这几家公司至今都是伯克希尔的印钞机。巴菲特经常在年报里夸赞这一连串收购“实在是棒极了，伯克希尔不仅得到了杰出的零售事业，同时也让我得以认识天下最好的朋友”。

这些人里让人印象最为深刻的，是巴菲特在 1999 年致股东信里讲过的威力家居比尔·蔡尔德的故事。原文如下：

> 这是有关犹他州家具业霸主威力家居的故事。伯克希尔是在 1995 年从蔡尔德家族买下这家公司的。
>
> 比尔跟他经营团队的大部分成员都是摩门教徒，因此他们的店星期天不营业。这样的惯例其实不适合用在零售生意上，因为对大部分的顾客来说，星期天正是他们购物的大好时机。不过尽管如此，比尔还是带领这家店，从 1954 年他接手时的 25 万美元营业额，一路成长到 1999 年的 3.42 亿美元营业额。
>
> 比尔认为威力家居应该也能在犹他州以外的地区成功开拓市场，1997 年我们计划在爱达荷州设立一家分店。
>
> 我相当怀疑星期天不营业的政策，能否在陌生地区抵抗对手七天无休的强力竞争。当然，由于这是比尔负责的事业，所以尽管我对此持保留态度，但是我还是尊重他的商业判断和宗教信仰。
>
> 比尔提出一个非常特别的提案，他愿意个人投资 900 万美元，以私人

的名义买下土地。等盖好商场，确定营运良好后，再以成本价卖回给伯克希尔。要是营运不如预期，那么伯克希尔可以不必付一毛钱。这样，潜在的庞大损失就可以由他单独承担。

我告诉比尔很感谢他的提议，但若伯克希尔想要获取投资回报，那就必须承担潜在风险。比尔坚持说，如果因为个人的宗教信仰而使得公司经营不善，他希望能够单独承担苦果。

这家店于去年8月顺利开幕，立即造成当地的轰动。比尔随即就将产权办理过户，其中包含一些地价已经高涨的土地，并收下我们成本价的支票。还有一点必须特别说明，对于两年来陆续投入的资金，比尔拒绝收取任何利息。

从来就没有一家公众公司的经理人会这么做，至少我个人没听说过。所以各位不难想象能够与这样的经理人共事，让我每天早上上班时多么地开心雀跃。

这就是和好人打交道的力量。好人、好企业不断用自身努力制造惊喜，而烂人、烂企业则经常给我们制造惊吓。这些道理今天看起来很简单，因为任何具备基本商业常识的人都不难理解：忽略公司生意特质，直接看财报数据，相当于将煤油灯、传呼机生产企业100元账面资产，等价于茅台酒、中华烟生产企业100元账面资产，这绝对是荒谬的。

但因为巴菲特自接触格雷厄姆，就一直依赖老师传授的绝招持续赚钱，加上长期和格雷厄姆在一起工作，受到格雷厄姆人格魅力的影响比较大，所以头脑里很难树立起对格雷厄姆思想的质疑。芒格没有这种崇拜。他经常对巴菲特说：格雷厄姆有些思想非常愚蠢；他的盲点在于总是认为未来充满危险，而不是充满机会；他忽略企业性质，将不同企业的账面资产视为同样意义的数字比较，这绝对是荒谬的；掌管资产的人也是决定资产价值的重要组成部分；等等。

成长股投资之父：菲利普·费雪

这些思想，现在一般归为菲利普·费雪成长股体系。费雪（1907—2004年）毕业于斯坦福大学，大概就在格雷厄姆琢磨出烟蒂体系的同时，费雪探索出另外一条道路：投资那些具备业务和管理竞争优势的企业。他总结出一种通过对目标企业的竞争对手、顾客、供应商和离职雇员来全方位了解企业的方法，并将其命名为“闲聊法”（今天叫作“企业调研”）。在费雪看来，投资者最重要的是去了解一个行业或一家公司究竟是如何运作的，而不是只看报表数字上的账面资产价值。

1958年，费雪将自己的投资思想体系整理出版。这本名为《普通股和不普通的利润》[①] 的图书在投资界影响很大，主要由于这本书长期占据斯坦福大学商学院投资课堂。费雪本人于1961年和1962年以这本书为框架，在斯坦福大学商学院讲授投资学。当时的学生杰克·麦克唐纳德，从1968年起成为斯坦福大学商学院的投资学教授，一直到21世纪初。在这几十年里，从斯坦福大学商学院里走出无数的投资精英，他们的学习教材里无一例外都有一本《普通股和不普通的利润》。

在这本书里，费雪提出了选择成长股的15个原则，以及一个伟大的思想，“如果买入了正确的企业，卖出就变得不那么重要了”。书里提出的很多投资理念，直到今天依然闪烁着灼灼光芒。譬如：

重视公司的产业前景、业务、管理及盈利增长能力。

把公司的管理层必须诚实且具备充分的才能作为选股的前提。

通过竞争对手去了解目标企业的优劣势。

区分企业成长究竟因为幸运，还是因为能力。

永远只用闲钱投资，这样才有能力长期持有优秀企业。

---

① 国内一般翻译为《怎样选择成长股》。

买入股票是因为公司优秀而不是因为股票便宜。

对于优秀的企业过于关注股利是不必要的。

企业利润率高于次优对手两三个百分点就是好的投资对象，过高的利润率里往往隐藏着风险。

关注一家企业的超额利润究竟来源于哪些竞争对手无法模仿的做法。

人的精力有限，如果太过分散，势必买入许多了解不充分的公司股票，结果可能比集中还要危险。

真正优秀的企业数量极少，发现后要长期持有，仅仅因为盈利一定幅度就卖出是愚蠢的。

持股只有在三种情形下才考虑卖出：①原始买入所犯下的错误情况越来越明显；②公司营运每况愈下；③发现另一家更好的公司。否则，卖出时机几乎永远不会到来，等等。

费雪一生业绩不错，他的主要持股基本都是持有二三十年以上的，大多数获利在数十倍甚至数百倍，其中持有最长的是摩托罗拉，1955 年买入持有至 2004 年。只是由于费雪个人选择，他仅仅为 12 位富裕的客户打理资产，没有公开披露过业绩。

以合适价格购买优质企业

芒格灌输给巴菲特的思想，基本和费雪体系类似，但主要是芒格自己思考出来的。芒格说：“在我第一次听说费雪时，我的投资风格就已经和他很接近了。”不过芒格也坦言，有费雪这位知名投资家背书，加强了自己质疑格雷厄姆体系的信心。

巴菲特 1962 年左右拜访过一次费雪。他后来这样回忆这次见面：“费雪是一位天生的老师，对于一个渴望知识的学生有问必答。40 多年来，在我的投资理念里，处处都渗透着他的思想。否则，伯克希尔－哈撒韦的股东不可能有如此之多的财富。40 年前，只有本杰明·格雷厄姆和菲利普·费雪是我心目中的投资伟人。今天，依然如此。”

好朋友芒格日复一日灌输的这些思想，启发了巴菲特思考买便宜货的问题所在。同时，芒格自 1962 年起也创立了基金，他俩的基金在 1962—1969 年期间共存，估计这个业绩对比也推动了巴菲特向费雪、芒格思想靠拢。

表 27－1　1962—1969 年巴菲特与芒格基金收益率比较

时间	道琼斯指数	道琼斯涨跌幅	巴菲特基金收益率	芒格基金收益率
1962	646.41	－11.3%	13.9%	30.1%
1963	751.91	16.3%	38.7%	71.7%
1964	864.43	15.0%	27.8%	49.7%
1965	947.60	9.6%	47.2%	8.4%
1966	789.75	－16.7%	20.4%	12.4%
1967	879.16	11.3%	35.9%	56.2%
1968	983.34	11.8%	58.8%	40.4%
1969－5	949.22	－3.5%	6.8%	
1969	805.04	－18.1%		28.3%
年化收益率			30.2%	35.6%

巴菲特说：“格雷厄姆教会我买便宜货，而查理把我推进了不要光买便宜货的投资方向。这是他对我最大的影响。要把我从格雷厄姆有局限性的观点中解救出来，需要巨大的力量，那就是查理的意志力。他让我视野变得更开阔。”

巴菲特内心逐步接受了以合适价格购买优质企业。他说：“我很快就把从格雷厄姆和查理那里学到的东西结合起来，开始非常热衷于以合理价格购买优质企业。”然而，真正帮助巴菲特和芒格彻底摒弃烟蒂投资，转向陪伴优质企业成长投资体系的标志性事件，还是对喜诗糖果的投资。

好企业散发的魅力

喜诗糖果公司的家族接班人，因为兴趣不在糖果经营上，所以打算将喜诗糖果公司出售。巴菲特在伯克希尔1991年致股东信里这样回顾这场交易：

1972年1月3日，伯克希尔买下了喜诗糖果。当时卖方报价是4000万美元，但公司账上有1000万美元的闲置资金，因此真实报价可以理解为3000万美元。当时查理和我还不是很了解一家市场特许事业的真正价值。我们看到公司账面净资产只有700万美元后，向对方表示2500万美元是我们可以接受的价格上限——我们当时确实是这样想的。幸运的是，卖方接受了我们的报价。……整个交易没有因为我们愚蠢地坚持2500万美元价格上限而告吹，我们好幸运。

这说明巴菲特已经意识到，格雷厄姆传授的“买价绝对不能高于净资产、最好低于净流动资产的2/3”规则，已经成为成功投资的障碍。这家账面净资产只有700万美元的企业，以3000万美元买下来，依然是一笔无比超值的生意。后来的事实证明，哪怕当时加高一倍的价格买下，依然是一笔长期超高回报的优质投资。但这样的出价，一定会被格雷厄姆老师评论为“脑子烧坏了”。

巴菲特买下喜诗后，喜诗仍然由原班人马经营。当时的公司副总裁查克·哈金斯，在其后几十年里一直是喜诗的CEO。喜诗糖果年度净利润从1972年的208万美元，一直增长到2007年的8200万美元，累计为伯克希尔贡献利润13.5亿美元（之后年度未单独披露）。更重要的是，喜诗盈利能力的增长不依赖资本投入，公司产生的几乎每一分现金，都可以回流给伯克希尔，让巴菲特拿去买买买。

正是因为这些买买买，伯克希尔才陆续拥有了更多规模更大、盈利能力更强的企业。如果将巴菲特运用喜诗所贡献的现金再投资收益也计算进来，喜诗的贡献可能是个天文数字。在 1997 年的股东大会上，巴菲特这样回忆道：

喜诗糖果是我们第一次购买品牌企业，这对于习惯于出价 50 美分去购买 1 美元的我们来说，是一次艰难的跳跃。……谢天谢地，我们幸运地收购了这家公司，它教会我们很多东西。如果没有收购喜诗的经验，我们就不会在 1988 年去购买可口可乐的股票。所以，今天我们在可口可乐上赚到的 110 亿美元，很大部分要归功于喜诗糖果。

没有喜诗这个关键案例，就没有今天的伯克希尔帝国，没有我们所看见的世界头号“股神”。喜诗糖果案在伯克希尔帝国发展史上的重要地位，无论如何强调都不过分。那么喜诗这个投资对象，是如何被发现的呢？这就要说到芒格给巴菲特提供的另一项帮助：宝贵的人脉关系资源。

第二十八回　世家子弟广结人脉　圈子贡献赚钱良机

芒格推动巴菲特投资思想体系转变，这是事实，但不是事实的全部。芒格不仅推动了巴菲特投资思想的转变，还利用广泛的人脉资源网络，给巴菲特创造了很多赚钱良机。

巴菲特早期合伙基金里的不少投资者，都是芒格的朋友或者客户。伯克希尔帝国早期收购的企业，几乎全部和芒格有关，要么是芒格律师事务所的客户，要么是芒格朋友提供的线索。比如在巴菲特投资生涯里起到核心作用的蓝筹印花和喜诗糖果，就是在芒格朋友的牵线搭桥和大力推动下才得以实施的。这就是芒格提供的人脉资源价值。

显赫家世，自带光环

说人脉资源，必须先简单介绍芒格的家世。相比巴菲特的爷爷是个开杂货铺的小店主，芒格的爷爷托马斯·芒格的社会层次要高得多。托马斯·芒格 23 岁进法院工作，45 岁就被西奥多·罗斯福总统亲自任命为联邦法官。查理·芒格出生时，爷爷已经做了 17 年的联邦法官。

美国这个国家，可以说就是法官和律师创立的——56 位开国先贤里，有 14 人当过各州法官，有 25 人是律师。为保证司法独立，美国的联邦法官是终身制，因而地位超然——一旦上岗，总统的脸色也不用看。正因为是终身制，美国建国至今 200 多年，包括目前约 900 名在任联邦法官在内，历任联邦法官的总数也就3000多人。

在这个三权分立的体系里，行政有军队，国会有立法权，只有司法这条线，权力的行使其实就依赖整个国家对法官的尊重、对宪法的信任。因此，联邦法官基本上都是由各地口碑、德行、能力超群的人担任。

说这个，是想说芒格天生自带光环，人脉资源丰富。举个例子，芒格其实是先被哈佛法学院拒绝后，通过家族老朋友、哈佛前任院长“走后门”才被录取的。好在芒格争气，没给老院长丢人。第一学年末就已经是全班第二，最后以335名毕业生中前12名“走前门”出来。法学院同学圈本就是一个庞大的人脉资源库。

芒格的父亲阿尔·芒格就是律师。正是由于父亲是联邦法官，阿尔·芒格出于避嫌，从林肯镇搬去奥马哈工作。阿尔·芒格在奥马哈做过检察官、律师。他有个至交好友，是当地知名的医生。芒格小时候经常和医生的几个儿女一起皮，或者翻看医生书架上的医学书籍。

多年后，有个叫沃伦·巴菲特的小年轻找到这位医生，意图拉一笔投资。医生虽然没怎么听进去，但因为感觉这个小伙子很像芒格，于是开了一张10万美元的大额支票给巴菲特。那是巴菲特第一次听说芒格，当时他心里一定爱死这个家伙了。

芒格小时候在巴菲特爷爷的杂货铺打过工，但没见过巴菲特。他1941年就去密歇根大学读书①，离开了奥马哈。两人初次见面已经是1959年，是芒格因父亲去世回奥马哈处理后事，经医生的孩子们安排和巴菲特碰面的。

当时芒格是一位很拼很努力的律师，同时还做着房地产开发生意，也结交了很多有价值的朋友，而且已经赚到一笔大钱——140万美元。不过芒格拿着这笔钱，马上在加州一个公园边上买了栋大厦，拆了。地皮一分为二，一半卖掉，一半给自己家建了座大宅，至今芒格还住在那里（扩建

① 1943年初芒格应征入伍，二战结束后进入哈佛法学院学习，1948年从哈佛法学院毕业。

翻新过多次)。这也恰好透露了芒格在金钱方面与巴菲特完全不同的态度：芒格有钱先改善家庭状态，而巴菲特则优先用于投资。

好友古瑞恩

1959 年俩人首次碰面后，迅速成为惺惺相惜的好朋友。在巴菲特的影响下，芒格于 1962 年建立 MT 律所的同时，拿出自己的全部积蓄约 30 万美元，和客户兼牌友杰克·惠勒成立了惠勒 – 芒格合伙公司，照搬巴菲特合伙基金模式，开始替亲戚、朋友、同事和客户打理投资。

芒格和惠勒在当地的“太平洋海岸证券交易所”买下会员席位[①]，然后就在交易所内租了间非常破旧但租金便宜到每月仅需 150 美元的小办公室，开始代客理财生涯。

惠勒为筹资和芒格开办合伙公司，准备将自己在另外一家合伙公司的股份卖掉，他找到的“接盘侠”叫李克·古瑞恩。古瑞恩和巴菲特同龄，从空军退役后做了三年 IBM 销售员，又干了五六年的证券经纪人，攒下一笔钱，正好遇到惠勒出售股权，双方遂以 4 万美元的价格成交。

惠勒和古瑞恩办移交手续时，芒格在场。听他们闲聊时，古瑞恩突然有种站错队的感觉，他觉着自己应该去惠勒要去的地方（指和芒格合伙），而不是当惠勒的“接盘侠”。事实证明古瑞恩确实站错了，几乎是古瑞恩全部身家的 4 万美元，在三年时间里全军覆没，原因不详。

但对于古瑞恩来说，这笔钱亏得很值。他借这笔交易认识了芒格和惠勒，并积极向芒格靠拢，迅速成为芒格最好的朋友之一。古瑞恩如饥似渴地听芒格和惠勒的各种高谈阔论。古瑞恩说：“查理和杰克是我的精神导师。”

1965 年，就在 4 万美元全军覆没时，古瑞恩找到一个合伙人，成立了太平洋合伙公司，并完全按照从芒格那儿学来的知识运作。1984 年，巴菲

---

① 会员席位买卖股票不用再交佣金。

特在他的著名演讲《格雷厄姆与多德部落的超级投资者》里，展示了古瑞恩的业绩：1965—1983年的19年时间，标普500指数总回报316%，古瑞恩管理的基金创造了222倍的回报，年化回报率32.9%。扣费后客户资金增值55倍，年化回报率23.6%。

古瑞恩没读过商学院，他的投资知识就来自于芒格。或许正是因此，他的风格和芒格很像，集中度高，收益率大起大落。19年里收益率最高的两年是180.1%和171.9%，最低的两年则是-42.1%和-34.4%。

这19年可以分为大起大落的三节：前5年27倍年化93%；接着5年腰斩有余（-52%）；后面9年17倍年化37%。这要是哪个倒霉鬼眼热别人5年27倍，在1970年入伙，那真是惨不忍睹。持有5年还腰斩，恐怕不容易坚持走完后面的17倍。

古瑞恩很佩服芒格的人品。他和芒格一起收购过一家名叫K&W的汽车化学用品公司。一段时间后，古瑞恩有事要用钱，想以20万美元的价格把股份卖给芒格，结果芒格说合理价值应该是30万美元，支付了30万美元。这事儿让古瑞恩津津乐道了一生。这个K&W公司1975年卖给伯克希尔，1996年又被伯克希尔卖掉。

1972年古瑞恩还和芒格一起收购了一家封闭式基金的管理权，基金规模约5400万美元。他们将其改名为“新美基金”并运作到1986年清盘，年化收益率18.6%。1977年，新美基金以250万美元的价格收购了每日新闻集团100%的股权。1986年基金清盘后，每日新闻集团转为公众公司，最大股东就是芒格和古瑞恩家族。截至2019年底，芒格和古瑞恩依然是每日新闻集团的正副董事长。

古瑞恩牵线蓝筹印花

因为芒格的原因，古瑞恩和巴菲特也成为了好朋友。古瑞恩对巴菲特的事业产生的重大影响，主要是他 1968 年发现了蓝筹印花公司。此时的巴菲特刚刚通过收购国民赔偿保险公司，尝到浮存金的甜头。古瑞恩挖掘的蓝筹印花，虽然不是保险公司，却异曲同工地也拥有巨量的浮存金。

20 世纪 60 年代初的蓝筹印花公司，是加利福尼亚州最大的印花票据公司。其经营业务也比较简单，基本就是现在积分制的前身。零售商或生产厂家为了促销商品，会预先按照一定的折扣从蓝筹印花购买一批印花，贴在销售的商品上，或者直接买够多少金额送 1 张印花。消费者积攒一定数量的印花后，可以在零售商那儿兑换商品。最后零售商用印花从蓝筹印花公司兑换现金。

当时印花的使用相当广泛，不仅加油站、零售商会赠送印花，甚至连殡仪馆和妓院也送。一般来说，印花要在消费者手上积存一段时间后才会被兑换，甚至有些丢失、破损或遗忘的印花，永远也不会被兑换，所以蓝筹印花账上将积存一笔名义上属于债务，但可以拿来投资且投资利润归自己所有的钱，和保险业的浮存金一模一样。

1963 年，美国司法部以贸易限制和州内垄断为由起诉蓝筹印花公司。同时其他州的同类印花公司，也对蓝筹印花在加州的垄断性质提起诉讼。这类反垄断官司通常旷日持久，蓝筹印花公司的股价也因此而一蹶不振。1968 年，公司与司法部达成和解，承诺将 45% 的股份出售给派发印花的零售商，并将另外的 1/3 股份出售给其他投资者。

古瑞恩发现这家公司时，公司市值约 4000 万美元，账上滚存的“浮存金”超过 6000 万美元。古瑞恩将相关资料提供给芒格和巴菲特，巴菲特和芒格对它进行了评估。老唐推测，两人的分工应该是：巴菲特评估公司价值，芒格评估蓝筹印花未完结的官司最终能否解决、大致需要付出的代价。

经过两人评估，认为值得下手。于是，芒格、古瑞恩和巴菲特都买了。芒格和古瑞恩钱少，买得少。巴菲特钱多，买得多。巴菲特不仅通过合伙公司买，还通过国民赔偿保险公司和多元零售公司买，甚至用自己个人的钱直接购入。慢慢地，巴菲特直接间接持有了超过50%的蓝筹印花股份，控制了蓝筹印花。

蓝筹印花账上超过6000万美元的浮存金，巴菲特陆续用来收购喜诗糖果公司、布法罗晚报、维斯科金融等公司，这些公司至今依然是伯克希尔的摇钱树。可以这么说，供伯克希尔帝国生根发芽的基础土壤就两块：国民赔偿保险公司浮存金和蓝筹印花的公司浮存金。

蓝筹印花不仅给巴菲特提供了宝贵的浮存金，更重要的是，对巴菲特和芒格一生的投资体系形成重大影响的喜诗糖果公司要出售的信息，是蓝筹印花的总裁知晓后通知巴菲特的。这军功章上，古瑞恩和芒格都应该有份儿。

古瑞恩有钱后，不知道是自建还是入股了一家航空公司。总之，变身为太平洋西南航空公司大股东兼董事长。1988年，古瑞恩把太平洋西南航空公司的主要资产卖给了美国航空，留下的部分叫PS集团。后来，巴菲特在美国航空和PS集团上各栽过一个跟斗，疑似都跟古瑞恩有关。

1989年，巴菲特投资3.58亿美元买入美国航空公司优先股，条款很优厚，大致是利率9.25%，两年后有权以60美元/股的价格转成普通股。美国航空公司当时股价为50美元。如果两年后不转股，美国航空公司有权加价10%赎回。假设这种情况发生，意味着两年时间兜底可赚 $2 \times 9.25\% + 10\% = 28.5\%$。

计划都是美好的，现实却是残酷的。就在巴菲特投资后，美国航空连续出事，连续亏损，直接导致无力还本付息。原本想两年搞定的投资，拖到1994年，市值已经缩水成为0.89亿美元。

1996年巴菲特想“割肉”，没找到“接盘侠”，不得已拖下去。结果运气爆棚，美国航空成功引入新股东和新CEO，终于咸鱼翻身。熬到1998年股价涨起来，巴菲特转股后卖出，收回6.6亿美元。9年时间，年化回报略高于标普指数。巴菲特当时是一身冷汗，大呼侥幸。

就在买入美国航空优先股的第二年，巴菲特又购入 PS 集团 11.04% 的股份，总价为 1868 万美元。4 个月后，巴菲特将比例增持到 22.5%。古瑞恩说，这笔交易是他和巴菲特之间最糟糕的一笔。芒格也说这笔交易亏得一塌糊涂。好在资金总量只有几千万，算是伯克希尔的九牛一毛，巴菲特没有再提过这笔交易。

一些专家认为巴菲特买入这些股份，是为了帮助古瑞恩脱离困境。多年来，古瑞恩的个人财务状况时起时落。1991 年古瑞恩因财政窘迫需要偿还银行贷款，曾在伯克希尔股价 8300 美元附近，将持有的 5750 股伯克希尔股票悉数卖出。这些股份至今又升值了 40 多倍，今天的市值约 20 亿美元。

古瑞恩个人财务状况时起时落，是因为这位老先生太会享受了。古瑞恩酷爱运动，游泳、棒球、飞行、跳伞、滑雪、赛车、马拉松……样样精通。而且老先生特别喜欢女明星，花钱投资过不少电影。比如 1986 年为捧红一位女演员，居然拿出 100 万美元（大约相当于 2019 年的 230 万美元或 1600 万元人民币）为她定制女一号。结果电影拍完，女明星和电影里的搭档私奔了。

古瑞恩的人生丰富多彩，一生养育了五女两男共 7 个孩子，63 岁才生了最小的儿子。这个小儿子瑞雷·古瑞恩是伯克希尔史上年龄最小的股东，在出生前两周就拥有了两股伯克希尔股票。芒格曾经感叹过："与古瑞恩相比，我们（这些每天忙着赚钱的人）真的是疯了！"

马歇尔促成喜诗糖果

买下喜诗糖果，除了古瑞恩介绍蓝筹印花，蓝筹印花介绍喜诗糖果这个关系链之外，还有一个人起了重要作用——芒格的另一位合伙人阿尔·马歇尔。

马歇尔原本是名石油工程师，是芒格在高尔夫俱乐部里认识的球友。认识后不久，他就加入了芒格的地产公司，负责房地产销售。后来芒格－惠勒基金公司合伙人惠勒退休，马歇尔替代惠勒的位置，负责惠勒－芒格公司的日常运营，成为芒格忠实的副手。芒格说："马歇尔无可取代，他在推动喜诗糖果收购案中作出了巨大的贡献。"

就在喜诗糖果原股东要价 3000 万美元，巴菲特和芒格认为价格太高，不符合格雷厄姆投资标准时，马歇尔着急了，他说："你们这些家伙都疯了吧，有些不在账面的东西也很值钱的，比如人员素质、公司品质等，你们低估了品质。"这似乎是巴菲特投资体系里，经济商誉雏形的首次提出。巴菲特和芒格接受了马歇尔的批评，出价 2500 万美元——依然超过三倍 PB。芒格后来后怕不已，说幸亏是对方接受了，否则将酿成大错："我们当时就是这么蠢，如果他们多要 10 万美元，我们可能就不买了。"

怎么样，在巴菲特的发财大业里，芒格的朋友圈作用不容小觑吧？这仅仅是管中窥豹。终其一生，交游广泛的芒格都在不断地给巴菲特输送人脉、客户和企业资源。他们或给巴菲特带来管理帮助，或给巴菲特介绍生意，或直接投资成为巴菲特基金的客户，或变成巴菲特的收购对象。他们推动巴菲特的财富增长的同时，也不断地为芒格在巴菲特心中的地位添砖加瓦。

不仅如此，在巴菲特的一生里，还有多次依赖芒格和他的朋友们度过险关的经历……

第二十九回　巴菲特身陷欺诈案　大律师背书保清白

芒格对巴菲特投资思想潜移默化的改造，以及高质量朋友圈提供的人脉资源与投资对象，一起提升着芒格在巴菲特心中的地位。不仅如此，在巴菲特的投资生涯里，芒格及其律所同事的专业支持，也是巴菲特投资成功不可或缺的重要力量。

发现风险和解决问题的最佳搭档

美国的法律体系和我国不同。我国是成文法，美国是判例法。所谓成文法，就是法律制定权在某最高机构（例如全国人大），法院只是根据现有法律条文规定做出裁决，拥有在条文规定的量刑范围取舍的权力。而美国的判例法体系，只是通过宪法 7 条原文和 27 条修正案规定了大原则，每个案子都由临时组成的陪审团做出裁决，并成为以后同类案件需要遵循的先例。在这个体系下，法律是活的，它是由法庭上的律师、陪审团和法官不断创造出来的。

正因此，美国的法律体系非常复杂，判例浩瀚如海，任何人都不可能在所有的领域专精，基本上都需要依赖该专业的律师协助。因而，美国律师数量多得吓人。截至 2016 年底，全美在册律师 1315561 人，按照 3.24 亿人口总数计算，平均不到 250 人拥有 1 名律师。与之相比，我国人口总量是美国的 4 倍有余，但全国律师总数量仅约 30 万名，平均约 4700 人才拥有1名律师。

巴菲特没读过法律专业。但巴菲特的投资，除了二级市场直接买卖以外，其他的收购及经营都涉及大量法律事务。幸好芒格本人就是一名高水平的律师，而且专长正好是商业法。同时，芒格自己的律师事务所拥有大量顶级法律人才，芒格知道谁专长于哪个领域。所以，巴菲特和芒格的交往，不仅在投资决策中得到芒格个人免费的、可信赖的专业意见，而且在商业活动出现问题后，芒格也能迅速地找到合适的人来解决问题。

对于芒格个人的专业意见方面，作为受益者，巴菲特是最有发言权的。巴菲特说："查理总是能看清现实，如果发现什么问题绝不会坐视不理。他为我带来了法律观念，他能比世界上任何人更快更准地分析和评估一项交易。他能在60秒内看到所有可能的缺陷，是我完美的合伙人。"

两个人早期各自独立投资的时候，已经是每天电话往来多次。两人之间的对话经常是这样的场景。

巴菲特给芒格打电话："查理，我想做某件事，这件事是这样子的。"

然后芒格通常会回复："天啊，你在开玩笑吗？有这种风险和那种风险。"接着两个人逐一考虑芒格看到的这些风险。

最后，有时候巴菲特会说："我想你是对的。"

但有时候巴菲特会说："查理，你说的我都听进去了，但我还是想做这件事。"

巴菲特说此时自己才能知道查理的真实想法，因为有的时候他会回答："沃伦，如果你确定要做这件事，我能不能参一股？"

另一种常见的场景是这样的：

芒格坐在一张舒适的沙发椅上和巴菲特通电话。

巴菲特：巴拉巴拉……

沉默。

巴菲特：巴拉巴拉……

芒格："所以说你担心的是价格问题?"

巴菲特：巴拉巴拉……

沉默。

巴菲特：巴拉巴拉……

芒格："如果你等一等，我觉得你会得到你想要的价格。"

巴菲特：巴拉巴拉……

芒格："那就这样。"

挂机。

对于这样的场景，巴菲特说："查理从来不是按字收费的人。他可以只在电话里嗯哼三声，就帮我处理完四页的备忘录。"

芒格在巴菲特的决策过程中，实际担任着发现风险和帮助巴菲特解决犹豫点的角色。正如盖可保险 CEO 路易斯·辛普森所说："沃伦将查理作为最后的检验。如果查理也想不出任何理由不做某件事情，他们就会放手去做。查理没有思维定式，他的想法与众不同，常常得出一些有趣的结论。他能把注意力集中到那些对决策非常重要的事务上。查理会提出很多否定意见，不过他和巴菲特最终会得出相似的结论。"

被疑商业欺诈，深陷法律泥潭

不仅芒格本人在巴菲特的投资决策中起着风险发现者和最后把关人的重要角色，芒格和他的律所伙伴们，在巴菲特的投资生涯里也多次起到力挽狂澜的重要作用。就拿蓝筹印花这个投资案例来说。

上回说过，古瑞恩将蓝筹印花推荐给巴菲特和芒格时，蓝筹印花正处于官司缠身的状态。这些官司最终能否胜诉，如果败诉最坏情况会付出多大代价，这明显关系到蓝筹印花的投资价值，而这是芒格的专长范围。"他们通过精心的算计，认为有些可以打赢官司，有些可以以很低的价格达成协议。他们做到了，虽然花了些钱，用了很长时间，但他们做了一笔好买卖。”芒格的继子哈尔这样回忆道。

然而在蓝筹印花案例中，还发生过一件少为人知但更加严重的法律危机。危机的起因是巴菲特名下混乱的交叉持股。

巴菲特一旦发现值得下手的目标，对待买股票的态度很像某些见不得账上有现金的散户——能凑够买一手的钱，就绝不让钱闲着。当巴菲特发现蓝筹印花有投资价值时，他陆续分别用过自己个人、苏珊个人、巴菲特合伙基金、伯克希尔公司、国民赔偿保险公司、国民火灾保险公司、多元零售公司等多个主体买过蓝筹印花股票。买入规则就是：哪个账户上有钱，就用哪个账户买入。

再加上芒格、戈特斯曼、古瑞恩等人及其关联公司的参与，结果就是蓝筹印花公司的股东结构不知不觉成为一张蜘蛛网，一个仿佛隐藏着什么阴谋的迷宫。更让人糊涂的是，这些公司很可能也持有伯克希尔公司的股票。当这些公司账上有钱，而市场有伯克希尔股票出售时，巴菲特也会贪婪地动用这些公司账上的现金买入。

围绕着巴菲特、伯克希尔和蓝筹印花，总计有超过 40 个持股主体。他们之间相互混乱的持股，形成一团完全无法看懂，任何一笔交易都可能引发超过 40 个主体之间利益波动的乱麻。最终，蓝筹印花收购维斯科金融案，触发了美国证监会对这团乱麻的犯罪调查。

1975 年 2 月，美国证监会签发传票，全面调查蓝筹印花公司收购维斯科金融公司的活动。证监会认为，巴菲特和芒格有商业欺诈行为。证监会的一份调查报告里写着：“蓝筹印花公司，伯克希尔以及巴菲特，独自或伙同他人……可能直接或者间接地涉及某些商业欺诈行为，他们制定诡计、阴谋、欺诈或在一些材料中提供一些并非事实的陈述，或有意遗漏某些要点……”美国证监会考虑以“民事欺诈”起诉他们，控告他们违反《证券法》。起诉对象不仅是蓝筹印花公司，也包括巴菲特和芒格个人。

这场景和美剧《亿万》几乎一模一样。巴菲特当时已经因为《超级金钱》一书的宣传，以及进入《华盛顿邮报》董事会、和“新闻女王”凯瑟琳·格雷厄姆出双入对，而成为华尔街的焦点人物，颇像美剧《亿万》里的基金经理、亿万富翁埃克斯。而美国证监会发起这场进攻的人物——美国证监会执法处的头儿斯坦利·斯波金，其风格也像极了《亿万》里的南区检察官查克。他不信任华尔街，作风强硬，盯住的案子胜率极高，做出过很多令大公司心惊胆寒的裁决。

恰好当时 MT 律师事务所合伙人罗德·希尔斯刚刚被总统任命为美国证监会主席，从避嫌的角度说，证监会对蓝筹印花公司及巴菲特和芒格的调查，或许有意识地更加严格了。

复杂并购引发监管层怀疑

简单地说，事情大体是这样的。1972 年夏，巴菲特和芒格通过蓝筹印花公司买入 8% 的维斯科金融公司股票。1973 年 1 月，维斯科金融公司计划和另一家名叫圣芭芭拉的财务公司合并。巴菲特和芒格认为这个合并方案，是让维斯科金融的股东们用手中低估的股票去换圣芭芭拉已经高估的股票，会损害维斯科金融公司股东的利益。

于是巴菲特和芒格动用蓝筹印花公司资金，大举购买维斯科金融的股票，意图否决合并。六周内，蓝筹印花公司买下了他们能找到的每一股维斯科金融股票，总计持股达到维斯科金融公司总股本的 17% 。由于维斯科金融主营是储贷业务①，根据证券法，收购此类金融机构超过 20% 以上的股份，需要获得美国证监会的批准。因此，他们还能继续买入大约 3% 的股份。

为了确保阻止合并，芒格和巴菲特希望说服大股东彼得斯家族。彼得

---

① 类似我国的城市信用社或农村信用社，一种非银行金融机构。

斯家族本来希望通过和圣芭芭拉的合并，提振维斯科金融低迷的股价。蓝筹印花的总裁试图劝彼得斯改变主意，没有成功。巴菲特决定自己飞到旧金山和彼得斯面谈。彼得斯坚持必须采取一些措施来提振维斯科金融低迷的股价，巴菲特承诺否决合并后自己会采取措施做到这一点。彼得斯最终被巴菲特说动，同意投票反对合并。

巴菲特和芒格成功阻止了合并。该消息披露后，维斯科金融股价大幅下跌至11美元附近。此时，蓝筹印花公司出价17美元/股，公开收购维斯科金融公司25%的股票。这个出价远高于市价，按照巴菲特的解释，因为合并是被自己搅黄的，那么由于合并失败造成的维斯科金融公司股价大跌，自己是有责任的，所以自己以高于市价收购，对维斯科金融股东才公平。

但美国证监会不仅认为巴菲特搅黄合并案的行为，导致维斯科金融公司股价下跌，损害了部分维斯科股东的利益；同时还认为，巴菲特以明显高于市价的出价收购维斯科公司部分股份，又损害了蓝筹印花公司小股东的利益。于是美国证监会执法处开始追踪巴菲特和芒格的活动，并对巴菲特、芒格及蓝筹印花公司展开调查。

这次调查搞到巴菲特几乎崩溃。按照法律要求，他交出了几大箱交易记录、备忘录、笔记以及给相关人的信件等材料。这些东西又扯出一些新的线索，并引发证监会的触角深入巴菲特和芒格的历史交易里去。而这些历史交易里又确实有很多感性和朦胧的东西，从不同视角审视可能得出不同结论。因而当时巴菲特虽然表面上保持着镇静和配合，其实已经因焦虑引发背痛而深受折磨。

大律师背书，终得清白

之所以如此焦虑，是因为巴菲特一生视名誉如生命。终其一生，他希望自己任何时候都能坦坦荡荡地站在报纸的头条。在他心中“声誉就像一个精致的瓷器，价值昂贵却很容易破碎”。建立一个好名声需要付出一生的努力，而毁掉它可能只需要5分钟。因而，巴菲特对合作伙伴和员工一直有种要求：失去多少金钱都可以接受，但绝对不允许损失声誉。

中间的努力和挣扎略过，直接说结论。证监会掌握的证据，足够起诉巴菲特并将其定罪，同时芒格作为共同行动人，也将受到牵连。而此事的最终解决，完全依赖MT律师事务所冠名合伙人查克·里克肖塞尔的个人才华和人品保证——芒格的律师事务所当时的全名叫“芒格、托尔斯和里克肖塞尔律师事务所”。

最终证监会做出一个裁决：蓝筹印花公司在同圣芭芭拉财务公司争夺维斯科金融公司时，人为提高维斯科金融公司股价达三周之久。蓝筹印花公司保证永远不再出现类似情况，并对维斯科金融部分受损股东支付合计11.5万美元的赔偿。这个裁决里，没有提任何人的名字。巴菲特既没有承认罪名，也没有否认，他接受裁决并支付了款项。很快，这件事就被公众淡忘，没有在巴菲特的个人记录里留下污点。

之所以证监会最终只是轻轻拍打了一下蓝筹印花，完全是因为证监会执法处的头儿斯波金彻底信赖里克肖塞尔。斯波金说：“这次主要是因为信赖里克肖塞尔，他是我一生所见到屈指可数的优秀律师之一。无论他告诉你什么，你都可以相信。”斯波金不仅把里克肖塞尔看作一个才华横溢的卓越律师，也认为他是一个诚实、坦率、正直、毫不虚伪的人。

里克肖塞尔告诉斯波金，巴菲特将是“华尔街有史以来最伟大的人”，并且“他也是你见到的最为正派和可敬的人”。如果这些话出自其他任何人之口，斯波金都可能会认为这是过分浮夸的花言巧语，但因为它出自里克肖塞尔之口，斯波金就认为这些评论是真诚和恰当的。所以，斯波金感觉他有责任赦免巴菲特。

斯波金认为作为公诉人，必须将诚实的人因过失而犯的错误和骗子的欺诈行为区别开。对于骗子要毫不留情，实施严厉的打击。在巴菲特和芒格一案上，他相信了里克肖塞尔，认为巴菲特和芒格不是骗子，只是考虑得不够周全。因此，证监会执法处只是轻轻地拍打了一下巴菲特的小脑袋瓜，放他过去了。

后来，经过证监会的批准，蓝筹印花陆续收购了维斯科金融80.1%的股权，将维斯科金融公司变成蓝筹印花的控股子公司，直至今日芒格依然是维斯科金融公司董事长。维斯科金融在芒格手上被打造成一个以投资为主要业务的控股公司。由于投资体系基本类似，投资方向也有很多相似之处，维斯科金融一直就像微缩版的伯克希尔。在伯克希尔设置B类股份之前，维斯科金融在美国股市有“穷人的伯克希尔”之称。

蓝筹印花是芒格和他的律所同事将巴菲特本人从法律困境解救出来的案例，不仅如此，在有些投资案例里，巴菲特的投资成败本身也几乎完全取决于芒格和他的律所同事，比如布法罗晚报案。

第三十回　收购报业四面楚歌　步步申诉向死而生

巴菲特意图收购布法罗晚报

布法罗市是纽约州第二大城市，位于美国和加拿大交界处著名的尼亚加拉大瀑布边上。因为大瀑布下建设大型水电站的天然优势，布法罗市电价便宜，所以这里聚集了一大堆高耗能企业，以钢厂居多。

在20世纪70年代，当地有两家报纸：布法罗晚报和布法罗信报。晚报创立于1880年，由报业巨头巴特勒家族拥有；信报由著名作家马克·吐温于1870年创立（次年卖掉了）。

马克·吐温早期曾经参与银矿股票投机，暴富过。暴富后他放弃了新闻记者职业，退休并过上奢华的生活。按照他的描述："我住在最好的酒店里，在最引人注目的地方展示我昂贵的衣服，经常出入歌剧院……我最终变成了一个举止轻浮的人。"

和几乎所有的投机一样，每个泡沫都有一根针等着。泡沫破裂时，马克·吐温赔得一塌糊涂。他后来回忆道："我，一个兴高采烈的傻子，一直以来花钱如流水。……现在，我偿还了债务之后，发现自己还剩下50美元。"

正是由于这些经历，马克·吐温用他特有的幽默方式，总结过很多有关投机的段子，比如，"十月是炒股最危险的月份，其他危险的月份有七月、一月、九月、四月、十一月、五月、三月、六月、十二月、八月和二月”“人的一生，只有两种情况不应该参与投机：输不起的时候和输得起的时候”等。

虽然教训深刻，但投机的快感如同毒品一样让人难以摆脱。后来马克·吐温多次参与风险投资及投机活动，成功输光所有资产并欠下一屁股债。马克·吐温化债务为动力，一部又一部的经典著作在还债压力下诞生。想来也幸亏他投机破产，否则世上只会多一个举止轻浮的暴发户，却少一位“嬉笑怒骂，皆成文章”的传世作家。

掌控晚报的巴特勒家族和掌控信报的康纳斯家族，自1914年起就达成君子协定，前者出周一到周六的晚报，后者出一周七天的早报。伴随经济的发展，收入的提高，休闲时间的增加，周日报纸发行量越来越大，广告商也更加侧重投放周日广告。没有周日版的晚报陷入不利地位。再加上掌控报纸几十年的凯特·巴特勒于1974年去世，家族后人准备卖掉报社。

在1976年圣诞节前的一个宴会上，一位报业经纪人代表布法罗晚报开价4000万美元，想把报纸卖给华盛顿邮报。邮报掌门人凯瑟琳当时正为邮报内部强大的工会力量头疼，拒绝了晚报的邀约——当时布法罗晚报工会力量更强大，其员工收入在美国报业员工同盟131家报纸中排名第7。

那段时间，正是苏珊出轨，巴菲特与凯瑟琳交往密切之时。当天也在宴会上的巴菲特，知道消息后有点心动。此时巴菲特已经拥有一家奥马哈太阳报。

对报纸情有独钟

巴菲特对报纸的兴趣，萌芽于青少年时期送报纸赚钱的记忆。但真正在头脑中滋长，是受卡罗尔·卢米斯的影响。卡罗尔·卢米斯是《财富》杂志的撰稿人，她在20世纪60年代经比尔·鲁安介绍和巴菲特认识。

巴菲特和卡罗尔很谈得来，她对新闻的理解深深影响着巴菲特，俩人认识后不久就开始密集通信。很快巴菲特就说“除了查理，卡罗尔迅速成为我最好的朋友”。几十年来，卡罗尔一直是巴菲特致股东信的御用编辑，直到今天我们每年读到的巴菲特致股东信，仍然由卡罗尔负责修改和定稿。

在卡罗尔的影响下，早在60年代后期，巴菲特对新闻的兴趣已经非常浓厚。他曾在1968年试图收购一份娱乐性报纸，没有成功。就在这笔收购失败时，苏珊的一位朋友找上门来，想将自己的报纸卖给巴菲特。这人叫斯坦·利普斯，比巴菲特大三岁，奥马哈本地人。利普斯热爱爵士乐，由此和同样热爱爵士乐的苏珊相识，共同推动成立了奥马哈爵士乐团。

利普斯从岳父手上继承了奥马哈太阳报，成为报社最大股东兼发行人。太阳报不是当地主流报纸，主要刊登当地最大报纸奥马哈先驱报不登的一些警情通报、权贵丑闻、社区新闻、八卦花边之类的文章。

1968年，奥马哈本地规划的一条新公路，将要穿过太阳报报社大楼，利普斯需要筹集一笔钱建设新大楼，而现有股东们不愿意新增投资。几经周折，利普斯找到巴菲特。经过洽谈，1969年1月1日，巴菲特以125万美元的价格，收购了太阳报原股东全部股权，仍然由利普斯负责经营。

1968年太阳报净利润约10万美元，收购作价125万美元，年回报率8%，很一般。但鉴于巴菲特1969年找投资目标已经很困难，账上闲钱很多，加上又喜欢新闻业，收购就这样发生了。

利普斯在报业经营方面很有能力，奥马哈太阳报经营情况相当不错，还因揭露儿童城慈善基金财务丑闻的报道，荣获1973年美国新闻界最高荣誉奖——普利策奖。这个财务丑闻最初的线索，就是巴菲特阅读儿童城财务报表时发现并转交利普斯的。报纸获普利策奖，让巴菲特很有成就感，也提升了他对新闻业的兴趣。

晚报深陷诉讼和工会的泥潭

相对奥马哈太阳报而言，布法罗晚报是份大报，发行量和影响力都要大很多。经过几轮磋商，1977 年 1 月 8 日，巴菲特和芒格以 3250 万美元的价格收购布法罗晚报 100% 的股权。1976 年布法罗晚报税前利润 170 万美元，税后净利润约 92 万美元。3250 万美元的收购价相当于 35 倍市盈率，算相当乐观了。

大部分资料里有个以讹传讹的说法，说巴菲特这笔投资花掉近半身家。错的。1977 年巴菲特个人身家的确只有 7200 万美元，但是购买晚报的主体并不是巴菲特，而是伯克希尔的子公司蓝筹印花。经过伯克希尔和蓝筹印花两层架构的间接撬动，分母不能套用巴菲特个人财富数据。当时伯克希尔控制资产规模在 5 亿美元左右。3250 万美元的投资，的确是截至当时巴菲特最大的单笔投资，但仍不足总资产的 10%。

在巴菲特的脑海里，报业只能是“胖者生存”——每个城市只能有一家报纸，老二非死不可。所以收购完成后，巴菲特和芒格就决定发行周日版。两人认为，信报的命脉就是周日版广告。只要能抢占信报周日版的部分市场份额，信报必然走向崩溃，最终让晚报独霸天下。巴菲特和芒格筹划在 1977 年 11 月推出周日版，前 5 周免费，之后按每份 30 美分销售，而信报周日版售价 50 美分。

信报当然不会坐以待毙，他们发动了一场声势浩大的公关战。通过大量的头版报道，将巴菲特塑造成外来入侵的冷血巨头，通过抢夺他人的工作岗位谋取暴利，而信报则可怜巴巴的像是为保护工作岗位而奋战的小老百姓。在一个以工人群体为主的钢铁城市，这角度引发大量读者的共鸣。不仅如此，信报还向法庭提起诉讼，控告晚报违背《谢尔曼反托拉斯法》，实施掠夺性定价、不公平竞争，意图迫使信报破产，实现市场垄断。

芒格从洛杉矶招来他强大的律师搭档们应战。很遗憾，对手抓住了巴菲特一个软肋——《华尔街日报》曾刊登一篇文章，引用过巴菲特好友戈特斯曼的话，“沃伦喜欢拥有一家具有垄断或市场主导地位的报纸，就像拥有一座不受约束的桥梁收费站一样，然后他可以随心所欲地抬高价格，想要多高就设多高”。

戈特斯曼是巴菲特的好朋友，多元零售的合伙人，他的这段话可信度很高。所以，尽管巴菲特努力辩解，但这段话实在太过形象，在法庭上活灵活现地展示了一位车匪路霸的恐怖模样。而且很巧，巴菲特真的拥有一家收费桥梁公司的股份——位于加拿大奥兰多市的大使桥。这座桥梁连接底特律和温莎，承载着美国和加拿大这对当时全球最大的贸易伙伴间年度运输量的1/4。伯克希尔通过子公司维斯科金融公司持有这座桥梁24.9%的股份。这让巴菲特在法庭上非常被动。

经过艰苦的诉讼，最终法庭没有禁止晚报出周日版，但禁止晚报免费赠送报纸，禁止打折销售，对周日版广告版的面积设置了限定条件。同时，不允许晚报对信报发表诽谤性言论。更糟糕的是要求晚报用户每周都要填一份表格，明确表明续订周日版的意图，否则自动视为放弃续订。

信报大肆报道胜利，信报员工也“热心地”承担起监督晚报的工作。很快他们就发现，部分用户没有填表格照样能收到报纸，这当然要第一时间将证据提交法庭。法官认为晚报藐视法庭，官司继续……

不利情况下，广告商纷纷倒向信报，晚报周日版广告收入仅约信报的1/4。1977年晚报出现高达140万美元的巨额亏损。在巴菲特的投资历史中，这是亏钱速度和数量的双重纪录。亏损的压力，苏珊的出轨，法庭和舆论对巴菲特人品的质疑……多重压力之下，巴菲特濒临崩溃。官方传记《滚雪球》里这样描述此时的巴菲特：

巴菲特在彻夜难眠和泪流满面中思考着苏珊离去的变故。为了分散注意力，从个人痛苦中解脱，他像一个金甲虫一样围绕着卡罗尔、艾丝翠[1]和凯瑟琳，在纽约、奥马哈和华盛顿之间飞来飞去。1978 年 7 月，“我们正在凯瑟琳家中打桥牌，法官的判决结果传来了。我把它给查理，让他读读。他说‘嘿，文笔不错啊’。我快要疯了，我才不管它文笔好不好，我要接受并忍受一大堆限制，根本没有心情去欣赏什么文笔。”

芒格和奥尔森计划上诉，而巴菲特不想再和法官斗争下去。巴菲特被击垮了，他不想再和法官对峙，他宁愿让 3250 万美元打水漂。他刚刚从一场艰难的诉讼[2]里逃离。巴菲特迫切希望了结一切，不再宣誓作证、接受传讯以及跟法官斗法。

“我不想上诉，我感觉这会是一场旷日持久的战斗，并且还会激怒法官。一旦激怒他，他会强制我们执行禁令，我们的损失会更大，而信报会借机发起猛烈的攻击，那样会不断扩大它的影响力。我声称我们不上诉，反正无论如何一年半载后我们一定会失败，会停刊的。罗恩和查理告诉我，我错了。我确实错了。”

律师团队奋力拼杀，布法罗晚报起死回生

最终芒格说服了巴菲特，提起上诉。其实芒格此时也非常艰难，他刚刚经历一场失败的白内障手术，导致左眼眼球被摘除，安装了玻璃义眼。更悲惨的是，右眼也有失明的危险。芒格说自己不想活了，他十分害怕再经受一次这样的折磨，同时可能面临失明的威胁。他拒绝做右眼的白内障切除手术，选择保守治疗。芒格就这样戴着一副厚厚的白内障专用眼镜，靠一只独眼度过了 40 多年。

启动上诉程序的同时，巴菲特恳请太阳报总裁利普斯来布法罗帮忙。

---

① 此时巴菲特的同居女友艾丝翠·孟克斯，2006 年两人正式结婚。
② 指证监会对维斯科收购案的调查。

利普斯不喜欢布法罗的气候，不想去。巴菲特转而请求他每个月坐镇一周。利普斯无法硬起心肠让巴菲特失望，勉为其难答应了。

经过芒格和律师朋友们艰苦的努力，1979 年 4 月，美国第二巡回上诉法庭推翻了地方法院对晚报的禁令。但是信报立刻对此提起上诉，寻求维持原判，双方律师继续舞起疲惫不堪的战剑拼杀。高昂的律师费用加上自杀式的割肉竞争，两家报纸均亏损严重。可是，谁也不敢退出战斗，都想坚持到对方倒下。

1980 年，利普斯搬到布法罗全职工作。但不管利普斯多么能干，也是无力回天，报社每天都在失血。表 30 - 1 是布法罗晚报 1978—1982 年年度税前利润。

表 30 - 1　1978—1982 年布法罗晚报税前利润　　单位：万美元

年度	1978	1979	1980	1981	1982
税前利润	-291.3	-461.7	-280.5	-121.7	-121.5

其间卡车工会趁火打劫，提出涨薪要求。他们认为晚报管理层不敢在和信报拼杀的关键时刻，冒着停刊的风险拒绝要求。卡车工会在 1980 年 12 月的一个星期一宣布罢工，晚报命悬一线。巴菲特急得像热锅上的蚂蚁，他说，“我真想派一群人去把这些家伙狠狠地揍一顿，但这显然不是个好方法”。最终，巴菲特决定向死而生，破釜沉舟赌一把。

巴菲特周二早晨面见工会成员并告诉他们：“报纸只剩下有限的几滴血，如果它继续失血，那将无法生存。”巴菲特明确表示，宁愿承担 4000 多万美元的损失，也绝不会妥协！他说：“如果今天报纸不能出版，我就从今天开始停发工资，并解雇全部员工。”最终工会害怕了，当天下午报纸恢复了正常运行。

在巴菲特和利普斯的共同努力下，晚报逐渐出现转机，尤其是利普斯创办了随报纸附送的《住宅快讯》，吸引了当地几乎所有地产商的广告。晚报亏损额显著下降，1981 年只亏损了 121.7 万美元。

即便如此，巴菲特和芒格此时对这次收购，依然持严重悲观的看法。芒格在1981年蓝筹印花公司财报的董事长致辞部分忏悔道："如果没有布法罗晚报和它现在所背负的赤字，我们本应该有7000万美元的其他资产，每年的利润超过1000万美元。不管未来在布法罗发生什么事情，我们几乎可以百分之百肯定，要是我们没有进行这次收购，我们的经济情况会好很多。"

后来的事实证明，收购或许是个错误，但芒格的"百分之百肯定"是个更大的错误。1982年信报撑不住了，宣布停刊。晚报立刻变成印钞机，报纸更名为"布法罗新闻报"（公司还是叫布法罗晚报公司），一周7天同时发行日报和晚报，并一次性大幅提高了广告价格。戈特斯曼没有说错，巴菲特确实是垄断后马上提高收费。

1983年公司盈利1935万美元，一举将历年亏损全部赚回来。这一年，巴菲特开始在伯克希尔公司财报里单列披露布法罗晚报的经营情况。

1984年公司和工会签约，大幅上调员工薪酬。但即便如此，当年依然盈利2733万美元。这年的致股东信里，巴菲特"自信地"阐述了他对报纸的理解。他写道："一份垄断的报纸带来的经济效益非常之好，它简直就是商界中人梦寐以求的。在一般行业，品质不好的产品，生意一定不好。但在报业可不是这样的，一流的报纸盈利丰厚的同时，一份三流的报纸照样会赚得盆满钵溢，甚至还可能超过一流报纸，只要这份三流报纸在它所在区域拥有垄断地位。一旦报纸处于垄断地位，那么就是报纸本身，而不是市场来决定报纸的好坏。无论好与坏，它都将继续盈利。"

1985年报社盈利2992万美元，至此全部投资已经收回。该年度致股东信里，巴菲特首次将布法罗晚报和内布拉斯加家具商场、喜诗糖果并列称为"伯克希尔三大主要事业"。

1986年报社盈利3474万美元。同年美国实施税改，企业所得税从先前的46%降低为34%，公司净利润激增。巴菲特在当年致股东信里写道：

“即使有人出再高的价格，我也不会卖出布法罗晚报和喜诗糖果。”

1987 年，巴菲特首次将包括布法罗晚报在内的 7 笔收购命名为“伯克希尔七圣徒”。

1988 年美国和加拿大签署自由贸易协定，边境城市布法罗经济腾飞，布法罗新闻继续日进斗金。表 30 - 2 是 1983 年之后布法罗晚报公司历年税前利润。

表 30 - 2　1983—1999 年布法罗晚报税前利润　　单位：万美元

年度	税前利润	年度	税前利润
1983	1935	1992	4786
1984	2733	1993	5096
1985	2992	1994	5420
1986	3474	1995	4680
1987	3941	1996	5040
1988	4223	1997	5590
1989	4605	1998	5300
1990	4395	1999	5500
1991	3711	2000 之后	不再单独披露

注：2000 年后，由于伯克希尔规模日益庞大，布法罗晚报被归入“其他”，不再单独披露。

多种因素成就一项成功的投资

和喜诗糖果一样，布法罗晚报盈利也不需要增加多少资本投入。譬如 1999 年税前利润 5500 万美元，但年初公司净资产仅约 3000 万美元，净资产收益率高到变态。这样的特性下，布法罗晚报给伯克希尔贡献了大量现金，支持巴菲特买买买。

本案例展示的是一个大获全胜的结果，但军功章上除了巴菲特本人的努力之外，芒格和他的律师伙伴们的贡献也绝对不可小视，甚至可以说，如果不是芒格和律师朋友们的坚持，这笔投资很可能在 1979 年就以亏损告终，成为巴菲特的著名败笔之一。甚至我们还能发现，这笔投资里运气也占了很大成分。几乎每个环节都不是确定的。比如：假如上诉法庭没有推翻地方法庭的判决，事态会如何发展？假如信报找到资本支持，继续斗下去，晚报能赢吗？假如当时工会拒绝妥协，报纸停刊，结局又会如何？

华盛顿邮报董事长凯瑟琳·格雷厄姆，在1997年撰写回忆录时，对于布法罗晚报案做了如下回顾：

> 沃伦建议我们考虑收购布法罗晚报，如果我们不采取行动，他就会动手。虽然布法罗晚报在市场占据主导地位，但它仍然面临着强大的竞争以及缺少周日版等问题。在我们决定放弃以后，沃伦收购了它。经过一番努力，布法罗晚报取得了成功。不过，我仍然认为我们做出了正确的决定。

是的，美国新闻界最有权势的女人，掌管华盛顿邮报35年的报业巨头，对巴菲特一生影响最大的女性，几十年后回顾说“我仍然认为我们做出了正确的决定”，因为这里面有太多不可测因素，邮报介入完全可能深陷泥潭，变成一笔失败的投资。

第三十一回　家庭妇女被迫掌舵　新闻女王两难选择

在巴菲特的投资思想从寻找烟蒂转化为伴随伟大企业成长后，很快他碰到了一件兼具两种体系优点的投资案例——华盛顿邮报。这个案例不仅给巴菲特带来了巨额收益，使巴菲特的投资体系更加丰满，更重要的是，这笔投资对巴菲特的人生道路产生了巨大的影响。

通过对华盛顿邮报的投资，巴菲特成为邮报实际控制人凯瑟琳·格雷厄姆的导师兼密友，并从此进入美国上流社会圈子，与美国历任总统、外国元首、王室成员、参众两院议员、政府高官、大企业主席、华尔街投行CEO、大律师、大记者、大明星……一起成为“美国最有权势的女人”“华盛顿及美国新闻界挚爱的第一夫人”社交流水席上的座上宾。这个小县城的“土财主”，从此登上美国政治经济的中心舞台，也由此产生了无数的新机会。

这位凯瑟琳到底是个什么人呢？为什么被称为“美国最有权势的女人”呢？这一回咱们说凯瑟琳。

出身名门气自华

说凯瑟琳必须从凯瑟琳的父亲说起。凯瑟琳的父亲尤金·迈耶是位大牛人，非常有钱。有钱到什么程度，老唐举两个例子说。①1910 年迈耶和妻子结婚，俩人是乘坐私人列车到全美旅游度蜜月的。②迈耶投资的一家车身制造公司被通用汽车并购，迈耶当时选择了接受现金而不是通用的股票。如果当时他愿意接受股票，那么他就是通用汽车公司最大的股东。

迈耶早在1904年就已经在华尔街开创了以自己名字命名的投资银行，而且是全华尔街最早设立市场研究部的投行，其理念就是与最优秀的人合作、购入熟悉的证券并长期持有。多领先的投资观啊！到1915年，迈耶的身家已经在4000万到6000万美元。这一年，后来被称为“证券分析之父”的本杰明·格雷厄姆还是个债券统计员，一个月能挣100美元出头。

凯瑟琳小时候在华盛顿的家，拥有40个房间，十几个用人、司机以及多名负责照顾马匹的仆人。乡下有巨大无比的别墅，坐落于迈耶买下的700英亩大农场之中，雇有几十名工人照顾。

迈耶曾在7位总统手下获得各类任命和高级政府职务，先后任职于美国联邦战时工业委员会、美国联邦战时储蓄委员会；是美国联邦战时金融公司主席；早在1913年，迈耶就是纽约证券交易管理委员会委员；他担任过1930—1933年的美联储主席（后因和罗斯福总统政见不合而主动辞职）；一手创建了在拯救美国经济中起至关重要作用的美国复兴金融公司并担任首任主席。

在一些类似《货币战争》的阴谋论书籍里，尤金·迈耶被描述为第一次世界大战时期美国经济的“三人领导小组成员”，暗地里代表罗斯柴尔德家族对美国实施控制。这虽然是无稽之谈，但可以让人侧面感受到迈耶当时的地位和影响力。

凯瑟琳的妈妈美艳惊人。两人在1908年的初次相遇，就是因为迈耶在一家美术馆门口，偶尔听见两位刚刚走出来的男人聊天说，“里面正在参观展览的那位美女，比墙上挂的任何艺术品都漂亮”。迈耶听后好奇地跑进去看美女，结果立刻被美女迷住了。后来，一靠人品二靠金钱，迈耶“砸”倒了美女。正所谓有“钱”人终成眷属，1910年俩人结了婚，婚后共生四女一男。凯瑟琳出生于1917年，上有两姐一哥，下有一妹。

凯瑟琳的美女妈妈不是花瓶。她当时是《纽约太阳报》的自由撰稿人，接受过大学教育，是美国最早的女记者之一。对中国文化、艺术、音乐和文学都保有浓厚的兴趣，1911—1913 年在哥伦比亚大学修中文。1923 年，她还出版了一本专著，叫《中国绘画：李龙眠的思想与艺术思考》，艺术造诣之深可见一斑。

凯瑟琳的父亲于 1933 年 6 月收购了创办于 1877 年、当时发行量在首都垫底的《华盛顿邮报》。收购后迈耶陆续投入超过 500 万美元，经历了九年半的亏损后才开始盈利。1941 年《时代周刊》曾刊登文章说："华盛顿邮报是首都地区唯一一份高水平报纸。它已经成为全国性重要报刊，美国国会必读品，是一份品格高洁、独立的媒体，是行业的积极力量。"考虑到这褒奖之词出于竞争对手之口，可信度应该相当高。

因为父亲的资历和地位，凯瑟琳从小到大的社交圈子里，充斥着各种官二代富二代：前任或现任总统的子女或孙子、孙女，某某部长家孩子，欧洲王室公主、王子、王后，金融家、企业家、大明星、大作家、大律师、大记者家孩子，等等。

"白富美"与"高智帅"的故事

凯瑟琳和丈夫菲尔·格雷厄姆初见的场景，基本上是潘金莲遇上西门庆的翻版，唯一的区别是这个"金莲"未嫁。1939 年秋季的某个晚上，凯瑟琳去一位朋友的公寓里参加聚会，其间掀开窗子向外张望，突然纱窗掉了，砸在一群也是来参加聚会的朋友头上，其中一个就是比凯瑟琳大 2 岁的菲尔。那一瞬间，凯瑟琳带着惊讶的歉意看着下面。菲尔抬头准备发怒，怒气却在目光抵达肇事者的脸蛋后烟消云散。这就是金童玉女初相逢的故事。

当时菲尔是来找他女朋友的，女朋友和凯瑟琳认识。后来菲尔和女朋友分手，又和凯瑟琳的一位闺蜜交往，再后来才轮到凯瑟琳。菲尔既不是官二代也不是富二代，家里虽然不穷，但比起凯瑟琳的家庭差距还是很大。菲尔的父亲后来甚至还因为觉着凯瑟琳家实在是“富得令人发指”而不同意菲尔和凯瑟琳的婚姻。

菲尔不仅英俊帅气，而且聪明睿智。当时就读于哈佛法学院，是《哈佛法律评论》杂志社的编辑兼社长，并担任着美国最高法院某大法官的助理。

1940 年 6 月 5 日他俩结婚了。凯瑟琳·迈耶变成凯瑟琳·格雷厄姆。婚后两人靠自己的工资独立生活，凯瑟琳做撰稿人，菲尔做了一阵大法官助理，后来为财政部总法律顾问助理工作。1942 年 7 月，菲尔参军，进入华盛顿情报部门工作。

1944 年 10 月菲尔调到菲律宾，在盟军西南太平洋战区空军司令乔治·肯尼将军手下工作。肯尼将军对菲尔的工作应该很满意，因为后来肯尼将军写了本回忆录，送给菲尔的那本上写着，“致菲尔·格雷厄姆，我拥有的唯一真正有智慧的情报官”。

战争结束后，在岳父的游说和邀请下，菲尔进入报社担任岳父的副手，学习经营报纸，做好成为接班人的准备。迈耶虽有个儿子，但他喜欢医学，不喜欢媒体。1946 年 6 月，杜鲁门总统邀请尤金·迈耶担任世界银行的第一任行长，迈耶接受了，年仅 31 岁的菲尔顺理成章地成为邮报掌门人。

迈耶把邮报股份分为有投票权的 A 类股和无投票权的 B 类股两种。A 类股的 70% 给了菲尔，30% 给了凯瑟琳，其余孩子则得到现金补偿。当时价值数十万美元的 B 类股，被迈耶无偿赠送给 711 位报社员工、独立发行商及慈善基金。报社员工每人拿到 4 到 20 股不等。

迈耶真是个善良而慷慨的资本家。1971 年，华盛顿邮报公开上市时，每股拆为 60 股，发行价 26 美元。迈耶早期送出去的 1 股，在 1971 年价值 1560 美元。到凯瑟琳 1993 年退居二线时，这 1 股的价值为 138840 美元。

拿持有数量最少的（4 股）员工来说，不计期间分红，也有超过 55 万美元的财富。

邮报从 1946 年起进入菲尔时代。1948 年，菲尔主导收购了哥伦比亚广播公司 55% 的股份，又收购了两家电视台，进入广播和电视领域。1954 年，收购竞争对手《时代先驱报》。1955 年，邮报成为首都最大的报纸，独占市场约 50% 的份额。1959 年 7 月，尤金·迈耶病逝，享年 84 岁。

借由报纸的影响力，热爱政治、个人能力超群的菲尔，成为世界著名智库兰德公司理事会成员。他与历任总统、参众两院议员等各类政治人物的关系更加紧密，并成为力促肯尼迪和约翰逊搭档，最终赢得总统竞选的核心力量之一。在肯尼迪执政近三年时间里，菲尔对总统内阁多位成员和政府机构重要职位的人事任命，以及白宫大量政治经济事务产生过重要影响。

1961 年 3 月，华盛顿邮报收购《新闻周刊》，1962 年 8 月收购《艺术新闻》，10 月菲尔接受肯尼迪总统的邀请，创办半政府机构半企业性质的美国通信卫星公司，并出任集团主席。四星上将、前欧洲盟军总司令诺斯塔德将军，出任通信卫星公司董事长，与菲尔搭档。

菲尔的影响力越来越大，凯瑟琳的社交网络也越来越热闹。然而，凡夫俗子的狗血故事没有放过这对金童玉女。1962 年圣诞前夕，凯瑟琳无意间发现了菲尔和女秘书的恋情，两人关系开始走向紧张，一度闹上法庭，准备离婚。1963 年 6 月，菲尔和小三分手，重新回归家庭，但不久后确诊“躁狂抑郁症”，8 月 3 日在自家农场里开枪自杀。

家庭主妇变身霸道总裁

46 岁的凯瑟琳，这个一直以来被父亲和丈夫的耀眼光辉掩盖、忙碌着生娃养娃、流连于上流社会女性庸俗社交圈的家庭妇女，在没有任何正式工作经历的情况下，被迫走上历史舞台，于 1963 年 9 月 20 日出任华盛顿邮报总裁，开始了她传奇的后半生。

作为美国500强企业里唯一的女性总裁，凯瑟琳面对的是一个普遍认为女性应该作为男人的辅助存在的文化氛围。起初，凯瑟琳也只是以守住家业、等待儿子唐纳德·格雷厄姆长大接班的心态上台。不过，很快凯瑟琳就发现自己既低估了遗传基因，也低估了后天努力。

虽然起初她看不懂企业财务报表，听不懂经济金融名词，但凯瑟琳开始了认真学习。据巴菲特说，凯瑟琳办公桌边贴着一张纸条，上面写着“左边资产，右边负债”。同时，她接手并重建了父亲和丈夫的人脉关系网，包括和约翰逊总统的亲密关系，并以坚持新闻中立的全新态度，在摸索中将华盛顿邮报带向更大的成功。

1971年6月，凯瑟琳带领华盛顿邮报公开上市，共计发行约60万股B类股，募集资金1500万美元。公司是同股不同权架构，全部B类股占总股本的约80%，享有公司1/3的表决权。占总股本比例约20%的A类股，享有公司董事会及股东大会2/3的表决权。A类股大部分由凯瑟琳持有，小部分由凯瑟琳的四个孩子持有。①

在邮报上市路演期，地方小报《奥马哈太阳报》的老板沃伦·巴菲特和查理·芒格，曾经想游说凯瑟琳共同收购一家叫《纽约客》的杂志。在1971年5月底某个大雨滂沱的日子，巴菲特和芒格两个人飞到华盛顿，淋得像落汤鸡一样去邮报总部大楼拜见凯瑟琳。但凯瑟琳对《纽约客》不感兴趣，这次仅仅持续约20分钟的会面，相互都没有留下什么深刻印象。

就在巴菲特和芒格告辞约两周后，凯瑟琳人生中最辉煌的两件事之一来到了。

当时美国国内反对美越战争的运动正如火如荼。新闻界领头羊《纽约

① 由于公司存在大量不同时期不同条件行权的期权，故准确股权数量计算比较烦琐，以上均为约数。

时报》得到一份五角大楼的绝密档案，是前国防部长撰写的对越政策报告。这份绝密档案揭示了政府从一开始就在欺骗公众，并残忍地在明知胜利无望的情况下，仅仅因为不想承认决策失误，就坚持用谎言忽悠美国年轻人上前线送死。

6 月 13 日的《纽约时报》刊登了该绝密档案的第一部分，引发了国内反越战大游行。美国政府以泄露国家机密，会导致国家和军队产生无法挽救的严重损失为名，起诉纽约时报。6 月 15 日联邦法院下达禁令，禁止《纽约时报》继续刊登该文件。这是有史以来美国法官第一次禁止报纸刊载报道，引发了公众对宪法的巨大争议。

《华盛顿邮报》总编辑认为这一消息很有价值，决定插手五角大楼文件。通过不懈努力，1971 年 6 月 16 日，邮报一位编辑也搞到了这批文件。距离开动印刷机只有不到 7 个小时，7 位记者和编辑挤在总编家里，整理凌乱的、没有页码的约 4000 页文件，并从中找到相互佐证、构成严密证据的事实，然后选择新闻视角。印刷工人则严阵以待，做好一切准备。

但这些不是最重要的，最重要的事情是凯瑟琳如何抉择。这一天，正巧是凯瑟琳 54 岁生日。是否接力《纽约时报》曝光这些文件，成了摆在凯瑟琳面前一道生死攸关的问题。

如果顶着法庭对《纽约时报》的禁令刊登，可能被视为挑战法律和藐视法庭，导致凯瑟琳因间谍罪入狱——尼克松政府和五角大楼认为这些信息的泄露，对于美国及美军可能形成无法挽回的生命和财产损失。

同时，这份文件的披露，将严重损毁一直和凯瑟琳夫妇保持良好个人关系的前两任美国总统及前任国防部长等人的声誉。伤害朋友是凯瑟琳所不愿意做的。再加上公司正在上市敏感期，股票还没有开始发售。在上市承销合同里，有条款约定“如果承销期间公司被指控有罪，承销商有权退回股票，取消承销合同”。这意味着如果邮报被告上法庭或者被禁止发行，公司的上市进程会遭受毁灭性打击。

但如果不刊登，又违背邮报一贯坚持的向美国人民报道事实真相的办报宗旨，与IPO招股说明书中“致力于成为维护社会和国家利益的报纸”相抵触，会让政府干涉新闻自由的行为得逞，让政府得以在保护国家机密的大旗下控制言论自由。新闻不履行监督职责，就没有力量可以监督政府了。

刊登，失去的可能是公司、是上市、是财富、是报纸、是朋友、是整个上流社会交际圈；不登，失去的是报纸的信誉，是美国人民的言论和出版自由，是宪法的尊严，是对政府的监督权，是读者和报社员工的信心，是整个新闻行业的信誉。何去何从？

千钧重担压在凯瑟琳一个人身上，公司管理层、编辑及印刷厂员工，此刻静静地等待在机器旁，等待着凯瑟琳做出改变历史的决策。

第三十二回　关键战役邮报登顶　长期持股高额回报

勇敢与美貌并存，自由与正义的化身

凯瑟琳在哆嗦和颤抖中做出人生最重要的决策。她在回忆录里这样描写这艰难的一瞬："我惊慌失措，又忐忑不安，深吸一口气说道，'Go ahead，go ahead，go ahead. Let's go. Let's publish'，然后就匆忙挂断了电话。"就这样，《华盛顿邮报》从《纽约时报》手中接过接力棒，向美国人民披露了这份可能给《华盛顿邮报》及凯瑟琳本人带来毁灭性打击的文件。

美国政府立刻起诉邮报及相关人员。6 月 18 日晚上 8 点 5 分，偏向邮报立场的法官格赛尔驳回政府诉求。政府连夜上诉，凌晨 1 点 20 分，上诉法庭推翻格赛尔法官的判决，禁止《华盛顿邮报》继续刊登文件内容。但鉴于此时报纸已经出厂并散发数千份，上诉法庭同意禁令不适用于当晚。格赛尔法官给邮报争取到一天时间。

政府和邮报的官司一直打到最高法院，最高法院 9 名大法官之间争议也很大。6 月 30 日下午两点半，举世瞩目之中，9 名大法官以 6∶3 的投票结果判政府败诉，《华盛顿邮报》和《纽约时报》有权继续刊发。凯瑟琳赢了！经此一役，《华盛顿邮报》从一份地方性报纸，一跃成为和《纽约时报》齐名的全国性顶级大报。

这是凯瑟琳和白宫的第一次冲突，但不是最厉害的一次。很快，第二次冲突来临。第二次冲突中，凯瑟琳再次大获全胜，并直接导致尼克松总统下台。凯瑟琳也因此被冠以“全世界最有权势的女人”称号。她成为时代的传奇——用勇气与智慧扳倒美国总统的女人。更重要的是，她对自由与正义的追求赢得了美国人民的尊敬，使新闻业的形象大放异彩。

用勇气与智慧扳倒美国总统的女人

第二次冲突就是著名的水门事件。水门事件起源于1972年6月民主党全国总部水门大厦发生的一桩入室盗窃案。当时绝大部分媒体只是将它当作不入流的花边新闻报道，而《华盛顿邮报》的编辑却抽丝剥茧地发现入室者不是贼，是尼克松政府派去的人。他们试图在民主党总部安装窃听器，破坏民主党的竞选活动。

事件曝光后，尼克松政府从各种可能的角度向邮报施压，其中最有名的是美国司法部部长在电话里说，“这篇报道要是被刊登的话，凯瑟琳·格雷厄姆的奶头会被送进大型绞肉机”！

面对白宫的巨大压力，凯瑟琳迎难而上，将司法部部长的原话刊登在第二天的报纸上。全世界都惊呆了。美国各大新闻媒体被唤醒，白宫丑闻不断被挖掘：窃听竞选对手、窃听白宫工作人员、窃听记者、做伪证，等等。这场舆论洪流，最终推动美国参众两院通过两个提案：①成立专门委员会调查水门事件及总统大选中其他舞弊行为；②启动对尼克松总统的弹劾调查。

奇迹发生了，尼克松成为美国历史上首位因丑闻辞职的总统，与此事有关的数名白宫官员锒铛入狱。1973年，《华盛顿邮报》因为水门事件的报道，获得新闻界最高荣誉“普利策奖”。

危机中买入华盛顿邮报，巴菲特结识凯瑟琳

每一份荣耀背后都有沉甸甸的代价。早在1973年春，凯瑟琳和白宫斗

得不亦乐乎时，尼克松总统不仅明令拒绝邮报记者进入白宫做新闻报道，还指示联邦通信委员会以邮报下属四家电视台中的两家，经营许可证即将到期需要重新申领为契机，向凯瑟琳发起攻击。此时，邮报工会也趁机组织了大罢工。

不能做白宫新闻报道，会损失大量重要新闻源；电视台许可证不能顺利申领，威胁到华盛顿邮报近半经营利润；工会大罢工甚至可能导致邮报停刊。负面危机的集中爆发，华盛顿邮报股价开始暴跌，从高点 38 美元/股一直跌到 16 美元/股。

巴菲特就是此时登场的。他于 1973 年 2 月开始买入华盛顿邮报，最早的买入价位 27 美元/股（1972 年年报显示每股收益 2.02 美元），买入总额约 50 万美元；买入后股价继续下跌，5 月巴菲特于 23 美元附近投入 92 万美元；之后股价继续下跌，9 月巴菲特以 20.75 美元的均价继续买入 376 万美元；11 月之前又追加了 544 万美元投入。

至此，巴菲特累计买入 467150 股 B 类股，总投入 10627605 美元，平均买入价约 22.75 美元/股。巴菲特成为仅次于格雷厄姆家族的第二大股东，持股比例约 10%。华盛顿邮报上市后经过送股、转股、期权行权和回购，总股本约 475 万股。

巴菲特的持续买入，引发了凯瑟琳的担忧。她担心这是一个恶意收购者，目的是将格雷厄姆家族挤出华盛顿邮报，或者至少在邮报内部形成制约凯瑟琳的力量。于是凯瑟琳搜罗了大量有关沃伦·巴菲特的书籍和资料来了解，并于 1973 年 11 月 5 日约见了巴菲特夫妇。

在这次会面中，巴菲特盛赞了凯瑟琳对华盛顿邮报的管理，阐述了自己的财务投资理念，两人长达 28 年的友谊就从这一天开始。当然，信任没那么容易建立，当天巴菲特不仅将自己拥有的投票权全部委托给凯瑟琳的儿子，而且还给凯瑟琳写下书面保证，保证自今日之后，未经凯瑟琳允许绝不再买 1 股华盛顿邮报股票。

当晚，凯瑟琳为巴菲特夫妇举行了盛大的欢迎晚宴，巴菲特第一次被带进上流社会交际圈。对此巴菲特毫无准备，连当晚的礼服都是凯瑟琳的助理应急去给巴菲特租的。巴菲特带着胆怯和不适应进入了晚宴，他艰难地应对左手边坐着1972年总统竞选民主党候选人埃德蒙·马斯基的夫人、右边坐着美国驻联合国大使乔治·布什夫人[①]的尴尬局面。同时瞠目结舌地看着一名参议员把手放在苏珊的大腿上挑逗她。巴菲特回忆说："我当时像要死了一样，我不知道对这些人说些什么。"

一笔投资被套三年：市场虽偶尔会发疯，但绝对不傻

巴菲特这笔投资进入后就被套三年。一直到1976年股价也没有触碰过22.75美元的买入均价，最惨时浮亏约30%。巴菲特给华盛顿邮报的估值是不低于4亿美元，他的买入是在约1.3亿美元市值开始的，最低买入位置是1亿美元市值，均价在1.1亿美元市值位置。相对于4亿美元估值而言，不足3折。

然而，市值最低跌至8000万美元以下。正如巴菲特在致股东信里写的那样："一年前我们觉得便宜得可笑的股票，如今变得更加便宜。无比智慧的市场，将股价调整至企业价值的2折以下。"对此，巴菲特在他1984年发表的著名演讲《格雷厄姆与多德部落的超级投资者》里这样说道：

1973年，华盛顿邮报公司总市值为8000万美元，那时任何一天你都可以将其资产卖给十位买家中的任何一位，而且价格不会低于4亿美元，甚至还会更高。该公司拥有华盛顿邮报、新闻周刊以及几家市场地位举足轻重的电视台，这些资产目前的市场价值高达20亿美元，因此，愿意支付4亿美元的买家并非疯狂之举。

---

① 未来的老布什总统夫人。

为什么不到合理估值的三折，然后还能暴跌 30% 以上，市场其他投资者都不会算账吗？其实没有巴菲特描述的那么简单。正如保罗·萨缪尔森所说："巴菲特有次演讲中说'任何傻瓜都看得出来华盛顿邮报的股价太低了'。我不算傻瓜，但我就没看出来。"这笔投资套了三年多的主要原因，是邮报下属电视台经营许可证官司前后打了两年半，邮报仅诉讼费就支付了超过 100 万美元，企业前景和利润的不确定性大增。等 1976 年官司尘埃落定，当年股价就暴涨了 120% 多。

市场虽然偶尔会发疯，但绝对不傻。低价的出现一般都伴随着某些重大利空，犹如塑化剂于茅台，瘦肉精于双汇，三聚氰胺于伊利……投资者如果意图获取企业经营增长之外的超额收益，就必须在利空袭来时冷静、理性地思考，判断各种可能性的概率，影响情况，然后做出自己的选择，并承受这种选择带来的结果。

虽然买进后就套了三年多，但 20 年后的 1993 年，当凯瑟琳宣布退休的时候，巴菲特在年度致股东信里写道："1973 年我们斥资 1060 万美元买下的股份，时至今日我们每年从公司拿回 700 万美元的分红，同时持股市值已经超过 4 亿美元。"

凯瑟琳本人对巴菲特的到来评价甚高，在她的自传里写道：

好运再次降临我的头上，沃伦·巴菲特买进我们的股票，成为股东，进而开启了我人生中的崭新阶段。

沃伦的到来，不仅使我步入新的学习历程，还开启了远超实际控制人和大股东关系的友谊开端。

于我而言，幸运之处在于沃伦如今更多地出现在我身边。他不仅不是威胁，还成了一位好友兼意义非凡的顾问。在许多令我忧心的事务上，沃伦增加了我的信心，开拓了我的眼界。

沃伦源源不断地寄给我许多包含宝贵建议的备忘录，还不时提醒我注意那些我不曾察觉到的问题。

起初，我并没有意识到拥有这样的良师益友多么值得庆幸，只是愈发依赖于他的建议，喜爱这种状态。实际上，他正在教我思考商业问题的基本方法，而这恰恰是我期盼已久的。

沃伦对我总是很有耐心，尤其是考虑到随着时间的推移，我开始每天给他打两三次电话寻求建议，下至生活中琐碎的小事，上至公司的重大决策。尽管如此，他始终和蔼可亲、幽默风趣、乐于助人。而且，他总是等在那里。

巴菲特用最真诚的态度，指导凯瑟琳和凯瑟琳的儿子唐纳德·格雷厄姆学习财务报表阅读方法和相关商业知识，并不断肯定他们的进步和努力。凯瑟琳和唐纳德都从巴菲特这里收获良多。按照凯瑟琳的说法，“沃伦是一位伟大的导师”，唐·格雷厄姆也夸“沃伦是世界上第一聪明的人”。

凯瑟琳引领巴菲特成功走入上流社会

凯瑟琳不仅给巴菲特带来庞大的人脉网，也调教巴菲特的衣着打扮和上流社会社交礼仪。这个过程中，巴菲特的妻子苏珊高度怀疑两人有私情，为此和巴菲特闹得很不愉快。也是在此期间，苏珊开始尝试做歌手，并和自己的网球教练来往密切。

1977 年巴菲特夫妻俩分居，苏珊把自己结识的一个咖啡馆女招待艾丝翠·孟克斯（时年 31 岁）撮合给巴菲特，然后和网球教练搬去旧金山海滩别墅双宿双飞。这个别墅购置于 1971 年，买价 15 万美元。2018 年 10 月，巴菲特以 750 万美元的价格把它卖掉了，47 年 50 倍，年化回报率约 8.5%。

没有证据证明凯瑟琳和巴菲特之间有男女之情。毕竟凯瑟琳比巴菲特大 13 岁，而且作为美国最有权力的富婆兼资深美女，凯瑟琳身边从来不缺追求者。巴菲特虽然此时已是身家7200万美元的富翁，但在商业之外的领域，巴菲特并没有什么生活情趣或特别魅力，或许只是凯瑟琳眼中的一个“土财主”吧！

凯瑟琳的人生是丰富的。在凯瑟琳的领导下，华盛顿邮报发展良好。在报纸运营走上正轨后，她还亲自出马采访过罗马尼亚共产党领袖尼古拉·齐奥塞斯库、沙特王室、埃及总统、伊朗国王、利比亚领导人卡扎菲、苏联领导人戈尔巴乔夫、约旦国王、厄瓜多尔总统等其他记者根本见不到的世界政坛传奇人物。

1991年，唐纳德·格雷厄姆接班。1993年，76岁的凯瑟琳正式退出公司管理。从公司上市到凯瑟琳退休的22年间，带给股东的年化回报率是22.3%，把标普500指数（7.4%）和同行业绩（12.4%）远远甩在后面。

退休后的凯瑟琳专注于完成《我的历史：凯瑟琳·格雷厄姆自传》。该书1997年出版，次年获得普利策奖，是一本相当精彩、相当具有可读性的传记。

2001年7月17日，凯瑟琳与巴菲特一起参加太阳谷峰会期间，摔了一跤，经抢救无效后逝世，享年84岁。太阳谷峰会由华尔街投资银行家、巴菲特在可口可乐董事会里的好友、亿万富翁赫伯特·艾伦私人举办，是美国商界每年一度的精英大聚会，顶级精英社交圈的重要活动。太阳谷峰会1983年首次举办，其后每年7月举办，每次5天。

美国时任总统小布什发表声明，高度评价并哀悼凯瑟琳·格雷厄姆。他说：“美国首都华盛顿及整个国家，现在都对丧失华盛顿及美国新闻界挚爱的第一夫人而深感哀痛。”

凯瑟琳离世对巴菲特打击相当大。官方传记《滚雪球》里这样描述这种悲痛：“巴菲特独自飞回内布拉斯加。除了睡觉之外，他每一分钟都用来忙碌：读财务报告、《金融时报》《纽约时报》《华尔街日报》，看CNBC的电视节目，接电话。晚上不工作的时候他就打桥牌，有时也在线浏览新闻，再有就是玩电脑直升机游戏。一周后，他在一次电话里痛哭流涕，泣不成声，哽咽得上气不接下气，悲伤的情感如洪水决堤般喷涌而出……”

持股40年的传奇落下帷幕

2013年，唐纳德·格雷厄姆分拆了华盛顿邮报，将报社和报纸业务卖给亚马逊公司CEO贝索斯，将不再拥有邮报的公司更名为“格雷厄姆控股公司”。巴菲特1973年投入1063万美元买入的股票，到2013年市价约12亿美元，不计期间红利，增值超过110倍。如果巴菲特将其卖出，要缴纳约4亿美元的税收。

巴菲特再次利用从可可豆套利案例里学来的节税经验，照猫画虎节约了这笔税收。巴菲特和唐纳德安排了一次交易，将格雷厄姆控股公司旗下三块合计约10.9亿美元的资产，剥离出来单独成立一家公司。包括：①格雷厄姆控股公司持有的伯克希尔股票，市价约4.6亿美元；②格雷厄姆控股公司旗下的一家电视台，市场价值约3.6亿美元；③2.7亿美元现金。

然后，格雷厄姆控股公司用这家新公司100%的股权作为对价，回购巴菲特持有的约12亿美元格雷厄姆控股公司股票。熟悉的配方，记忆中的味道。相比格雷厄姆控股公司直接用12亿美元现金回购，格雷厄姆控股公司少支出1.1亿美元；同时伯克希尔得到免税的10.9亿美元，多赚约2.9亿美元。至此，这段持股40年的传奇落下帷幕。

在这40年里，巴菲特给予凯瑟琳很多帮助，同时凯瑟琳的人脉圈也给巴菲特创造了大量的投资机会。其中1976年盖可保险濒临破产时，由凯瑟琳牵线搭桥的盖可保险新CEO伯恩与巴菲特的会谈，对巴菲特的投资事业产生了巨大的影响，成就了巴菲特投资史上一笔比华盛顿邮报、布法罗晚报回报更高、意义更加重大的经典案例。

第三十三回　盖可保险绝地逢生　伯克希尔如虎添翼

自1948年格雷厄姆以71.25万美元买下盖可保险50%的股份后，盖可保险就进入成长快车道。到1975年之前，盖可保险市值最高超过15亿美元。这主要应归功于创始人古德温夫妇和第二任CEO洛里默·戴维森。1970年戴维森退休时，盖可保险已经是全美第五大汽车保险公司。

盖可保险陷入危机

然而，戴维森之后的管理层更关注企业规模排名，加上当时股市牛气冲天，公司降低保单价格并首次将蓝领工人和21岁以下驾驶员纳入投保范围，意图吸引更多资金用以投资。这两个战略性转变，导致公司规模不断扩大的同时，也走向了亏损和崩溃的边缘。

保单定价错误、20世纪70年代美国高达两位数的通货膨胀①以及1973年的大股灾，使盖可保险遭受双重打击，浮存金成本大幅提升的同时，投资收益大幅下滑。1975年公司承保亏损1.9亿美元，经投资收益弥补后年度净亏损依然高达1.26亿美元。更恐怖的是，公司计提的准备金数量不足以应对保险索赔，全国多个州的保险委员会准备宣布盖可保险破产清算。公司股价从前期高点61美元暴跌至2美元，市值跌落至约5000万美元，最大跌幅接近97%。

---

① 高通胀使实际发生的修车费用和医疗费用比预计值高。

已退出董事会但依然持有盖可股票的格雷厄姆，在面对采访时表示了极度震惊。格雷厄姆说："一想到一年里有可能损失这么多的资金，我就不寒而栗。难以置信！在刚刚过去的几年中，不知有多少大公司都无法承受一年5000万美元到1亿美元的损失。这在过去都是闻所未闻的事情。损失那么多的资金，你也得是个天才。"

看到格老说"不寒而栗""闻所未闻"，甚至用上了"损失那么多的资金，你也得是个天才"，基本能够确定格雷厄姆在盖可亏损和衰落前，没有从财务报表上发现蛛丝马迹。

不仅格雷厄姆没有提前发现盖可保险衰落的迹象，另一位以保险专家著称、一生只投保险股、创造投资界著名术语"戴维斯双击"、当时盖可保险最大的个人股东、盖可保险董事会成员、投资大师谢尔比·戴维斯①也没有提前看出衰落。

戴维斯是1961年买入盖可保险的。但此时，他的处理非常糟糕，他趁巴菲特买入导致股价从2美元反弹至8美元附近时清仓，倒在黎明前最黑暗的时刻。

除了格雷厄姆和戴维斯，盖可保险的股东里还有后来全球最大的保险巨头AIG董事会主席汉克·格林伯格、《证券分析》的合著者多德教授以及盖可保险的前任CEO洛里默·戴维森等知名人士。这些人都没有提前发现盖可保险的衰落。这个事实或许足以提醒我们：保险业相对复杂，单纯从财报数据上很难分析其未来。

约翰·伯恩临危受命

盖可的股东们实在咽不下这口气，他们以欺诈罪起诉公司管理层。起诉结果不知，但在股东们的努力下，公司迎来了新CEO约翰·伯恩。时年

① 戴维斯父子同名，此处指老戴维斯。

43 岁的伯恩是旅行者保险公司的资深高管，刚刚因竞争旅行者保险 CEO 一职落败而辞职闲居。盖可董事会临时主席大肆吹捧伯恩，说你如果接管盖可，可以避免一场全国性危机，否则整个美国的经济都可能陷入危险之中。这种伟大的使命感打动了伯恩，1976 年 5 月伯恩出任盖可保险 CEO。

伯恩是保险业的牛人。后来的盖可保险以及之后伯恩掌管的白山保险集团，都是伯克希尔王冠上最璀璨的明珠。不仅伯恩本人是牛人，伯恩的俩儿子也是牛人。伯恩的儿子马克·伯恩创立了一个对冲基金“价值资本”，伯克希尔在 1998 年 7 月投资了 2.7 亿美元（后追加至 6.04 亿美元）。价值资本寻找金融衍生品中的狭小套利空间，然后使用高额杠杆放大潜在盈利。这种风格的基金能获取伯克希尔的投资，用巴菲特的投资哲学完全解释不通。

在 2003 年股东大会上，有股东询问伯克希尔为何会投钱给价值资本，巴菲特给出的解释理由中居然有一条是，“我认识他父亲很久了，他父亲给我们赚了很多钱。我和芒格都很喜欢马克和他的兄弟帕特里克。我们信任他们”。信任到什么程度呢？巴菲特是马克·伯恩的教父。顺带说一句，这笔投资 2006 年收回了，原因不详。

马克·伯恩的兄弟帕特里克·伯恩是美国电商巨头 Overstock 的创始人兼 CEO，精通汉语，翻译并出版了英文版的《道德经》，还是位职业拳击手。2015 年，帕特里克创建了区块链公司 tZERO，2018 年下半年接受中国创投金沙江资本 2.7 亿美元的投资，是区块链行业有史以来规模最大的单笔投资。

巴菲特约见伯恩，密谈达成共识

巴菲特 1951 年后始终关注着盖可保险的发展。面对 1976 年仅 2 美元的股价，巴菲特心动了。这份心动，除收益角度的考虑之外，或许也有验证和老师之间理念分歧的意思。《巴菲特传》曾这样记录师徒二人关于投资理念的分歧：

> 大约是在盖可保险公司陷入困境时，本杰明·格雷厄姆让巴菲特和他合著《聪明的投资人》修订版。他俩通过写信互相联系，巴菲特发现自己和老师之间有一些根本性的分歧。
>
> 巴菲特希望在修订版中有一个章节专门论述何为“优秀企业”（例如喜诗糖果），而格雷厄姆认为这样的内容对于一般读者太过艰深了。
>
> 格雷厄姆建议个人投资股票的资产占个人总资产的比例上限为75%。巴菲特则要激进得多，他认为只要价钱合适，他会将全部家当投资在股票上。
>
> 巴菲特执意坚持自己的观点，不惜因此而放弃合著者身份，只是让自己的名字出现在书的致谢部分。
>
> 有意思的是，没有什么比此时的盖可更能彰显二人在投资哲学上的分歧了。格雷厄姆说它缺少安全性，在公司濒临破产时的确如此。巴菲特则认为如果管理得当，这将是一个千载难逢的投资机会。

老师说它缺乏安全性，弟子认为只要管理得当就是千载难逢的投资机会。谁对谁错？投资究竟是只看财报数据，还是要关心管理者的人品和能力？由谁来管理，能够如此彻底地影响一家公司的投资价值吗？巴菲特投下真金白银去验证了。

巴菲特找凯瑟琳帮忙，两次约伯恩见面。伯恩正忙于四处奔波为盖可保险续命，且四处碰壁、屡遭打击。大约担任CEO三周后，伯恩就后悔了。他说：“我被搞得焦头烂额，我开始思考自己是不是犯了一生中最大的错误。我的妻子多萝西依然在哈特福德，她不停地哭①。”

① 指妻子不想搬家到盖可保险总部所在地，怕前景不妙又要搬。

面对新闻女王的邀约，焦头烂额的伯恩勉强答应了。勉强是因为伯恩从来没有听说过巴菲特，不想为一个无名之辈浪费宝贵的时间。幸运的是，他最终和巴菲特在凯瑟琳家里坐下，长谈了好几个小时。按照伯恩的表述，是巴菲特持续拷问了他几个小时。

那一晚，俩人究竟密谈了些什么，没有会谈纪要。但通过他们后来的行为，可以反推出他俩计划的让盖可保险起死回生必须采用的措施：①规模服从利润。砍掉全部高成本保单，或提高这类保单的价格，将综合成本费用率重新拉回 100% 以下。②寻找再保险同行分摊风险。③迅速融资增加公司资本金。④说服保险委员会，不要宣布盖可保险破产清算。

巴菲特介入，盖可渐露转机

措施①，伯恩已经在实施。在和巴菲特会面之前，伯恩已经陆续砍掉了不少分支机构。两人会面后，伯恩继续加大关闭亏损机构和裁员的步伐。在这期间，最广为人知的代表性事件，是伯恩在新泽西州申请提高保险费率，被州保险委员会主席拒绝。伯恩当场把公司在当地的经营许可证拿出来，拍在主席桌子上咆哮，“还给你这该死的执照，我们不再是新泽西州的企业了”，然后立刻解雇了州内 2000 名员工，并通知州内 3 万承保客户另寻保险公司。

和伯恩分手后几小时，巴菲特马上在 2. 125 美元的价位买进价值 50 万美元的盖可股票，并很快将投资总额追加到 411. 6 万美元，合计买入 1294308 股，平均买入价 3. 18 美元；[①] 然后，巴菲特安排伯克希尔旗下保险部门对盖可提供再保险，向市场释放信心；接着，巴菲特亲自打电话给美国保险业监管负责人沃乐科，说伯克希尔准备大举投资盖可，请沃乐科给点时间，不要逼盖可破产。

① 这不算内幕交易吗？老唐表示高度怀疑。

正是因为巴菲特的介入和承诺，原本已经拒绝为盖可保险融资的所罗门公司，转而答应帮助盖可募集资本。之前，所罗门公司二把手古弗兰拒绝的理由很清晰，他对伯恩说，“我不知道谁脑子进水了，会买你们那些垃圾再保险合同”。此时，“脑子进水”的巴菲特亲自到古弗兰办公室，说自己已经承诺买下那些“垃圾再保险合同”，并保证自己“愿意以比市价更高的价格，买下所有的盖可股票”。对古弗兰来说，承销风险已消失，当然要改主意！

最终，所罗门帮助盖可从华尔街融资 7600 万美元，其中巴菲特认购了 1941.7 万美元。也正是因为这次合作，古弗兰和巴菲特成为好友，为巴菲特 11 年后身陷所罗门泥潭埋下了伏笔。

巴菲特以一己之力，搞定了挽救盖可必需的四条措施中的三条：再保险、资本金和说服监管层。随着伯克希尔提供再保险带来的信心和新增资本金到位，监管当局和其他再保险公司的信心自然也就重新燃起，盖可保险破产的风险消失了。就在此时，伟大的本杰明·格雷厄姆与世长辞，享年 82 岁。他没能看到得意弟子的验证结果。

在巴菲特的大力支持下，伯恩展示了充沛的精力和惊人的管理才能。他砍掉公司 40% 的客户，卖掉公司的人寿保险业务，只保留了 7 个州及华盛顿特区的业务。盖可保险的经营状况迅速改善。

1979 年，巴菲特再次投入 475.5 万美元买入盖可股票。1980 年巴菲特追加 1885 万美元，持股总量达到 720 万股，约占公司总股本的 1/3。这 720 万股累计投入 4713.8 万美元，平均买入成本约 6.55 美元。当年盖可公司净利润突破 6000 万美元。

1980 年底，盖可股价超过 14 美元，巴菲特所持 720 万股市值超过 1 亿美元。期间，盖可保险不断回购公司股份，使巴菲特在没有新增投资的情况下，持股比例由 1/3 上升到约 51%。1989 年盖可净利润首次突破 2 亿美元，巴菲特持股市值突破 10 亿美元。

全面收购盖可保险

盖可保险部门和投资部门的经营业绩，让巴菲特垂涎不已。他开始计划收购剩余49%的股份。这令巴菲特垂涎的业绩，一方面来自盖可直销模式固有的低成本护城河，另一方面也依赖于伯恩为公司选中和招揽的两名优秀管理人员。

巴菲特曾在完成收购的1995年致股东信里这样表述：“1995年，我们同意支付23亿美元的现金，收购盖可保险剩余的一半股权。这算是个天价！好在，它不仅让我们可以百分百地拥有这家竞争优势一直存在且深具成长潜力的企业，更重要的是我们将拥有盖可两位杰出的经理人：负责保险运营的托尼·奈斯里，负责投资业务的路易斯·辛普森。”

托尼一生只服务过盖可保险一家公司。1961年18岁的托尼进入盖可保险，从最底层做起。伯恩接任公司CEO时，托尼是盖可保险的中层业务骨干。之后，托尼在喜欢提拔有闯劲的年轻人的伯恩手下，升迁顺利。1980年升任副总裁，1985年高级副总裁，1987年执行副总裁，1989年升任公司总裁。

在伯恩手下，托尼学到很多。他后来评价说：“伯恩为盖可留下两项宝贵的遗产。首先，他将公司从濒临倒闭的边缘救回来，当时很少有人能做到这一点。伯恩是个充满魅力、令人信服的人，任何溢美之词加到他身上都不为过。另一项则是他在公司实施了全新的管理模式，其中很多保留至今。尽管几十年里发生很多变化，但伯恩教我们的管理模式精髓依然留在公司。我们这些人都从伯恩那里学到很多，关于保险业、关于管理以及其他很多东西。我一直都很感激他。”

1991年托尼担任公司联席CEO，负责公司保险业务运营。1995年巴菲特收购盖可剩余股权时说：“52岁的托尼已经在盖可任职34年。他集智慧、精力、品格和专注力于一身，是我心中运营盖可保险业务的不二人选。如果我们足够幸运，托尼应该还能为我们再掌管保险部门 34 年以上。”

托尼担任联席 CEO 直到 2018 年（后期兼任公司董事长），他最主要的成就，是持续数十年给伯克希尔带来成本为负的资金。巴菲特在 2018 年财报里说，盖可保险 1996—2018 年保险业经营利润是 155 亿美元。这意味着客户作为一个整体，将几百亿美元交给盖可用于投资，不仅利润全部归盖可所有，而且客户还额外缴纳了 155 亿美元的资金保管费。天哪，他怎么做到的，太神奇了！

为此，巴菲特特意用一个单独章节感谢托尼，章节题目就叫“盖可保险和托尼”。巴菲特先用五个自然段介绍了托尼在公司的经历，然后写道：

盖可保险现在是美国第二大汽车保险公司，承保收入比 1995 年增长了 1200%。自我们购买以来，承保利润总计为 155 亿美元（税前），可用于投资的浮存金从 25 亿美元增长到 221 亿美元。

据我估计，托尼通过管理盖可保险，使伯克希尔公司的内在价值增加超过 500 亿美元。更重要的是，他是所有管理者的榜样，他帮助 4 万名同事识别和发现他们自己没有意识到的自身潜能。

去年，托尼决定辞去 CEO 一职。6 月 30 日，他将这一职位移交给长期搭档比尔·罗伯茨。我熟知并观察比尔运营公司多年，知道这是托尼的又一个正确决定。托尼仍然是董事长，并将在他的余生继续帮助盖可保险成长。他不会少干的。

伯克希尔所有股东都应该排队感谢托尼，我排第一个。

伯恩给盖可保险留下的第二个人才是路易斯·辛普森。1995 年致股东信里巴菲特说：“辛普森的存在，可以确保如果查理和我万一有什么突发意外，能够有一位杰出的专业人士立刻接手我们的工作。”2000 年巴菲特公开宣布，如果自己去世，大儿子接任伯克希尔董事会主席，而伯克希尔的投资业务由辛普森接管并负责。

辛普森是1979年伯恩招聘来的投资总监（巴菲特也面试了），跳槽到盖可保险之前，是一家投资公司下属资产管理部的总裁。之所以跳槽，原因和巴菲特解散合伙基金很相似——希望找到足够长期的资金来实现他的投资理念。

辛普森的投资理念与巴菲特和芒格惊人地相似，在集中度上甚至比巴菲特更加激进。1995年，他掌控的11亿美元投资资产仅集中在10只股票上，看上去可能比巴菲特更偏向于芒格和费雪那边。

1979—2004年25年间，辛普森的投资年化收益率是20.3%，略低于巴菲特同期22.7%的年化收益率。不过，辛普森和巴菲特的业绩计算有个小区别：辛普森的投资和普通投资者一样，全部通过股市购买上市公司股票，投资收益率用市值波动衡量。而同期巴菲特的投资，大部分是整体企业收购。这部分无市值波动，巴菲特用公司账面净资产增加值汇报收益率。

巴菲特很早就意图全资收购盖可保险，但一直拖到1994年8月17日才第一次向盖可董事会提出，主要原因是受限于监管规定。美国证监会对伯克希尔旗下拥有大型保险业务的同时，收购另一家大型保险公司持有疑虑。但是，当监管机构同意后，巴菲特和以托尼和辛普森为首的盖可董事会的谈判也持续了一年之久。收购协议直至1995年8月25日才达成。

双方的主要分歧有三：其一，巴菲特起初希望以伯克希尔股票交换盖可股票的形式完成收购，但由于伯克希尔股票单价太高，大部分盖可小股东连一股也换不了；其二，伯克希尔自1967年后从未分过红，很多盖可股东对此有疑虑；其三，如果用现金出价，巴菲特只愿支付50美元/股——1994年底盖可收盘价为49美元（经历过一拆五），而盖可董事会的要价是70美元/股。

双方僵持了一年左右，最终巴菲特没能抵抗住盖可账面浮存金及托尼和辛普森两位大神的诱惑，同意按照70美元/股的价格，支付23亿美元现金收购剩余49%的股份。这台吸金利器兼高速印钞机，终于彻底落入伯克希尔的口袋。

这是一次相当成功的收购。毫不夸张地说，盖可保险负成本吸收浮存金的能力和辛普森具备的投资能力，使盖可成为巴菲特在福布斯排行榜登顶过程中最重要的助推器。

盖可保险的成功，增强了巴菲特在保险领域不断扩张的信心。然而，世上没有永远不败的战神，很快，巴菲特收购的另一家保险公司，就差点给伯克希尔造成重大损失。

第三十四回　乐观出价通用再保　遭受重创公开忏悔

保险行业独有的特色

戴维斯家族在长期扎根保险业期间，观察到一个行业规律：小的保险公司生存能力很弱，稍不小心就会濒临死亡。关于这规律背后的原因，戴维斯家族是这样表述的：

保险业始终困在一个无法解决的公共关系问题中。一个广为人知的保险公司品牌不一定值钱，其他行业很少有这种情况。

消费者可能偏爱可口可乐、舒洁面巾或是强鹿草坪机，但没有人会特别喜欢国家农业保险公司或是保德信保险公司提供的保险。精明的顾客会挑出那些在信用评级机构眼中获得高分的保险公司，然后再从中找出保险最全面、价格最低廉的那家。

究竟是盖可保险、旅行家保险，或者大都会保险、公平保险，对于顾客来说都无所谓。通常，他们所购买的就是保险经纪推销给他们的产品。他们对这些竞争者基本上一视同仁——一视同仁地怀疑和憎恶。

如果有什么不幸发生，比如死亡、病痛或受到伤害，他们就感觉钱花得值；但如果风平浪静，他们就会抱怨购买保险糟蹋钱，保险公司滥要价。任何意图提高保险价格的公司，总是落下贪得无厌和存心欺诈的恶名，而实际上它们的利润时有时无，经常在盈亏平衡点上挣扎。

在财产保险、意外伤害领域，连续的丰年过后往往是一连串的荒年。巨大的灾难例如飓风、地震、洪水或其他类似的巨灾，造成的数以十亿计的索赔总额，使财务状况不佳，资本实力薄弱的保险公司破产倒闭。财力雄厚的保险公司幸存下来，重新组合、提高保单价格，维持着并不稳定的繁荣，并很快又投入更加激烈的竞争循环中。

每一位保险业的幸存者背后，都有数十数百位同行倒下，他们死于各种原因：恐慌、萧条、过于乐观的承保、昂贵的开销、通胀影响的高昂赔付、不当的管理以及糟糕的运气。

就在盖可一路高歌时，巴菲特在伯克希尔年报里也一再提醒股东注意保险业的风险。比如他在 1987 年年报里写道：

保险业被一系列不利的经济因素诅咒，长期来看前景黯淡，因为它面临大量竞争对手，极低的行业准入门槛和很难做出差异化的产品。

对于任何保险公司报告的盈利数字，你应该保持高度怀疑的态度（包括我们在内）。过去十年的记录显示，即便是很多业内名声显赫的保险公司，它们当初报告给股东的盈利数据后来都被证明错得离谱。

最有良知的保险公司也无法准确预测长期保单的真实成本。但奇怪的是，会计师每年就是有办法给这些数字背书，出具无保留意见并表示这些数字是公允的。

我认为要想描述出财产保险公司的真相，会计师的意见应该这样写：“我们依赖管理层提供的损失准备与损失费用调整后产生的财务报表。实际上，这些估计数字的细微变化会对公司利润和财务状况产生巨大的影响。受限于损失计提等多项信息的先天不足，而我们却被要求必须出具意见，所以我们认为我们的意见是我们完全无法对这些数字的准确性表达看法……”

然而，“股神”也是人，在连续多年的高速增长之下，巴菲特在 1998

年2月底发出的致股东信里，一反常态地表达出一种亢奋状态。他写道：

真正令我们感到兴奋的是保险部门，盖可正处于爆炸性的成长阶段，而且这种爆炸性成长预计还将持续下去。

我们的资金成本是负的，只是持有这些资金我们就已经在赚钱了。

自从1967年我们进军保险业以来，我们控制的浮存金就以每年21.7%的速度增加。更棒的是，这些资金完全不用成本，事实上它们还付我们保管费。可讽刺的是，就会计原则而言，它属于我们的负债。这些负债对于伯克希尔而言，其价值甚至远高于列在报表里的同等数额的股东权益。

盖可本年度的承保利润是8.1%，这数字远高于一般同业水准，也远高于我们的预期。

我们除了盖可以外的其他保险部门，虽然规模较小，但经营效益同样令人激动。这5家规模较小的保险子公司平均承保利润率为15%，两位Don、Rod、Brad和John带领这5家公司为伯克希尔创造了可观的利润，而且我们预计未来还会更加可观。

巨资收购通用再保险

乐极生悲，这话在投资领域再合适不过了。没多久，巴菲特就谈成了一桩更大的收购，收购对象是美国最大的再保险公司——通用再保险。

再保险也叫分保，再保险公司就是保险公司的保险公司。当保险公司接受了潜在赔付金额较大或风险比较集中的保单后，通常都会通过向再保险公司购买保险，将部分赔付责任转移。分保模式一般有三种：①按比例分保。当赔付发生时，双方按照约定比例同步赔付。②超额分保。当保险公司赔偿超过某金额后，由再保险公司承接之后的赔付义务。③按比例分保和超额分保相结合。

巴菲特计划收购通用再保险时，伯克希尔旗下已经有再保险业务，是在国民赔偿保险内部发展起来的。再保险业务的负责人是被巴菲特称为天才、和托尼一起作为伯克希尔运营 CEO 备选接班人的阿吉特·贾恩。相比托尼，阿吉特有巨大的年龄优势，他比托尼小 8 岁，比巴菲特小 21 岁。所以托尼 2018 年已经退休，阿吉特在 2018 年刚被任命为伯克希尔集团副董事长，全面负责集团保险业务。

阿吉特是印度人，1978 年从哈佛商学院毕业后进入著名的麦肯锡公司工作。他在麦肯锡的老上司迈克尔·高柏 1982 年跳槽伯克希尔负责再保险部门，阿吉特于 1986 年接受高柏的邀约加入伯克希尔。阿吉特回忆说："刚加入伯克希尔的时候，我甚至连保险和再保险两个单词怎么写都不知道。幸运的是，当时正是保险行业发展的黄金时期，根本不需要精通业务，只要知道一些基本数字就够了。"

当时伯克希尔介入再保险领域，最大的优势是资本。阿吉特说："当时再保险行业的资金缺口非常大，行业需要大量的资本，沉得住气的资本，能够承担风险的资本。而伯克希尔是少数拥有大量资本的实体之一，所以整天都有处理不完的交易和电话。"阿吉特很快就在行业里展示出惊人的天赋。6 个月后，阿吉特就被要求负责伯克希尔全部再保险业务，并直接向巴菲特汇报——高柏担任伯克希尔保险集团首席运营官直到 1993 年。

由于再保险主要从事被巴菲特称为"霹雳猫"（Super-cat insurance）的巨灾保险，所以需要的人手不多。1997 年，阿吉特管理的再保险业务部门仅有 14 名员工，却创造了 3.69 亿美元的税前利润，占整个伯克希尔营业利润的 13%。

或许正是阿吉特领导的再保险部门惊人的收益，触发巴菲特将目光投向了通用再保。1998 年 6 月 19 日，伯克希尔宣布通过出让伯克希尔 18%

的股权，整体收购通用再保①。以当天伯克希尔股价 80900 美元折算，收购总价约 220 亿美元。

为何选中通用再保险？

通用再保险 1997 年保费收入 83 亿美元，净利润 9.36 亿美元，巴菲特出价相当于 23.5 倍市盈率。收购之前的 11 年，通用再保的北美地区财险综合成本费率均值是 100.6%，也就是说经营支出和赔付加总，是收到的保费收入的 100.6%。其他地区及其他业务的综合成本费率稍高，平均值为 103%。

1997 年，通用再保的保险部门承保亏损为 0.33 亿美元，这相当于通用再保的融资成本。公司的利润来源于投资收益。公司持有的投资组合价值 246 亿美元（其中浮存金约 150 亿美元），税后投资收益 9.69 亿美元。这个税后的投资收益率其实很低，仅为 3.94%，但因为融资成本仅 0.33 亿美元，所以有了 9.36 亿美元净利润。

事实上，通用再保险的净资产回报率也不高。1997 年末公司净资产约 82 亿美元，ROE 不到 12%。收入和净利润增长也不算出色，过去 10 年，保费收入年化增长率 10.2%，净利润年化增长率 6.6%。就这样一组数据，一贯谨慎的巴菲特怎么会给出 23.5 倍市盈率的收购价呢？

回顾 1967 年巴菲特收购国民赔偿保险公司时的出价：国民赔偿保险当年保费收入是 1680 万美元，净利润 160 万美元，拥有 3190 万美元投资组合。巴菲特估值 600 万美元，卖家要价 860 万美元。最终成交价 860 万美元，折合 5.4 倍市盈率。通用再保的收入和利润大体为国民赔偿的 500 多倍，浮存金数量为 700 多倍，成交价却是 2500 多倍。

---

① 增发 272200 股伯克希尔 A 股，约等于伯克希尔原股本的 22%，用以交换通用再保全部股权，$22 \div 122 \times 100\% = 18\%$。

对于收购通用再保险的理由，以巴菲特在 1998 年年报里阐述的意思，主要是四点：

①通用再保很优秀，这个品牌在业界代表着品质、正直和专业。在 CEO 隆·弗格森的带领下，这个招牌必然会更加响亮。

②被伯克希尔全资收购后，通用再保不用再去考虑利润波动对债信评级或股价的影响，不需要再为平滑利润而放弃某些业务。

③通用再保的渠道、技术与管理，和伯克希尔拥有的财务优势可以形成互补。

④通用再保的投资业务是弱项。收购完成后，通用再保高达 150 名员工的投资部门将解散，巴菲特本人将接管投资业务。

其中没有直说的意思就是，可以预计通用再保的投资收益将大大提升。

这个出价和表态，展示了巴菲特对通用再保的信心和对收购的乐观。然而，就在巴菲特公开发表“这次结合可以保证伯克希尔和通用再保的股东看到一个更加美好的未来。如果这两家公司独立发展的话，这种未来恐怕是遥不可及的”的乐观时刻，市场连续给了他几记响亮的耳光。

巴菲特看错了

1998 年和 1999 年，全球连续发生多起重大灾难事故，让通用再保支付了巨额赔付。不仅如此，通用再保 1999 年为 5 部好莱坞电影提供的保险全军覆没，直接导致损失 1 亿美元。更搞笑的是，通用再保被一家骗子公司直接骗走了 2. 75 亿美元……这一切，让投资者对巴菲特对通用再保的判断产生了严重的怀疑。

这些损失拖累了伯克希尔 1999 年的表现。在当年指数上涨 21% 的情况下，巴菲特创下有史以来最低的年度投资回报率——0. 5%，伯克希尔股票价格下跌20%。2000 年 3 月 1 日发出的致股东信里，巴菲特给自己1999 年的表现打分为 D（不及格），他用“特别惨”（exceptionally poor）形容通用再保公司的经营情况。他写道：“1999 年，通用再保的承保绩效特别惨。”当年通用再保收到的每 1 美元保费，平均产生了 1.25 美元的赔偿。

这个糟糕状况甚至拖累伯克希尔股价腰斩，各大报刊和网络论坛将巴菲特骂得狗血淋头。著名的《福布斯》杂志幸灾乐祸地发表言论：“沃伦·巴菲特1998 年收购通用再保时，可能根本没有预料到所面临的……风险。”或许是巧合，或许是压力，巴菲特于2000 年4 月住院了。他后来回忆这段经历说：“我当时浑身插满管子——我讨厌那样。”

到2001 年2 月巴菲特可能感觉有转机了。他在致股东信里写道：“通用再保险公司的形势已经开始出现明显好转。隆·弗格森和琼·布兰登、海德·蒙特罗斯，还有很多极具天赋的管理人员共同在2000 年采取了一些措施，使公司的盈利水平恢复到以前的标准。”

这里巴菲特公开夸 CEO 隆·弗格森，但早在8 个月前，曾经被巴菲特夸成“品质、正直和专业的代表”的弗格森，已经“被退休”。这位前CEO 在2001 年3 月25 日的《商业周刊》上发表了一封公开信。里面有这样两段话：

通用再保在伯克希尔麾下运行的前三年，业务一直萎靡不振，我应该为此承担完全的责任，对此我不准备否认或者辩解。

但是，我必须对沃伦·巴菲特先生的说法加以解释，他曾经公开宣称对我们的工作非常失望，说他已经对通用再保公司和我完全失去了信心。我并不同意这个说法，而且事实也不完全是这样。

两人谁对谁错，我们不去管它，但至少我们知道巴菲特买进通用再保后，曾公开宣称过“非常失望，对公司和 CEO 完全失去信心”。

事情还没完。2001 年发生了一件惊天地泣鬼神、闻者伤心见者流泪的大事——震惊世界的“9·11”恐怖袭击。不可思议的是，就在 2001 年 5 月，巴菲特特意向通用再保公司强调，要缩减恐怖主义风险集中的大厦和客户。更加不可思议的是，巴菲特为了阐述这种风险的危害程度，特地用一栋大楼的数据来阐述遭遇恐怖袭击能造成多大损失。他举例用的楼就是 9 月 11 日被撞毁的世贸中心。

当年三季报，巴菲特估计“9·11”给通用再保造成大约 17 亿美元的损失。这该死的通用再保，巴菲特忍无可忍，他破天荒地在公司网站发帖严厉批评通用再保。巴菲特旗下任何公司，历史上从未损失过这么多钱，甚至连这笔钱的零头都没产生过。

2001 年度致股东信里，巴菲特沉痛地写道：

“9·11”恐怖袭击让我们的浮存金成本飙升至 12.8%，这是自 1984 年以来的最惨记录。2001 年我们栽了个大跟斗，主要原因是通用再保产生了大幅亏损。

过去我一再保证，通用再保的承保一向相当有原则，事实证明我看错了。虽然管理层的出发点是好的，但公司还是违反了前面我提到的三项原则，并为此付出极大的代价。……虽然听起来可能过度乐观了，但我还是要向大家保证通用再保的承保纪律正在恢复。

可惜一年后巴菲特不得不再次向股东认错。2002 年的致股东信里他继续写道：

事实证明我的看法大错特错，通用再保的文化以及作风在近年来已彻底变质。管理当局包含我本人在内却不自知。这家公司的业务很明显地定价不当。

此外，通用再保更是不知不觉地累积了致命的风险。例如……事实上，我们可以说如果不是今天有伯克希尔做后盾，“9·11”事件的损失就足以危及通用再保的生存。“9·11”事件的发生，严重暴露了通用再保的经营缺陷，这是我早该注意却偏偏没有注意到的。

2001年底，通用再保试图将以前年度计提不足的损失准备补足，但事后证明补得远远不够，这使通用再保必须在2002年再补提13.1亿美元的损失，以修正以前年度所发生的估计错误。当我面对这些后来才被我发现的疏忽时，我突然想起一句相当贴切的歌词：“我真的希望我现在依然不知道我当初不知道的事情。”①

我可以向各位保证，未来我们的首要目标就是避免损失准备计提不足……我们将努力让通用再保按照伯克希尔的规则做事。

总的来说，我相信现在已经可以排除通用再保倒闭的风险，它已准备好开始为伯克希尔贡献大量无成本的浮存金了。

通过上述忏悔和反省，我们很明显能够知道，这笔投资其实就是巴菲特看错了，后来确实起死回生了，但那并不是投资之初的规划。那么，智者巴菲特究竟是怎么做出这个错误的收购决策的呢?

① 这句歌词引自 *Wish I didn't Know Now*，意思是说他因为知道了当初的疏忽，而感觉无地自容。

第三十五回　曲线减持暗动心机　偷鸡不成险蚀把米

巴菲特为何要收购通用再保险

结合当时的市场环境及收购后巴菲特的相关动作，老唐推测可能有三个原因，共同推动了巴菲特的收购决策。

第一个原因，是巴菲特更多地考虑了收购后，自己掌控通用再保投资部门，可能实现的投资收益，而不是通用再保目前报表上展示的收益。

当巴菲特看见通用再保 1997 年度财报时，脑袋里想到的可能不是 9.36 亿美元净利润值得付出多少钱，而是“哇，投资收益率才 3.94%，真是一颗好白菜让猪拱了。要是 246 亿美元在我手上，怎么也要从 3.94% 变成 9.43% 吧？那投资收益就不是 9 亿多，而是 23 亿多”！

要说巴菲特控制这些浮存金，能达到 9.43% 以上的投资收益率，绝对不算过于乐观。毕竟巴菲特 1965—1997 年已经实现 33 年年化收益率 24.3%，而且代表美国股市平均收益率水平的标普 500 指数，1965—1997 年也实现了 11.7% 的年化回报率。这样看，预估 10% 以内的年化回报率完全算是保守可靠的。

以这样的投资回报率估算，其他条件不变的情况下，仅仅通过更换通用再保的投资决策人，年度净利润就可以轻而易举地超过 23 亿美元。这样思考，220 亿美元的出价似乎就不算高了。

第二个原因，是垂涎通用再保手中的浮存金。

1998 年伯克希尔披露的浮存金构成里，通用再保 149.09 亿美元，盖可保险 31.25 亿美元，伯克希尔旗下其他保险和再保险公司合计 47.2 亿美元。这意味着收购通用再保，可以让伯克希尔旗下浮存金的规模扩大为原来的近三倍。

前面说过，在巴菲特看来，浮存金虽然在财务报表上列为企业的负债，但它的实际价值甚至比同等金额的股东权益更有价值。道理很简单，虽然两者都能给公司创造利润，但股东权益是要求回报的，而且要求的回报还不低。

举个简单例子，如果我有一种赚钱的方法，预计每年可以赚到 20% 利润，此时张三愿意入股 100 万元，李四愿意以 5% 利率借给我 100 万元。那毫无疑问，李四的钱对我更有价值，每年可以多给我创造 15% 的利润。正因为如此，此时通用再保账面约 150 亿美元浮存金，在巴菲特看来，值得发行价值 150 亿美元以上的股票去交换。同时，通用再保公司还有 83 亿美元净资产，220 亿美元的出价略低于两者之和。

第三个原因，也是巴菲特从未明说的原因：他可能意图利用市场先生这个傻子，曲线减持手中持股。老唐高度怀疑，决定是否收购通用再保的原因可能是前两个，但选择 1998 年 6 月这个时点收购，以及出 220 亿美元高价收购，可能是由第三个原因决定的。

内在价值与股价：伯克希尔是否被高估?

1998 年上半年，美国股市涨得如火如荼。道琼斯指数首次突破万点，过去 5 年涨了 3 倍，过去 10 年涨了 5 倍。6 月，伯克希尔股价飙升至最高每股 84000 美元，半年涨幅高达 82.6%。这个价格直到 5 年半以后（2003 年 11 月）才被重新触摸到，其间最低于 2000 年 3 月跌至 40800 美元。

84000美元是5年前股价的5倍多，是10年前股价的20倍，是20年前股价的530倍。以市净率PB作为观察标准的话（PB＝股价/每股净资产），20年前伯克希尔股价是每股净资产的60%，10年前是160%，5年前是200%，此时超过300%。

1998年6月19日，巴菲特和弗格森共同宣布伯克希尔收购通用再保，那天伯克希尔的股价是80900美元/股。以巴菲特对伯克希尔内在价值的判断，此时伯克希尔股价确定高估。巴菲特虽然没有说过伯克希尔的内在价值究竟是多少，但根据他在年报里的解释，是可以大致推算出这个数据的。

在1996年、1997年和1998年的致股东信，巴菲特这样表述伯克希尔内在价值和股价之间的关系：

在1995年致股东的信中，当伯克希尔的股价达到每股36000美元的时候，我曾经告诉过你们：（1）伯克希尔近些年来的市场价值表现已经超出了其内在价值，尽管后者的表现也非常令人满意；（2）这种特别优异的表现不可能无限持续下去；（3）芒格和我在那个时候并不认为伯克希尔的价值被低估。

自从我发出这样的提醒至今，伯克希尔的内在价值已经大大增加，而同期股价却没有太大变化。当然，这意味着我们的股价在1996年落后于我们的企业经营。因此，今天的股价与内在价值的比值已经与一年之前大不相同。以芒格和我的观点看，今天的比值更加合理——1997年2月28日发布的1996年度致股东信，当时伯克希尔股价35500美元。

账面净资产的增加当然不是经营伯克希尔的最终目标，真正重要的是每股内在价值，虽然在伯克希尔两者通常以相当接近的幅度波动，就像是1997年便是如此。受惠于盖可保险爆炸性的成长，伯克希尔的内在价值以接近账面净资产值增长的幅度增加了——1998年2月27日发布的1997年度致股东信，当时伯克希尔股价 55800 美元。1997 年度伯克希尔账面净资产增长 34.1%。

我们公司目前的股价远远高于账面净资产……虽然伯克希尔 1998 年的内在价值也大幅增长，但绝没有达到账面净资产增加 48.3% 的程度。不过尽管如此，我还是必须强调，目前伯克希尔的内在价值仍远高于账面净资产值——1999 年 3 月 1 日发布的伯克希尔 1998 年度致股东信。

从以上用词推理，巴菲特和芒格认为 1995 年致股东信发布时约 36000 美元的股价是高估的；经过一年成长，1996 年致股东信发布时股价 35500 美元，基本合理；1997 年伯克希尔内在价值增长幅度和净资产 34.1% 的增幅基本吻合，即意味着 1997 年底伯克希尔内在价值可以估算为大约 35500 ×134.1% ≈47600 美元。

1998 年全年内在价值增幅达不到 48.3%。我们假设企业上下半年内在价值增幅基本稳定，意味着 1998 年 6 月宣布并购时，伯克希尔的内在价值确定低于 47600 ×124% ≈59000 美元①。

那么，按照 80900 美元的股价折算出的 220 亿美元收购价格，在巴菲特心里的实际价值，最多不超过 59000 ÷80900 ×220 亿 =160 亿美元。不超过 160 亿美元的出价，购买 150 亿美元浮存金，意味着对通用再保全部净资产和所有业务部门的作价近于 0。

面对高估，巴菲特真的不动心吗？

不知道是“股神”的精准计算还是巧合，总之，通用再保的股东们投票走完程序实施换股时，伯克希尔股价真的跌到了 59000 美元附近。通用再保 100% 股权交换来的伯克希尔股票，市值恰好是 160 亿美元。从这个

① 1997 年和 1998 年的每股净资产分别为 25488 美元和 37801 美元。

意义上说，整个通用再保公司业务部门只要不亏到资不抵债，就算是市场先生白送的。

不仅伯克希尔自己的股票涨幅巨大，伯克希尔持有的股票同样涨幅巨大。1997 年末，不包括并表范围的全资和控股子公司，伯克希尔投资部门共计持有 362.5 亿美元的股票。前八大持仓及仓位占比分别是：可口可乐 36.8%，吉列 13.3%，美国运通 12.2%，房地美 7.4%，富国银行 6.3%，迪士尼 5.9%，旅行者集团 3.5%，华盛顿邮报 2.3%。

这些持仓里，有两只股票不是巴菲特主动买入的：迪士尼和旅行者集团。前者是迪士尼收购大都会通信时换来的，后者是旅行者收购所罗门换来的。1998 年，巴菲特正忙着抛售这两只股票。

由于市场火爆，上述个股都出现了大幅上涨。以第一大重仓股可口可乐为例：1997 年末可口可乐股价收于 66.69 美元，1998 年 6 月底收于 85.5 美元，半年上涨 28.2%。此时巴菲特持有的 2 亿股可口可乐市值超过 170 亿美元。

这 2 亿股是巴菲特在 1988 年、1989 年和 1994 年分三次买入的，合计买入成本是 12.99 亿美元。现在，股票已经涨到 170 多亿美元，过去 10 年巴菲特还从可口可乐公司收到现金红利近 7 亿美元。这是一笔不足 10 年时间获利约 13 倍的经典投资。

此时，85.5 美元/股的股价，24.7 亿股的总股本，可口可乐公司市值超过 2100 亿美元。而 1997 年年报显示，可口可乐公司净资产 73 亿美元，净利润 41.3 亿美元，市净率近 30 倍，市盈率超过 50 倍。

巴菲特面对高估，真的毫不动心吗？恐怕不是。巴菲特的名言是，“人生有很多事情比赚钱更重要，其中一件就是赚更多的钱”。看见钱不捡，他自己会觉得是罪恶。

曲线减持有妙招

巴菲特这样完成曲线减持：向通用再保全体股东增发相当于伯克希尔原总股本22%数量的新股，换购通用再保100%的股份。然后立刻将通用再保持有的股票全部抛售，全部换成债券。在1998年的年报里巴菲特这样描述这个过程："当合并案敲定后，我们立刻要求公司抛售所有的股票。通用再保马上将手上超过250种股票出手，为此还缴了9.35亿美元的税。"

通过这个举动，巴菲特调整了伯克希尔持有的股票和债券的仓位占比，变相实现对伯克希尔、可口可乐及当时伯克希尔所有持股高位减持总量的约22%。

很有意思的是，如此金额巨大的一笔投资，巴菲特罕见地没有和芒格商量。芒格曾公开承认等自己知道伯克希尔要收购通用再保时，收购已经进行了很久。1998年9月16日，伯克希尔召开股东大会，表决对通用再保的收购，芒格没有参加。巴菲特首次用了真人大小的纸版芒格，搞怪式地坐在主席台，并播放芒格的录音，"我没什么好补充的"。巴菲特是不是也觉得用曲线减持这种手段，有点居心不正，难以获得芒格的支持？旁人无从得知，只能猜测。

到2000年3月，伯克希尔公司股价下跌至40800美元，不到1998年6月高点的一半；同期可口可乐公司股票跌至37美元，同样不足1998年6月高点的一半。其他股票也都有近似幅度的下跌。巴菲特确实实现了曲线减持的目的。

为何要曲线减持?

巴菲特之所以要曲线减持，而不是直接抛售，老唐推测可能至少有三个原因。

原因一，巴菲特持股数量巨大，直接抛售很容易打压公司股价。尤其是巴菲特本人的巨大影响力和可口可乐董事会成员身份，抛售甚至可能引发市场恐慌，导致股价抢先暴跌，预期利润无法实现。

原因二，之前大都会通信公司股票的“波段”操作阴影，使巴菲特很难下决心对被自己归为“死了也不卖”的股票直接实施抛售。

巴菲特在大都会这家公司上做过“波段”，操作过程大致如下：

①1978 年，巴菲特以约 24. 68 美元/股的价格买进约 25 万股，1980 年以 43 美元清仓。

②1985 年 172. 5 美元/股买进 300 万股。注意，股价相比 1980 年清仓价涨了好几倍。

③1986 年致股东信，巴菲特信誓旦旦地将大都会列为和华盛顿邮报、盖可保险并列的三大“死了都不卖”的股票。

④1987 年致股东信，再次强调大都会、华盛顿邮报和盖可保险的股价再怎么涨，也不会卖。

⑤1993 年食言，以 63 美元价格卖掉 1000 万股。股票经历过一拆十，相当于以 630 元的价格卖掉了 100 万股。1994 年底，股价收于 85. 25 美元，相比 1993 年 63 美元的卖出价，又涨了 35% 。

⑥1995 年大都会被迪士尼收购。股价相比巴菲特的卖价翻倍，达到 127 美元/股。63 美元卖出的 1000 万股，少赚了 6. 4 亿美元。6. 4 亿美元对巴菲特来说有多痛，看看喜诗糖果和布法罗晚报两大至爱的利润吧：1993—1995 年，喜诗糖果净利润合计为 8241 万美元，布法罗晚报净利润合计为 8870 万美元。

⑦1997—1998 年，巴菲特正在不断减持用大都会换来的迪士尼股票，这期间因从“死了都不卖”变成大幅减持，且卖出价过低而被媒体和市场大范围嘲笑和打脸。

正好，巴菲特对可口可乐也曾做过同样的表述。在 1991 年致股东信里巴菲特写道："可口可乐和吉列可以说是世界上最好的两家公司，我们预期未来几年它们的利润还会以惊人的速度增长，我们的持股价值也会以等比例的程度增长。"在当年股东大会上巴菲特对广大股东说："我们有四只股票死了都不卖，华盛顿邮报、大都会通信、可口可乐和盖可保险。和我们的全资子公司一样，这些股票就算得到远超内在价值的报价，我们也不会出售。"

一共宣布四只"死了都不卖"的股票，其中一个变成全资子公司。另外三个里面，对大都会食言且抛售价位超烂，还给不出任何解释。巴菲特只是在年报里调侃自己"看起来大家似乎应该给我找一个指定监护人"。

此时再卖出一只"死了都不卖"，恐怕巴菲特以后再说"死了都不卖"，只会换来嘘声一片。这甚至会直接损害伯克希尔在并购市场的巨大竞争优势。伯克希尔在整体收购方面一直有个巨大的竞争优势——伯克希尔不会在收购后拆分出售或整体转手企业。这优势不仅会帮助伯克希尔优先拿到优质企业控股权，甚至可以在比别人出价更低的情况下达到目的。因为它对那些不想放弃公司经营权、只是因为继承或避税需要而出让股权的优质企业原股东很有吸引力。

原因三，当时市场整体高估，不管是卖出伯克希尔还是伯克希尔持有的股票，面对数以百亿计的现金，如何选择投资品种，是一个相当令人头疼的问题。或许唯一的选择就是债券了，但是以巴菲特的风险观看，即便是偏高估的可口可乐股票，"风险"也比债券小多了。

巴菲特的风险观

对风险的不同定义，是巴菲特投资体系有别于其他投资体系的核心。在其他投资体系，不管是技术的、指数的或是烟蒂的，一般认为股价大幅波动（主要指向下波动）构成投资的风险。及时止损、追随趋势、控制回撤、股债平衡、分散投资、资产配置等多种投资思想都是基于这种认识出炉的。

而在巴菲特和芒格的思想体系里，所谓风险“指一项投资在其预计的持有期内所收到的税后收入加总（包括出售股份所得），是否能够让投资者维持原有的购买力，并得到合理的利息回报”。（1993 年致股东信）

按照巴菲特和芒格的风险观，一项投资的回报，来源于你预计持有的时间段收到的红利，和最终以保守估计的合理市盈率出售股票所得。它是否有风险，取决于这个回报水平是否明显超过无风险利率与通货膨胀之和。因此，投资的风险大小与两个因素直接相关：一是预计持有时间的长短，二是对公司盈利及分红估算与最终实际情况的接近程度。

预计持有时间短的，红利因素几乎可以忽略，回报主要来源于出售股票所得。在预计较短的持有时间，股价是否会达到保守估计的合理市盈率位置，完全是随机因素，无法分析和掌控。而预计持有时间较长的，考虑到贪婪和恐惧交替出现的不变人性，考虑到资本的逐利天性，股价到达“保守估计的合理市盈率位置”的概率，伴随持有时间的延长而增加。长到一定时间，概率是 100%。

沃顿商学院金融学教授杰里米·西格尔教授对 1871—2012 年美国股票和债券数据展开的一项研究表明，股票回报优于短期债券的概率，以 1 年滚动计算是 66.9%，以 3 年滚动计算是 73.3%，以 5 年滚动计算是 74.6%……以 20 年滚动计算是 99.3%，以 30 年滚动计算是 100%。

以巴菲特的长期视角来看，可口可乐股票优于债券是 100% 确定的事情。事实也是如此，巴菲特自 1989 年至今 30 年时间，实际收到现金分红超过 88 亿美元，2019 年底市值 221.4 亿美元。而如果持有债券，即使按照 8% 利率估算，30 年收到的利息不过 12.99 × 8% × 30 = 31 亿美元，本息和仅 44 亿美元。

但是，我们也要看到，这笔投资的成功，主要是 1989—1998 年带来的。如果以1998年6月市值170亿美元为起点，直至创出历史新高的2019年底，这21年半其实相当失败。其间获得红利不到82亿美元，目前市值221.4亿美元，年化回报率不足3%。

年化不足3%，连债券也比不了，更不用说股票指数了。1998年用170亿美元投资收益率为5%的债券，本息和超过340亿美元。1998年用170亿美元投资标普500指数基金，今天市值约640亿美元。

对此，巴菲特事后表达了后悔，但没有给出解释。在伯克希尔2003年致股东信里，巴菲特写道：

对于目前我们持有的股票组合，我们既不觉得兴奋，也不持负面看法。我们持有一些优质企业的部分所有权，它们去年内在价值都有了一些提升，但股价基本反映了内在价值。

当然，这也代表我没有在泡沫最大的时候卖掉这些持股，实在是个严重的错误。如果这些股票今天的股价体现了它们的内在价值，那你一定会很纳闷，四年前股价远远高于内在价值的时候，我在做什么。我当时到底在想什么，我自己也觉着非常奇怪。

在2006年股东大会的交流环节，巴菲特这样答复股东的质问，“可口可乐确实曾经被荒谬地高估过，但你们不能因此责备可口可乐的CEO。你们可以责备我，因为我没有在50倍市盈率时卖掉它”。

第三十六回　可口可乐双重错误　通用再保持续失血

如果在巴菲特一生所有的投资案例里，挑选最有学习价值、最能引发思考的一个案例，我会选可口可乐。这个案例几乎包含了巴菲特巅峰时期所有的思考，以及最重要的遗憾和反思。

可口可乐无疑是一家非常优秀的企业。2019 年正好是可口可乐上市 100 周年。如果一个人在 1919 年上市时购买 100 美元的可口可乐股票，然后股息再投入至 2019 年末，市值约 5200 万美元。

巴菲特与可口可乐的缘分

巴菲特在 1986 年就受邀成为可口可乐公司的金融顾问。这个邀请来自巴菲特幼时邻居、1981 年起担任可口可乐总裁的唐·基奥。巴菲特对唐·基奥的评价很高，他曾这样说过：

唐·基奥最强的能力就在于他总能迅速看穿事情的本质，说话做事能够直切主题。把复杂的问题变简单是他的处事原则，也是我的处事原则。

投资银行家赫伯特·艾伦曾经说过，在他的朋友中竞选美国总统并能成功当选的人只有两位，一位是杰克·韦尔奇，另一位就是唐·基奥。我对这一论断完全同意，他俩天生就有这种超凡的才干。从他俩身上你能学到很多东西。

虽然和唐·基奥相识多年，但是每次见到他时，都会有一种如沐春风的感觉，就和当年我第一次喝到樱桃口味可乐时的感觉一样。

唐·基奥比巴菲特大 4 岁，两人的家相隔大约 100 米远。1956 年，26 岁的巴菲特事业刚起步时，曾几次到基奥家游说基奥投资 2.5 万美元、1 万美元或 5000 美元。基奥都以没钱为由拒绝了。基奥当时对妻子说：“这家伙整天不上班，像个二流子，怎么能把钱拿给他呢！”基奥那时是一家咖啡公司的销售员，该公司于 1964 年被可口可乐收购，基奥随之进入可口可乐。

1993 年唐·基奥离开可口可乐总裁位置，受华尔街著名投行艾伦公司创始人、可口可乐公司董事、巴菲特好友赫伯特·艾伦的邀请，出任艾伦公司董事长。1999 年艾伦公司组织的太阳谷峰会上，排在巴菲特前面的演讲者，是基奥的女儿克拉克·基奥。克拉克在发言里回忆小时候的趣事，提到父亲当年曾拒绝巴菲特的投资要求，与一笔巨额财富擦肩而过。克拉克发言结束后，巴菲特也谈了这段往事。

他说自己 1962 年 6 月 21 日又去基奥家，试图再次游说基奥投资。结果怎么敲门都得不到回音。巴菲特说：“此时光线太暗，没法看书，但睡觉又太早。看屋里漆黑，他们明明在家，就是不理我。克拉克，你什么时候出生的？”“1963 年 3 月 21 日。”克拉克回答。“你看，克拉克，历史就取决于这些小事，你应该为那天你父母没有搭理我而感到庆幸。”这应该是巴菲特即兴创作的段子。

悄悄买入可口可乐

1987 年 10 月大股灾，可口可乐股价大幅下跌。从高点 53 美元左右下跌至 29 美元后才展开反弹。巴菲特是在 1988 年末开始买入的。当年买进 1417 万股，买进均价 41.85 美元。按照 1987 年可口可乐每股收益 2.43 美元计算，约折合 17 倍市盈率。

为了防止市场察觉，巴菲特叮嘱经纪人每天买入量不得超过市场日成交量的30%。即便如此，1989年巴菲特追加买进918万股后，就被市场发现了。基奥直接打电话问巴菲特："是不是你在买我们公司股票?"巴菲特买入的消息曝光后，股价飙升。买入计划被迫搁浅。

两年合计买入的2335万股，约占可口可乐公司总股本的6.9%，累计投入10.24亿美元，约占当时伯克希尔公司净资产的30%。1989年内买入均价约46.95美元，对应1988年每股净利润2.42美元折算，约19倍市盈率。

1989年底，可口可乐股价涨到77.25美元，巴菲特持股市值约18亿美元，期间收到约1600万美元分红，总体获利超过77%。1990年和1992年，公司两次10送10，巴菲特持股数量变成9340万股。

1993年4月，巴菲特以1.5美元/股的价格，卖出300万份看跌期权，有效期至当年12月17日，执行价格为35美元。意思是巴菲特收到每股1.5美元后承诺：当年12月17日之前，无论可口可乐股价跌成什么样，期权买家都有权按照35美元/股的价格，将300万股可口可乐卖给巴菲特。

很可惜，1993年可口可乐最低股价就是4月份的37.5美元。巴菲特确实白得450万美元，但等待让他错失低价买入的机会。后来，巴菲特大概是强迫症发作，在41.65美元追高买入660万股，将持股数量凑整为1亿股。至此，巴菲特在可口可乐上的全部投入结束，总投入12.99亿美元。

促使巴菲特买入可口可乐的催化剂

自1972年收购喜诗糖果后，巴菲特就尝到了品牌的伟大力量，并很早就关注了老邻居基奥领导的可口可乐。但为何拖延到1988年末才动手购买呢?

大部分资料说是因为1987年10月股灾，导致可口可乐股价大跌，这才勾起巴菲特买入的。但这个理由解释不了他为何不在 1987 年第 4 季度到 1988 年第 3 季度，股价波动于 29 和 44 美元之间动手，却在 1988 年末股价更高时启动买入。

经过对当时可口可乐历史的还原，老唐站在巴菲特的角度揣摩了很久，认为推动他在 1988 年末动手买入的催化剂，非常可能是可口可乐 1988 年末认错的一次失败实验。

这个实验起于 1985 年 5 月，可口可乐董事长郭思达和总裁基奥启动了一个大胆的行动，他们投入几千万美元研制出一种新的可乐。这种新可乐在几乎所有的盲测中，口感评价都优于传统可口可乐。郭思达和基奥认为这将是推动可口可乐再上新台阶的利器。

然而，消息一经披露，平均每天有超过 8000 位消费者致电公司，表达对可口可乐修改口味的震惊和愤怒（另外还收到 4 万多封抗议信）。顾客们声称改变可口可乐的味道，打破了美国人的梦想，剥夺了自己人生唯一的乐趣，如同重写圣经一样不可接受。很多顾客抢购和囤积老可乐，并表示永远不会购买新可乐。甚至有顾客声称如果公司不将口味改回原样，就去法院起诉公司。

郭思达和基奥拒绝放弃明显更好喝的新可乐，他们做出的屈服是同时销售新旧两种口味的可口可乐，并将大量推广费用倾斜于新可乐，反复用盲测来证明新可乐更好喝。可惜美国人厌倦这种把戏，他们仍然倾向于饮用老可口可乐，哪怕这可能是他们无知的证据。

公司同时宣传两种可乐，不仅没有取得预想效果，反而扰乱了消费者对可口可乐的认知。百事可乐乘虚而入，第一次以微弱优势，在美国本土市场获得主导地位。郭思达和基奥终于大梦初醒，于 1988 年末决定放弃新可口可乐的宣传，重新聚焦传统可口可乐。

正是这次新旧可乐之争让巴菲特认识到，即便替代品可以拿出可信证据，证明品质更好，它也无法替代可口可乐在美国人心中的地位，无法对可口可乐公司竞争力形成伤害。此时，可口可乐公司的无敌投资价值才真正被巴菲特确认，于是启动买入。

拒绝高位离场，反遭市场蹂躏

这时的买入，是一笔完美符合巴菲特投资理念的投资：①高达 30% 以上的净资产收益率；②净利润全是真金白银；③维持当前盈利能力不需要大量资本投入；④预计未来很难变糟；⑤动态市盈率不足 20 倍。

其后 10 年，这笔投资也确实展示了高额回报。但到 1998 年中，在可口可乐市盈率超过 50 倍的位置，巴菲特需要面临艰难抉择了。如果决定卖出，挺容易的，毕竟获利超过 13 倍，已经是相当精彩的一笔投资。此时可口可乐不仅有高估之嫌，而且还爆发很多利空：前董事长刚去世；新董事长上任后，可口可乐因食品安全事故在比利时、法国、挪威、卢森堡等多国相继被禁售；百事可乐借机抢占市场份额。

但巴菲特没有减持，而是选择和基奥、艾伦合谋发动了一场“政变”，于 1999 年 12 月 1 日逼迫 52 岁的 CEO 道格退休。此时巴菲特全然忘记了自己 21 个月前，曾在致股东信里写过，“我相信，在道格的带领下，可口可乐公司将继续勇往直前”。

巴菲特 1969 年在市场高估时曾清仓离场，1998 年的巴菲特变了，这次他拒绝高位离场，选择陪伴优质企业共同走下去。这是巴菲特更大幅度偏离格雷厄姆，投向费雪和芒格的怀抱。

真的“死了都不卖”吗?

然而，市场教育了巴菲特，于是，巴菲特又将自己的屁股悄悄地向格雷厄姆老师那边挪了挪。他反省道，“我当时到底在想什么，我自己也觉着非常奇怪”，“你们可以责备我，因为我没有在 50 倍市盈率时卖掉它”。

市场教育的直接结果，就是巴菲特自1998年后，再也没有表示过对哪只上市公司的股票“死了都不卖”（无法占市场先生便宜的非上市公司例外）。1998年至今，巴菲特多次毫不吝啬地夸过吉列、宝洁、富国银行、穆迪、运通、箭牌、好市多、沃尔玛、亨氏、卡夫、高盛、IBM、苹果等多家优秀企业。但是，他再也没有宣称哪只股票属于“死了都不卖”的非卖品。

在深刻学习费雪和芒格陪伴优质企业成长理念的同时，巴菲特再次捡起格雷厄姆教他的“利用市场先生的钱包”理念。这是对格雷厄姆的小幅回归。

没有在50倍市盈率以上卖出，除了理念影响外，巴菲特和芒格对可口可乐未来业绩的乐观判断，也是一个重要原因。

芒格的过度乐观

1996年7月20日，芒格曾经发表过一个著名的演讲，题目叫《关于现实思维的现实思考?》。这篇演讲作为凝结芒格一生智慧最重要的11篇演讲之一，收录在《穷查理宝典》第四章。演讲里芒格提出一个问题：如何利用200万美元资本金，在150年时间里打造一个市值超过2万亿美元的商业帝国？他就是以可口可乐举例。

演讲中芒格谈到可口可乐在2034年达到2万亿美元市值的方法和可能性。他说：“它如今市值1250亿美元，只要每年平均增长8%，2034年市值就可以达到2万亿美元。从现在开始，它的销量只需要每年增长6%，到2034年就能达到29200亿瓶（8盎司/瓶，约6900亿升）。根据可口可乐以往的销售业绩，这个增长速度是可以达到的。而且2034年之后，可口可乐增长的空间依然很大。”

依据数据反推，可口可乐1995年全年销量应该是3010亿瓶左右，折合约710亿升。按照芒格预计的6%销量增速，2019年应有2875亿升销售量。但是2019年真实的可口可乐销量约1750亿升，只有估计值的60%；按照芒格每年8%的市值增幅，2019年市值应该在7300亿美元以上，实际可口可乐2019年末市值只有2370亿美元，年增长仅2.8%，甚至比不上国债。

芒格不仅高估了销量，也高估了单瓶盈利。芒格在演讲里，他预计可口可乐有能力不断提升单瓶盈利，从而对抗通货膨胀。然而事实是，过去23年可口可乐净利润增幅低于销售量增幅，证明单瓶利润额是降低了。如果再考虑到2019年的1.6美元，购买力与1996年的1美元相当，可口可乐在通胀面前同样弱不禁风。

23年足够“长期”了。观察这23年的真实数据，我们能够发现两个重要的原则：①即便是类似可口可乐这样产品简单的企业，投资者要对其利润增长水平做出准确预测，依然相当困难；②在投资后企业发展顺利、市值增长喜人时（1996年已经赚了8倍），投资者做出乐观预测的可能性会更大，哪怕是芒格和巴菲特这样的智者。

2017年2月15日，在每日新闻集团公司股东大会上，一位股东向董事长芒格提问：“您写过一篇文章，讲如何用200万美元创造一家价值2万亿美元的公司。如果今天再给您200万美元让您说说如何创造，您会怎么说?”

芒格回答：“我说不出来。我讲的那个例子完全是事后诸葛亮。我先知道结果，后编的故事。事后诸葛亮好做，解释过去比预测未来容易多了。那篇文章，起初是个演讲稿。我的那次演讲很失败，那篇文章也很失败。”

或许，这才是巴菲特在1998年后，再也没有宣扬过“死了都不卖”的原因吧！即便是简单如可口可乐，对它的经营判断也可能出现巨大偏差，需要不断观察和修正，更何况其他企业呢?

通用再保险的遗毒

可口可乐的故事还没有完。因利用通用再保曲线减持埋下的遗毒，巴菲特付出很大代价和很多年时间才彻底解决。

1999—2002 年，通用再保的保险部门累计亏损 74.7 亿美元（收购前通用再保公司净资产 82 亿美元），到 2003 年，保险部门终于摆脱亏损，实现了 1.45 亿美元的税前利润。巴菲特在当年致股东信里庆幸地说："通用再保在 1998 年并购进来后，一直是伯克希尔的问题小孩。糟糕的是，它还是个重达 400 磅的巨无霸小孩，所以它对我们的整体表现造成了严重的负面影响。多亏了乔和泰德的卓越工作，这一切总算成为过去式了。"

借着这喜悦时刻，巴菲特同时向股东披露了另一份成果。他写道：

我们 2002 年初着手清算通用再保的衍生金融部门，它有 23218 份合约流通在外，总计 884 位交易对象（我甚至不会念某些交易对手的名字，更不用说去评估这些公司的信用）。打那时起，我们就很努力地清理这些合同。可惜两年后的今天，我们还有 7580 份合同流通在外，牵涉 453 个交易对象。这就像一首乡村歌曲形容的：你不离开，我怎么去想念你呢？

清理这个部门的代价相当高，光是 2002 和 2003 年的税前损失就达到 1.73 亿美元和 0.99 亿美元。……这样的结局比起万一发生金融危机，许多衍生品交易双方都无法履约的惨况，已经算是不幸中的大幸。

不管你具备多么丰富的金融知识，也无法从衍生金融的相关文件里了解到它到底会带来多少潜藏的风险。事实上，你越了解这些衍生品，你就越知道这些官方文件能带来的信息是多么有限。借用达尔文的话就是"无知者无畏"。

接下来是忏悔时间，如果当初我快刀斩乱麻关掉通用再保衍生品部门，我确信至少能省下 1 亿美元。当初收购通用再保时，查理和我就知道衍生品部门很讨厌，只是当时的账面盈利数字误导了我们。

2004年，巴菲特继续向股东汇报：

关闭通用再保衍生品部门的工作仍在进行。我们三年前决定退出这个市场，但要实现退出太难了。衍生品理论上流动性很高，目前温和的市场环境也有利于退出，但截至年底我们依然有2890份合约缠身（高峰时有23218份）。衍生品和地狱有点类似，进去都很容易，想退出来可是太难了。

这些衍生品要求随时用市价记录，我也相信经营者已经尽力反映其真实价值，但由于衍生品真正结算时点可能要落在几十年以后，这使市价的计算依赖太多变量，根本不可能靠谱。然而，以此为基础计算的奖金要年年发放，难怪虚幻的数字满天飞。

2005年，这个讨厌的衍生品部门继续让伯克希尔流血不止。巴菲特在致股东信里说：

在2005年继续努力清算通用再保衍生品业务过程中，我们又损失了1.04亿美元。自从我们开始清理以来，我们累计损失高达4.04亿美元。原来我们有23218份合约，2005年初下降到2890份。你也许以为我们的损失到此为止了，但事实上我们依旧血流不止，2005年未平仓合约减至741份，代价就是1.04亿美元的损失。

不仅如此，2005年通用再保四位高管被起诉与AIG前CEO共谋财务诈骗，五人最终在2008年2月全部被判罪名成立。

2006年巴菲特继续处理通用再保的问题，到年底剩下197份合约，当年只产生了500万美元的损失。2007年致股东信里，巴菲特终于可以大喘一口气，他写道：

过去几十年，通用再保一直是保险行业的顶尖品牌，人人都羡慕它的保险技巧和纪律。不幸的是，1998 年我收购它时，这些技巧和纪律已经不在了，而我居然完全忽视了。现在多亏通用再保的 CEO 乔和他的搭档泰德，他们恢复了公司昔日的光彩。

巴菲特这段经历，让老唐想起自己 20 年前的一件羞愧的事：有次买东西，店主错把一张 50 元的钞票当作 20 元，混在其他零钱里找给我。那一瞬间我心跳加速，匆匆忙忙就离开了。到家才发现 50 元是假钞！估摸巴菲特也是类似心态，以为自己曲线减持的妙计精彩无双，被得意和窃喜掩盖了双眼，导致放松了对收购对象的甄别尺度。

2008 年，由金融衍生品引发的危机波及全球，无数大型金融企业巨亏甚至破产。巴菲特在致股东信里，再次用黄段子阐述了衍生品的难点。他写道：

衍生品合同通常几年甚至几十年都不用结算，其间彼此可能又向对方提出了很多要求。难以量化的纸上资产和负债构成资产负债表的重要部分。同时，大型金融机构共享着互相依赖程度非常高的交易网络，亿万富翁们的应收和应付都集中在有限几个大型机构里，这些机构同样负担着各种方式的杠杆。结果导致这个网络里的每个人，与试图逃避性病的人面对的难题一致：事情不仅取决于你和谁上床，还要取决于他/她和谁上床。

第三十七回　蹚浑水拯救所罗门　看笑话围观赌金者

做投资，面对简单的企业一不小心也会踩坑，对复杂的企业岂不是要更加警惕？是的，就在巴菲特收购通用再保的同时，他就直接拒绝过一家全球知名的“复杂”企业抛来的橄榄枝。这家企业拥有全球独一无二的豪华阵容，号称“每平方英寸智商密度高于地球上其他任何地方”，它是著名的长期资本公司（LTCM）。

巴菲特和长期资本的渊源，要从所罗门兄弟公司说起。在1976年拯救盖可保险的过程中，巴菲特与当时所罗门兄弟公司二把手古弗兰建立了深厚的友谊。1987年，已经是所罗门董事长的古弗兰送上了一笔条件相当优厚的交易，用来交换巴菲特的帮助。

巴菲特误入所罗门

当时，在“垃圾债券之王”米尔肯的支持下，著名兼并天才罗纳德·佩雷尔曼意图收购所罗门。由于佩雷尔曼和米尔肯一贯是收购后改组管理层、分拆出售企业资产，再加上古弗兰和米尔肯是众所周知的不和——两年前两人曾经在公开场合差点打起来，而且，自那以后，两家公司就切断了相互之间的所有债券交易，所以，以古弗兰为首的所罗门管理层，绝对不想被米尔肯和佩雷尔曼收购。

佩雷尔曼1943年出生于美国一个豪门望族，毕业于沃顿商学院。他是

2019 年福布斯全球亿万富豪榜第 149 名。佩雷尔曼的父亲是一位并购行家，拥有一家庞大的钢铁工业集团，所以佩雷尔曼在读大学期间就曾经投资 80 万美元收购过一家啤酒厂，三年后分拆卖掉获利 200 多万美元。

佩雷尔曼常见的操作手法，是买进一家“丑小鸭”公司，将公司亏损业务分拆卖掉，留下公司的壳，然后利用历史亏损潜藏的税务优惠，收购优质资产，经过管理优化后转手出售给行业巨头。以此为目的，佩雷尔曼喜欢精确盘算最少购买多少股份可以实现控股，哪些业务和机构可以卖掉，收购什么目标业务可以形成互补，最终要卖给谁。所以，市场对他的评价是“佩雷尔曼不像个企业家，更像个手拿计算器在市场晃悠的二道贩子”！

盯上所罗门之前，佩雷尔曼刚刚在米尔肯的支持下，通过发行垃圾债券，完成对化妆品帝国露华浓的收购。佩雷尔曼入主后，分拆出售了露华浓保健品部门，同时将公司机构一举削减 80%。露华浓是佩雷尔曼收购生涯中唯一专情对待的公司，至今依然在佩雷尔曼掌控中。2018 年 1 月，佩雷尔曼刚刚把露华浓 CEO 的宝座移交给女儿黛布拉。

佩雷尔曼不专情的性格，在他的私生活里也有体现。他一生结婚 5 次，离婚 4 次——这可能是财富榜排名下滑的因素之一，佩雷尔曼在 1991 年就是富豪榜第三名。佩雷尔曼的婚姻一直是八卦媒体的最爱，尤其是第三任妻子达芙，据说是美国前总统克林顿的红颜知己。更有意思的是，克林顿拉链门丑闻女主角莫妮卡·莱温斯基，就是经佩雷尔曼推荐进入白宫的。

为了抵御佩雷尔曼的入侵，古弗兰拒绝了佩雷尔曼的出价，转而于 1987 年 9 月 28 日向巴菲特发行 7 亿美元条件优厚的优先股。优先股每年享有固定 9% 红利，3 年后有权按照每股 38 美元的价格转成普通股，当时所罗门股价约为 32 美元。如果届时不转股，所罗门兄弟公司自 1995 年 10 月 31 日起的 5 年内分批赎回。同时，巴菲特保证 7 年内不增持所罗门股份。

虽然看上去利润丰厚且几乎万无一失，但巴菲特这笔投资的“择时”可谓烂到家了。9 月 28 日确定投资，交易履行完毕后的一周左右，就爆发了世界性大股灾。10 月 19 日，著名的黑色星期一，道琼斯指数单日跌幅 23%，创 20 世纪单日跌幅纪录。所罗门股价遭重创，跌至低点 16.62 美元。不过，说择时烂透了，是老唐的调侃。巴菲特其实不择时，他只依据价值和价格差异行事。就在黑色星期一发生的前一周，10 月 12 日前后，巴菲特已经指示经纪公司将他持有的普通股，除了三只“死了都不卖”①的股票，其他的几乎全部清仓了。

芒格起初就不太赞成投资所罗门。《滚雪球》里记录：“芒格环抱着双臂对巴菲特说道：‘沃伦，你确定要投资这家公司吗?’巴菲特没有说话，他注视着交易大厅熙熙攘攘的人群，注视着里面嘈杂的环境，等了好一会儿，他才慢慢给出了一个答案：‘嗯，是的。’”

芒格后来很得意地说：“我们颇有一些先见之明，当时我们在大都会和所罗门有相当数量的股份，沃伦建议我去加入大都会董事会。我说：沃伦，你绝对不需要我在那儿。所罗门会有很多麻烦，需要我们两个人都在。”果然，所罗门出了大麻烦，麻烦来自债券交易部门负责人梅利韦瑟和他的得力手下莫泽尔。

所罗门的麻烦事儿

事件复杂，简化后大致如下：美国财政部发行的美国国债，历来是金融市场的硬通货，是全球交易量最大的金融产品之一。国债的发行模式是这样的，买家通过主要交易商②向财政部报出要求利率和申购数量。财政部从要求利率最低的报价算起，一直到满足预备发行数量为止，最高要求

① 大都会通信、盖可保险、华盛顿邮报。
② 一共 40 多家，所罗门是最大的一家。

利率为成交利率。低于成交利率的申报者，得到申报数量；高于成交利率的申报作废；等于成交利率的申报者部分或全部成交。

举例说明。假设财政部准备发行 100 亿美元国债，大家报出要求利率和申购数量如表 37 –1 中的前两列，则成交利率和数量如表中后两列所示。

表 37 –1　申购国债中标过程

要求利率	申购数量	成交利率	获得数量
2.78%	30 亿	2.95%	30 亿
2.82%	10 亿	2.95%	10 亿
2.88%	20 亿	2.95%	20 亿
2.91%	30 亿	2.95%	30 亿
2.95%	30 亿	2.95%	10 亿
2.96%	40 亿	—	0
……	……	—	0

为了防止垄断操纵，财政部规定任何公司申购数量不可以超过发行总量的 35%。所罗门公司债券部经理莫泽尔钻了个空子，他不仅用所罗门自营账户提出顶格申报，同时还利用客户账户提交申报，然后在客户不知情的情况下，将获配债券转入所罗门自营账户。

后来的调查结果显示，莫泽尔有 8 次申购比例超过 35% 上限，其中 4 次，他申购到发行债券总量的 75%。如此大量债券在手，所罗门基本可以控制该债券的短期波动。他们通过拉高市价的方式逼空，迫使国债空头在到期日以高价平仓，从而为公司创造暴利，相关人等则获得高额奖金。

莫泽尔的行为后来被上司梅利韦瑟知道并汇报给董事会。但不知为何，董事会轻描淡写地略过了。巴菲特知道此事时，也没意识到问题的严重性，还是芒格提醒他说这是个大麻烦。

说到底，数万亿美元国债是美国整个财政系统的基础。境内外的个人、机构及其他政府出资购买美国国债，是出于对美国政府及其公共财务系统的信任。这个系统本身的运作建立在一种微妙的平衡之上，类似所罗门这种弄虚作假，可能毁掉美国证券系统的国际声誉，减少国债买家，从而提高政府的融资成本。

财政部一次很偶然的询问函，让莫泽尔盗用客户账户的事穿了帮，司法部反垄断局开始介入调查。美联储和财政部考虑取消所罗门主要交易商资格，以儆效尤。若所罗门主要交易商资格被取消，将面临大客户出走、债务触发保证金追加要求，甚至触发债务提前归还条款等重大危机。

华尔街投行的资产负债表规模一般都很大，所罗门当时市值约 40 亿美元，但债务规模高达 1500 亿美元，在华尔街投行中仅次于花旗集团。公司每天都有几百亿美元的债务滚动到期，若触发信用危机，归宿只能是破产。届时巴菲特的 7 亿美元将分文不剩。

紧急介入挽救所罗门

美元面前无小事，巴菲特和芒格紧急介入所罗门。计划由巴菲特担任董事长，芒格接管审计委员会，MTO 律师事务所冠名合伙人奥尔森和首席律师邓纳姆接管法律事务。

奥尔森介入的第一天，就被纽约南区检察官召见。要知道，是否指控所罗门的权力掌握在检察官手上。奥尔森当场对检察官做出一个非同寻常的承诺：放弃所罗门公司“律师—当事人保密特权”！这条宪法赋予的特权，是用来保证客户与律师之间的交流内容免受调查的。奥尔森保证不管 MTO 在调查中发现什么，都不会对检察官保密。说得直白一些，此刻 MTO 押上律所声誉和大律师的执业资格，承诺绝不隐瞒客户商业机密和犯罪行为，以换取检察官暂时不指控所罗门。

事情当然不是一个承诺能解决的，中间有巴菲特、芒格及 MTO 律师团惊心动魄的大量努力。举一个惊险的环节，距离股市开盘还有不足 7 小时，财政部决定取消所罗门主要交易商资格。巴菲特收到消息后，立刻找到财政部部长布雷迪[①]，用拒绝担任所罗门兄弟董事长、让所罗门宣布破产作为要挟。

所罗门如果破产，将是美国历史上最大规模的金融企业破产，连锁反应将导致所罗门合伙人、债权人及交易对手破产，会给世界金融市场带来巨大的灾难，具体损失程度无人能够准确估计。经过一系列人脉沟通和谈判权衡，财政部部长布雷迪与美联储主席格林斯潘等决策人，基于巴菲特、芒格和 MTO 押上声誉的诚意，同时也确实担心巴菲特描述的恐怖场景肆虐金融市场，最终将对所罗门的制裁修改为：所罗门可以保留自营账户申购权，但暂不能代替客户申购。

事后财政部对所罗门也只实施了 2.9 亿美元罚款，除梅利韦瑟离职、莫泽尔入狱 4 个月之外，没有起诉任何人。这结局几乎比所有股东预想的都乐观。巴菲特说，这主要归功于 MTO 的奥尔森和邓纳姆。

豪华阵容组建长期资本公司

1992 年 6 月危机基本解除。巴菲特离开所罗门，并任命 MTO 首席律师邓纳姆接任董事长职位，之后巴菲特增持了部分所罗门股票。在邓纳姆的领导和推动下，1997 年所罗门以 90 亿美元的价格，出售给桑迪·威尔控制下的旅行者集团，伯克希尔所持股份交换为旅行者集团约 3% 的股份，市值 17 亿美元，巴菲特随后陆续将其抛出离场。所罗门出售后，邓纳姆重新回到 MTO 律师事务所。

而约翰·梅利韦瑟，这位曾在 20 世纪 80 年代一手创造所罗门债券交易部，打造出华尔街传奇赚钱机器的天才级人物，因此事离开所罗门后，创建了长期资本基金。由于所罗门债券部门的核心交易员，几乎全部是梅利韦瑟从各大学院里挖掘的，梅利韦瑟一直是他们可以依靠的大树，是他

① 伯克希尔原董事长蔡斯的侄子。

们的保护伞，是他们的慈父，呵护和照顾着他们，所以，当梅利韦瑟离职后，这些人基本都选择了跳槽长期资本。

紧接着，梅利韦瑟还邀请到诺贝尔奖得主罗伯特·默顿和迈伦·舒尔茨[①]入伙。默顿和舒尔茨之所以愿意入伙，是因为他俩认为长期资本公司将是他们检验学术成果的最好机会。

长期资本交易模型的底层逻辑，就是两位诺奖得主的期权定价模型和有效市场理论：金融产品的市价虽然随机出现，但和宇宙里广泛存在的其他随机事件一样，它们也会呈现某种分布。具备足够的数据就可以统计出分布形态。一旦市价偏离正常态，下注赌它回归就可以让长期资本获取利润。因为随着时间的推移，有效市场的必然结局是价格回归正常态。

这套理论其实没错，问题出在“随着时间的推移”几个字上。这个时间究竟是多长，或许应了凯恩斯那句名言：市场保持非理性状态的时间，可能会持续到你破产以后。

梅利韦瑟并没有止步于两名诺奖得主，他还邀请到一位重磅人物——美国财政部在任副部长兼美联储副主席戴维·马林斯。马林斯在美联储的声望仅次于美联储主席格林斯潘，被普遍认为是格林斯潘的继任者。这是市场上唯一能请到在任美联储副主席入伙的基金公司。这不仅给长期资本创造了广泛接触国际大银行的机会，也使各国准政府投资机构趋之若鹜。而且，马林斯是处理所罗门丑闻的直接负责人，他的加盟相当于给梅利韦瑟做了人品背书。

凭借创始人和合伙人梦幻般的履历、历史回报和学术声誉，这群天才毫不费力就募集到截至当时，基金史上最大规模的启动资金：12.5 亿美元。资金主要来自大型银行、政府基金、大学基金、华尔街巨头、好莱坞

① 从“赌神”索普 21 点论文推出期权定价模型并因此而获得诺贝尔奖的经济学家。这两位此刻是国际金融界的泰斗级人物，大部分华尔街精英要么是他们的学生，或学生的学生，要么就是读着他们写的教科书入行的。

名流、保险公司、养老基金等。

惊人业绩突遭黑天鹅

基金从1994年2月底开始运作，当年回报率28%；1995年59%；1996年57%；1997年25%。4年4倍，年化41.4%。对于规模如此巨大的债券套利型基金，用“传奇”已经不足以形容。更让人惊掉下巴的是，在基金运作前3年里，只有1个月有超过1%的亏损。直到1998年4月底为止，基金最大月度亏损仅2.9%。

在逆天业绩面前，基金规模迅速膨胀到约74亿美元。这时候长期资本基金的认购资格，对于所有合伙人也已经是一种需要争抢的奖励和荣耀。几乎所有的合伙人都把身家投入了自己的基金——包括前4年分得的管理费和业绩提成。

1997年底，基金强行退回了外部投资者的27亿美元。留下的47亿美元中，有19亿美元是合伙人的。此举当时引发众多投资者的愤怒，但仅仅几个月后，这帮被清退的家伙就乐得在家烧高香了。

1998年5月，天才们设计的精密模型里的十级西格玛事件[①]降临——日本股市暴跌，俄罗斯国债违约，克林顿拉链门丑闻，一系列事件让全球金融产品出现信任危机，投资者不计价格抛售所有疑似潜藏风险的资产，换入类似美国国债这样的安全资产。在长期资本模型里，那些必将收拢的收益率，不仅没有收拢，反而持续扩大，大量本应负相关的对冲资产同向运动。

5月基金亏损6.7%，6月亏损10%，7月持平，8月巨亏44%。长期资本在全球所有产品上的套利活动，同时出现亏损。多元对冲、全面分散风险的资产组合失灵，模型全面崩溃。9月1—23日，基金又亏损25%。

① 可能性只有$1/10^{24}$的事件。

1998 年 9 月 23 日，星期三，基金还剩 5.55 亿美元净资产。

隔岸观火

此时的长期资本，持有约 1400 亿美元资产及 1.25 万亿美元的金融衍生品合约。如果长期资本崩塌，将引发无数交易对手无法结算，整个市场丧失流动性，结局可能就是整个金融系统的崩塌。美联储紧急召集华尔街 14 家大银行商量救灾。

同时，长期资本通过高盛集团，向包括巴菲特在内的多位实力金主，表达出让股权的意图。巴菲特不仅没有同意，反而在得知消息后立刻致电通用再保负责人，“长期资本公司快不行了。不管是谁来为长期资本的相关产品投保，没有抵押物或保证金绝不办理。记住，绝不办理”！

经多位巨头紧急斡旋，巴菲特最终在 9 月 23 日 11 时 40 分勉强传真过来一张一页纸的意向书，核心就三句话：①伯克希尔、高盛和 AIG 分别出资 30 亿、7 亿和 3 亿美元组成一家新公司。②新公司出价 2.5 亿美元，收购此刻长期资本净值为 5.55 亿美元的全部投资组合。只要资产不要人，不承担收购前责任。③不接受内容修改，限 12：30 前签字，否则意向失效。

梅利韦瑟团队将这个出价视为人格侮辱，其他巨头们则意见不一，最终没能在 50 分钟内达成一致。后来，还是美联储敦促 14 家大银行组成的银团，凑出 36.5 亿美元实施紧急救助，代价是 14 家银团获得长期资本 90% 的股权，剩余 10% 归合伙人之外的原基金投资人，合伙人年初的 19 亿美元资本归零。事情就这样结束了。

巴菲特说他完全无法理解长期资本这 16 个人。“他们为了赚自己不需要的钱，把自己需要的钱全部搭进去。这不是傻是什么？绝对是傻，不管智商多高，都是傻。为了得到对自己不重要的东西，甘愿拿对自己重要的东西去冒险，哪能这么干？”

一切皆有可能

营救行动结束一周后，诺奖得主舒尔茨举行婚礼（二婚），婚礼现场舒尔茨和默顿发生口角，起因是舒尔茨意识到用数学模型预测市场很危险，而默顿坚持认为可以通过优化模型解决问题。舒尔茨在婚礼上宣布，自己婚后将放弃舒尔茨姓氏，改随妻子姓。

梅利韦瑟及其天才合伙人，吸取长期资本失败的经验和教训，对模型进行了更深入的细化和完善，并严格将杠杆率控制在15倍以下，又创立了一只基金 JWM。2008 年，JWM 基金再次踩中 $1/10^N$ 小概率事件，被迫清盘。

这一切，正如巴菲特所总结的，“资本市场，什么离奇的事情都有可能发生。你要做的是处理好自己的事，力求在最离奇事件发生时，你仍然能够活着”。

第三十八回　指导思想与时俱进　投资首选指数基金

1998年收购通用再保后，遭遇连续几年的重创，让巴菲特内心谨慎起来，开始更加强调指数基金的厉害。这种细微变化，就隐藏在每年的致股东信里。

巴菲特是如何看待指数基金的?

在1998年前，巴菲特曾经在两年的致股东信里谈论指数基金。这两次表述经常被指数基金拥趸断章取义地引用。但这两年，巴菲特表达的真正意思其实是："指数基金不错，但自己如果有基本的投资能力，就没必要去搞指数基金。"

1993年致股东信，巴菲特第一次谈论指数基金，他写道：

通过定期投资指数基金，一个什么都不懂的业余投资者竟然往往能够战胜大部分专业投资者。奇怪得很，当傻钱知道自己的缺陷时，它就不再是傻钱了。但是，如果你是稍有常识的投资人，对商业有基本了解的话，你应该能够找出5到10家股价合理且具备长期竞争优势的企业。此时分散投资理论对你就毫无意义了，它反而会损害你的投资成果并增加你的风险。我实在无法理解一名投资人为什么要把资金投向了解和熟悉程度是第20名的企业，而不是集中在前面几名最熟悉、性价比最高的投资上。

这段话的前半截经常被用来证明巴菲特说过"指数基金可以帮助业余

投资者战胜大部分专业投资者”。可惜从上下文看，巴菲特表述的意思明显在“但是”之后：有商业常识的投资人，应该集中投资5到10家股价合理且具备长期竞争优势的企业。

1996年致股东信里，巴菲特第二次谈起指数基金。他写道：

对于各位的个人投资，我可以提供一点心得供大家参考：大部分投资者，包括机构投资者和个人投资者，早晚会发现最好的投资股票方法是购买管理费很低的指数基金。扣除各种费用后的指数基金投资收益率，肯定能够超过绝大多数投资专家。

但是，你也可以选择自己建立投资组合，此时有几个要点是需要你牢记的。投资并不复杂，但说它很容易也不现实。投资者真正需要的是给你选中的公司估值的能力。请特别注意“选中的”这个词，你不必成为每家公司或者许多公司的行家，你只需要将自己限定在能力范围就好。能力范围的大小不重要，重要的是，你知道它的边界。

要成功地投资，你不需要了解β值、有效市场理论、现代投资组合理论、期权定价或者新兴市场。实际上，你最好对此一无所知。在我看来，投资专业的学生只需要学习两门课程就够了：“如何给公司估值”和“如何面对市价波动”。当然，商学院和学术界是不会同意我这种观点的。

作为一名投资者，你的目标应当仅仅是以理性的价格买入一家你能理解的、在未来5到10年甚至20年时间确定会成长的公司之部分股权。随着时间的推移，你会发现只有很少的公司能够符合这样的标准。所以一旦发现一家合乎标准的企业，你就应当大量买入。在这期间，你必须尽量坚守一个原则：如果你不想拥有某公司股权10年，那就不要考虑持有它10分钟。将一些符合标准的公司构成组合，之后你会发现它的市值自然而然地就会不断增长。尽管我们很少承认，但这正是伯克希尔股东们积累财富的秘诀。

这次巴菲特确实夸奖了指数基金是最好的投资股票方法，但阐述的重点依然在“但是”之后：如何构建自己的好企业组合。正如巴菲特 1998 年 10 月在佛罗里达大学商学院的那场著名演讲里谈到的：“要是你能找到 6 家不错的企业，就已经足够分散了，用不着再分散了，而且你能赚很多钱。”

1998 年底收购通用再保后，巴菲特被市场一通“胖揍”，直到 5 年后通用再保才止住亏损的势头。那年（2003 年）的致股东信里，巴菲特再次谈到指数基金，表述与之前出现明显区别。他说：

> 那些收费非常低廉的指数基金（比如先锋基金公司旗下的指数基金）在产品设计上非常适合投资者。我认为，对于大多数想要投资股票的人来说，认购成本低廉的指数基金是最理想的选择。

注意，这次后面没有“但是”。2004 年致股东信延续了这种风格：

> 过去 35 年来，美国企业创造出非常优异的业绩，按理说股票投资者也应该获得丰厚的回报，只要简简单单地搭上顺风车就可以了，持有低成本的指数基金就可以达到这样的目的。但为什么绝大多数投资者收益平平甚至惨不忍睹呢？我认为主要有三个原因……

再往后，巴菲特越来越频繁地在各种场合推荐指数基金，表述干脆变成类似“个人投资者的最佳选择就是买入一只低成本的指数基金，并在一段时间保持持续定期买入”；甚至是“把你所有的钱都投资到像先锋 500 指数基金那样的低成本指数基金上”。

2005 年致股东信里巴菲特直接指出：

> 投资管理机构及基金经理，向他们的客户收取大量费用。然而，将这些机构和经理当作一个整体来看，他们是通过收费让客户赚得更少，让客户的回报率落后于最简单的指数基金被动投资。

开百万赌局力挺指数基金

2006年致股东信披露后，巴菲特公开发起百万美元赌局，挑战所有的基金管理人。巴菲特声称，任何基金管理人都可以选择至少5只基金，巴菲特赌10年内这5只基金跑不赢先锋SP500指数基金。

巴菲特说："我充满期待地等待各位基金经理来挑战，毕竟他们有能力让客户掏出几十亿美元来，他们不应该害怕拿一笔小钱出来和我赌一把。但是，随之而来的是一片寂静，几千名职业投资经理里最终只有一个人——泰德·西德斯应战了，他是门徒基金公司[①]总裁。"

泰德选择了5只FOF基金[②]，这5只基金持有200多家基金，相当于泰德雇用超过200名信心满满的华尔街精英以及他们背后的专业投研团队管理自己的资金。如此大规模的样本，基本可以确保隔绝运气因素。泰德的基金组合将与先锋SP500指数基金比赛，赛期10年，从2008年1月1日起计算。

10年后，5只基金和标普500指数基金收益率对比结果如表38-1所示。巴菲特承诺不暴露5只参赛基金的名称。

表38-1　5只参赛基金与标普500指数基金收益对比

年份	基金A	基金B	基金C	基金D	基金E	标普500指数基金
2008	-16.5%	-22.3%	-21.3%	-29.3%	-30.1%	-37.0%
2009	11.3%	14.5%	21.4%	16.5%	16.8%	26.6%
2010	5.9%	6.8%	13.3%	4.9%	11.9%	15.1%
2011	-6.3%	-1.3%	5.9%	-6.3%	-2.8%	2.1%
2012	3.4%	9.6%	5.7%	6.2%	9.1%	16.0%
2013	10.5%	15.2%	8.8%	14.2%	14.4%	32.3%

① 门徒基金管理着35亿美元资产。

② FOF基金指专门投资基金的基金。

续表

年份	基金 A	基金 B	基金 C	基金 D	基金 E	标普 500 指数基金
2014	4.7%	4.0%	18.9%	0.7%	-2.1%	13.6%
2015	1.6%	2.5%	5.4%	1.4%	-5.0%	1.4%
2016	-3.2%	1.9%	-1.7%	2.5%	4.4%	11.9%
2017	12.2%	10.6%	15.6%	—	18.0%	21.8%
总收益	21.7%	42.3%	87.7%	2.8%	27.0%	125.8%
年化收益	2.0%	3.6%	6.5%	0.3%	2.4%	8.5%

5 只基金无一例外全部跑输——基金 D 已经于 2017 年初清盘，总收益和年化收益率均按 9 年计算。5 只基金均在开赛第一年跑赢指数基金，但之后的 9 年，最厉害的 C 基金也仅有 3 年跑赢指数，其次是 A、B 各 1 年，D、E 则 9 年全输。

赢得赌局的巴菲特说：“长期看，确实有部分有经验的人能超过标普 500 指数的表现。然而在我的一生里，我也就提前判断出 10 位左右的专业人士，能够如同我预期的一样完成这一壮举。当然，一定有成千上万的指数超越者是我没有见过的，毕竟跑赢指数并非不可能。不过，问题在于大多数试图跑赢指数的基金经理最终都会失败。”

为何难以战胜指数？

难道基金经理岗位自带诅咒？巴菲特继续解释背后的原因。

股市投资者可以划分为两大群体：打算在证券市场上获得超越指数收益的投资者，这群人可被称为“主动投资者 A”；与他们相对的另一个群体是“被动投资者 B”。

按照定义，B 的仓位总和大致和指数构成接近，自动获得指数收益。那么，A 作为另一个整体也必将等于指数收益。然而，由于主动投资者需要承担大笔年费、巨额业绩报酬，以及活跃交易的佣金税费成本。同样扣除成本后，A 群体收益一定低于 B 群体，因为 B 群体对管理人没什么资历和智力要求，只需缴纳象征性管理费用以及几乎可以忽略的交易税费（当指数成分股发生变化时交易）。

那么，主动投资者群体里难道就没有跑赢指数的吗？当然有。主动投资者群体扣税费前，收益率等于指数收益，已经意味着群体内必然分布着高于指数、等于指数和低于指数的三类。确实有人跑赢。

假设主动投资者群体内部，三部分人群大体平均分布，各占1/3。这首先意味着已经有2/3人群收益率低于指数。同时，扣费前超越指数的群体里，有部分超越幅度太小的，扣除税费后的收益率也可能低于指数。

这就是无论投资者如何努力，注定是绝大多数群体无法战胜指数的根本原因。不仅如此，即便是短期战胜指数的基金经理，仍然有很多因素导致其大概率走向失败。

首先，投资领域短期内很难区分运气和能力。1000名基金经理或1000只猴子来预测市场，都可能产生至少1位连续9年正确的。这让寻找基于能力（而不是运气）跑赢指数的少数基金经理变得更加困难。

其次，人们不会排队将钱交给连对9年的猴子，却会排队交给连对9年的基金经理。由于基金经理依赖规模和收益提成获取收入和声誉，所以他们必然倾向于接受更多的投资资金。可是，管理几亿甚至几十亿元资金，与管理几百万或几千万元所需能力不一样，关注对象不一样。结果就是，无论前期的成功靠的是运气还是能力，随着基金经理被超出个人能力上限的资金池淹没，失败就在资金规模最大时来临了。

实际上，即便是类似彼得·林奇这样的传奇基金经理，也是早期资金少的时候成绩斐然，伴随着资金增加，收益逐渐变得平庸。虽然展示的基金年化收益率很高，但真正赚大钱的只有早期投资者。芒格对此评价说："成功的基金吸引大量的资金，但其日后的表现往往平庸。然而，它们会一直吹嘘自己的年化回报率，并会提及自己多年前的成功。这种做法很有误导性。"

成长股投资大师：彼得·林奇

彼得·林奇生于1944年，大学暑假期间曾到因蔡至勇和内德·约翰逊而声名显赫的富达基金公司实习。1969年林奇服完兵役后，入职富达成为股票研究员。1977年5月被任命为富达麦哲伦基金管理人。

麦哲伦基金由富达旗下两只亏损严重的基金合并而来——只剩600万美元的麦哲伦基金（早期由内德管理）和只剩1200万美元的Essex基金。这两只基金此前5年累计亏损超过5000万美元。按0.6%的管理费标准，不合并已经无法负担基金经理的薪水。

林奇接手后表现神勇，1977年5月—1980年底，麦哲伦基金年化收益率超过40%，这个期间不开放申购（具体年度收益率数据参看本书附录A）。1981年，麦哲伦基金再次合并富达旗下另一只亏损严重的小基金“道氏理论基金”，然后向公众开放申购。起初，申购情况相当平庸。1981年基金获得了18.5%的投资收益率，但累加新申购资金后规模才刚刚突破1亿美元。

变化来自1982年10月的一次电视宣传。1982年10月的一个周末，林奇登上著名电视节目《华尔街的一周》，以“过去五年最成功的基金经理”身份，与800万电视观众分享投资策略。虽然林奇在《战胜华尔街》里坦言，“我向800万电视观众描述的投资策略，与我实际使用的投资策略并不是一回事”，但林奇在电视上说的那套策略，确实得到了观众的认可。电视宣传的效果非常好。林奇说：“基金销售奇迹般地大增……申购资金汹涌而来。”

1982年底，麦哲伦基金规模扩张至4.5亿美元。其后伴随着美国股市走牛，申购规模一路扩大。1983年新增10亿美元申购，基金规模突破16亿美元，成为全美第二大基金；1984年新增10亿美元申购；1985年新增

17 亿美元申购；1986 年 2 月基金规模突破 50 亿美元，一跃成为全美最大基金；1987 年 5 月基金规模突破 100 亿美元；1987 年 8 月突破 110 亿美元。

1987 年 10 月股市崩盘，麦哲伦基金一周内缩水至 72 亿美元。按照林奇自述"整个 10 月有 6.89 亿美元申购和 13 亿美元赎回，是我经历的首次净赎回"推测，大崩盘期间麦哲伦基金损失至少超过 30%。

还好，1987 年底股市反弹，全年指数上涨 5.1%，林奇保住了 1% 的正收益率。这宝贵的 1%，成就了林奇 13 年无亏损的纪录。1990 年 5 月底林奇离职时，麦哲伦基金规模是 140 亿美元。

在林奇任职期间，基金从不足 2000 万美元，扩张到 140 亿美元。这期间究竟给客户创造了多少净收益，很难计算，也没有人去计算。但客户申购基金时缴纳的 2% ~3% 申购费，实实在在地给富达基金公司创造了数以亿计的财富。

若以开放申购时间为界，林奇管理的麦哲伦基金大体可以分为两段：前段为 1977 年 5 月至 1981 年合计约 4 年半，总规模小于 1 亿美元，年化收益率略高于 40%；自 1982 年到 1990 年 5 月底的约 8 年半，年化收益率约 23%。这期间的 1977 年至 1981 年 5 个完整年度，指数年化收益率 7.9%，巴菲特年化收益率 28.3%；1982 年至 1990 年 9 个完整年度，指数年化收益率 16.2%，巴菲特年化收益率 26.5%。

这不是否认林奇的优秀。在长达 13 年里，大幅超越市场平均水平，绝对是相当难得的高水平，无愧"投资大师""传奇基金经理"的称号。但林奇的投资生涯至少有三个缺憾，这让投资者对于学习他的投资体系心有余悸。

一是林奇的投资生涯仅 13 年，期间美国股市正好处于大牛市，标普 500 指数总计上涨 463%，相当于沪深 300 指数从 3000 点上涨至 16900 点。其间即使是走烟蒂股路线的施洛斯，年化收益率也有 25%。这让人很难估算林奇投资生涯里的运气成分占比。

二是林奇13年年化约29%的记录里，前期资金少时收益率高，后期资金多时收益率低。与巴菲特持续稳定的高收益率相比，缺乏资金容量和长期稳定性。

三是林奇的投资模式对于个人精力要求太高了。正如施洛斯所说："彼得·林奇一年走访几百家公司，他选的股票也很优秀。但是要让我那样做，我做不了，几年内就会把我累死。"所以，林奇47岁就结束了自己的基金经理生涯。

即便如此，林奇这样的基金经理恐怕也是千里挑一甚至万里挑一。找到一个林奇的难度，或许并不比找到一只十倍股容易。而巴菲特反复推荐的，他认为能够超越绝大部分基金经理的先锋SP500指数基金，就完全不需要担心这个问题。所以，巴菲特给第二任妻子艾丝翠留下的遗嘱，就这样安排……

第三十九回　指数基金英雄丰碑　思想源泉宏观鼻祖

巴菲特在遗嘱里叮嘱，自己去世后遗产的10%配置短期国债（以应对意外之需），90%配置先锋SP500指数基金。注意，这指的是除伯克希尔股份以外的财产。占巴菲特财富99%以上的伯克希尔股份，将在巴菲特去世10年内分批捐给多家慈善基金。

值得巴菲特托付身家的基金经理：约翰·博格

巴菲特一再推崇的先锋SP500指数基金，来自先锋投资集团，它的缔造者叫作约翰·博格。在2016年的致股东信里，巴菲特写道：

> 无论是大型投资者还是小型投资者，都应该坚持投资低成本指数基金。如果要树立一座丰碑，用来纪念为美国投资者作出最大贡献的人，毫无疑问应该选择约翰·博格。几十年来，博格一直敦促投资者投资于低成本指数基金。……他已经帮助数以百万计的投资者，用自己的储蓄实现了更高的回报。如果不是博格，他们的回报要低得多。博格是他们的英雄，也是我的英雄。

约翰·博格和他的双胞胎兄弟出生于1929年5月8日，上面还有一个大两岁的哥哥。博格出生时家庭条件很好，父亲曾经是飞行员，而爷爷是美国铝罐公司的创始合伙人——就是后来被蔡至勇掌控的那家公司。

然而，博格兄弟还在襁褓之中，就遭遇了美国股市大崩溃。博格家在这次大崩溃中几乎倾家荡产，连住房也失去了。所以博格没享受到家族的福荫，从懂事起过的就是穷日子。由于家境所限，三兄弟里只能有一个读大学。博格作为三兄弟里学习最好的，无可争议地获得了这个机会。

1950 年，博格在普林斯顿大学时，读到宏观经济学鼻祖凯恩斯 1936 年出版的经济学巨著《就业、利息和货币通论》（下称《通论》）。这本书所构建的凯恩斯主义，是近百年对全球影响最大的经济思想。书内的经济学内容博格读得半懂不懂，但其中关于投资的部分，对博格的人生产生了巨大的影响。

凯恩斯《通论》关于投资的论述

《通论》第 12 章分析长期预期，涉及股票投资。凯恩斯在书里将股票收益的来源分为两部分：实业和投机。实业指企业在整个生命周期产生的预期收入，投机则指预测市场心理变化引发的股价波动。两个因素的叠加构成投资者的长期预期。

1994 年伯克希尔股东大会上，巴菲特高度赞扬了《通论》第 12 章的智慧含量，他说，“凯恩斯的《通论》第 12 章是关于市场心理学和参与者行为的内容。在投资领域论智慧含量，除了《聪明的投资者》第 8 章和第 20 章之外，可能就要数凯恩斯这一章了”。

凯恩斯在这一章里指出，当时市场参与者主要是个人，由于绝大部分人缺乏必要的商业知识，参与股市主要是意图获取短期投机收益。这种情况下，股市犹如报纸选美竞赛，参与者要从 100 张照片中选出最美的 6 张。选中的 6 人与最终得票最多的 6 人一致，就参与分享奖金。因此，每位参与者要选的，并不是自己眼中最美的，而是他认为最可能获得大家认可的美女。几乎是同一时期，大洋彼岸的格雷厄姆在《证券分析》里写下类似观点，“股票投机其实就是一种心理博弈，投机者 A 试图判断 B、C、D 的决策而后做出自己的决策，而 B、C、D 同时也在做同样的事”。

凯恩斯进一步补充，在股市投机活动中，任何短暂的无关事件，都可能引发荒谬的市场波动。由于职业投资者或机构投资者的知识水平和判断能力普遍高于个人投资者，所以通过扩大职业和专业投资机构的占比，通过它们之间更理性的博弈，或许能矫正荒谬的波动。

投资收益来自何处?

在凯恩斯上述思想的引导下，博格做了大量数据研究，并写成毕业论文《投资公司的经济角色》。在这篇论文里，博格提出一种对未来市场的展望，“共同基金的主要功能就是管理它们的投资组合，其他都是为之服务的。……未来行业的增长率可以通过降低销售费用和管理费用来实现最大化。……共同基金的市场表现并不会超过市场平均水平”。博格一生的事业，基本上就是围绕这段话开展的。

在论文里，博格对美国股市回报来源做了分拆研究，分别统计出实业和投机两部分对收益的具体贡献，并将实业回报细分为分红和利润增长。随着时间的推移，博格不断更新这个研究数据。表 39 - 1 是博格提供的 1900—2009 年 110 年跨度的研究结果。

表 39 - 1　标普 500 投资收益来源（%）

	1	2	3	4	5
时间	股息率	利润增长	实业 = 1 + 2	投机回报	总回报 = 3 + 4
1900—1909	3.5	4.7	8.2	0.8	9.0
1910—1919	4.3	2.0	6.3	-3.4	2.9
1920—1929	5.9	5.6	11.5	3.3	14.8
1930—1939	4.5	-5.6	-1.1	0.3	-0.8
1940—1949	5.0	9.9	14.9	-6.3	8.6
1950—1959	6.9	3.9	10.8	9.3	20.1
1960—1969	3.1	5.5	8.6	-1.0	7.6

续表

	1	2	3	4	5
时间	股息率	利润增长	实业 =1 +2	投机回报	总回报 =3 +4
1970—1979	3.5	9.9	13.4	-7.5	5.9
1980—1989	5.2	4.4	9.6	7.7	17.3
1990—1999	3.2	7.4	10.6	7.2	17.8
2000—2009	1.2	0.8	2.0	-3.2	-1.2
110 年平均	4.5	4.3	8.8	0.3	9.1

注：①博格将包含500家公司的标普500指数视为一个投资组合，每年现金分红总量/总市值得到股息率。

②对期初和期末的总利润增幅做年化处理，得出利润增长，比如500家企业期初净利润之和为100，期末为200，则10年利润翻倍带来7.2%的年化回报率。

③对期初与期末市盈率变化带来的回报，年化处理后得出投机回报率。比如标普500指数期初市盈率为10倍，期末市盈率为16倍，那么10年60%增幅折合年化回报率4.8%。

实业与投机的回报加总就是整体回报率。标普500指数110年内实现了年化9.1%的投资回报率，相当于1900年的1美元变成2009年的14478美元。其中8.8%回报源于实业，0.3%回报源于投机。在整个110年里，虽然经历过两次世界大战，多次金融危机以及无数政治经济危机，但除20世纪30年代外，其他所有10年期实业年化回报率均为正数，在2.0%～14.9%。

投机回报则呈正负交杂状，在11个10年期内6正5负，年化回报率在-7.5%～9.3%。这正如格雷厄姆所指出的："市场就像一只钟摆，永远在短命的乐观（它使得股票过于昂贵）和不合理的悲观（它使得股票过于廉价）之间摆动。"

依照这个研究结果，博格在论文里展望，"通过大力发展更注重实业回报，忽略投机回报的基金业，不仅可以给投资人带来更稳定的回报，同时还能矫正短期市场波动"。很多年后，博格谈及自己的论文时说，基金规模确实扩大了，但出乎意料的是荒谬的波动有增无减。大部分基金管理者和普通个人投资者一样荒谬，甚至有过之而无不及。

博格的毕业论文，被学校的某人推荐给了校友——威灵顿基金公司老板沃尔顿·摩根。摩根和基金两位高管读后认为“博格比我们更懂基金业务”，博格就这样于1951年7月5日入职威灵顿基金公司，迈出事业第一步。

宏观经济学泰斗凯恩斯

趁博格刚入职，我们来观摩一下对其影响深远的凯恩斯本人的投资思想变迁史。凯恩斯作为宏观经济学理论的创立者、当时全球大宗商品数据掌握最全面、对国际形势最敏感的投资者，他的投机经历及理念变化，对每位投资者都有着巨大的启迪作用。

约翰·梅纳德·凯恩斯出生于1883年，父亲是剑桥大学的讲师，出版过关于经济学和哲学的书籍。凯恩斯自小聪慧，1902年考进剑桥大学，师从新古典经济学派创始人、剑桥大学经济系创建者、《经济学原理》作者阿尔弗雷德·马歇尔教授。

1906年凯恩斯大学毕业后参加公务员考试，以第二名的成绩成为大英帝国印度事务部职员。在印度事务部工作期间，凯恩斯为他1913年出版的第一部经济学著作《印度的通货与金融》积累了大量数据和资料。1908年凯恩斯获剑桥大学讲师职位，1909年因发表的《概率论》晋升剑桥大学国王学院院士。

1914年7月28日，第一次世界大战爆发。欧洲所有证券交易所全线关闭；30日，一家从事德国业务的股票交易所破产，并波及其他交易所；31日，英格兰央行受到黄金挤提冲击；8月1日，俄国与德国开战，整个欧洲的票据承兑和贴现市场濒临瘫痪；8月2日，凯恩斯收到财政部函件，请求他以财政部顾问身份参与政府对金融系统的拯救行动。

在整个金融拯救行动中，凯恩斯表现出色。1915年1月，凯恩斯成为大英帝国财政部官员。1917 年 2 月，33 岁的凯恩斯被任命为财政部一个新机构的领导，负责英国外汇管制和对美借款事务，直接向首相和财政大臣汇报。

1919 年初，凯恩斯作为财政部首席代表，代表第一次世界大战战胜国大英帝国出席巴黎和会。6 月，凯恩斯强烈反对赔偿委员会向德国索要的惩罚性赔偿，因为基于他掌握的出口、货币和工业生产数据，他认为这份《凡尔赛和约》约定的赔偿条款，必将导致德国经济崩溃，并最终损害整个欧洲大陆的利益。

由于无法和赔偿委员会达成一致，凯恩斯一怒之下辞去首席代表职位，重回剑桥大学任教。回到剑桥后，凯恩斯花费两个多月时间，将自己反对高额赔偿的观点以及背后的数据和逻辑整理成书，并以《和平的经济后果》为名出版。

这本书里，凯恩斯通过翔实的数据和严密的逻辑告诉读者，《凡尔赛和约》所要求的惩罚性赔偿，是德国经济无力承受的，最终必然导致德国产生恶性通胀。这是份“死亡”之约，是残忍的胜利者在文明史上最残暴的行为之一，它将逼迫德国走向经济民族主义和复活军国主义道路上去，给德国和整个欧洲经济带来毁灭性的后果。

可惜战胜国的政治家们不愿意听凯恩斯的“英奸”言论。他们认为高额赔偿可以惩戒战争罪犯，让德国经济喘不过气才能避免德国再次强大。虽然没有获得政治家们的认可，但这本书还是在大西洋两岸引起了广泛的争论，凯恩斯也因此一跃而成为欧洲经济复兴问题的核心人物。

后来的事实证明了凯恩斯伟大的预见性。德国迅速爆发人类有史以来最严重的通货膨胀，寄一封信所需邮资从 1918 年的 0.15 马克变成 1923 年的 1 亿马克。这难以想象的恶性通胀，成为希特勒崛起及第二次世界大战爆发最重要的催化剂。

凯恩斯的投资生涯：从投机到投资

凯恩斯很早就萌发了做投资管理的心。1905 年他在给朋友的一封信里写道："我想管理一家铁路公司，或者筹备一只信托基金，至少也要'骗取'一笔公共投资。掌握这些事情的原理，是如此简单而且还非常有趣。"然而，凯恩斯的投资经历，完全不是他想象的那么简单，他经历了艰难的大赚大赔，之后又彻底逆转了自己的投资理念，逆转程度简直如同他的性取向一样。

凯恩斯早期是剑桥大学众所周知的同性恋者。按照凯恩斯自己记录的性行为记录表（现由国王学院收藏），他第一次与男伴发生性行为是 1901 年。自那以后，凯恩斯和多名男性伙伴保持着长期的性接触。据阅读过凯恩斯性行为记录表的人说，凯恩斯是一个"钢铁交配机器"，保持着数目夸张的性交往人数和次数。然而，1918 年秋天，一个比凯恩斯小 8 岁的已婚女人——俄罗斯芭蕾舞演员洛波科娃，改变了这一切。凯恩斯首先变成双性恋者，并将男同癖好保持至 1921 年，之后成为异性恋者。两人于 1925 年 7 月结婚，并携手走完整个人生。

凯恩斯的投资生涯以投机开始。最早的试探起于 1914 年，但金额很小。等凯恩斯凭借《和平的经济后果》一书大红后，版税、报纸约稿及公开演讲，给凯恩斯带来 4000 英镑的起步资金——当时 1 英镑大约相当于 2019 年的 80 美元或 560 元人民币。

以当时凯恩斯公开发表的文章看，他可能是全世界掌握经济数据最全面的人，他几乎掌握一切外汇及大宗商品的相关细节。美国生产多少捆棉花？铜、锡、镍、铝、煤和橡胶的全球主要供应商有哪些？数量如何波动？如何评估它们的价值？大宗商品贸易如何影响各国货币？……这一切，加上凯恩斯在财政部的工作经历、写作《和平的经济后果》时做的研究以及在概率论方面的成果，让凯恩斯对从外汇和大宗商品市场赚钱有着强烈的信心，毕竟对手只是一群受限于学识和判断力的无知群众。

1920 年 4 月，凯恩斯登上投机生涯的第一个高峰，市值达到 1.4 万英镑。不幸的是，“每一个投机泡沫，都有一根命中注定的针等着”，5 月，凯恩斯将账户亏成负数。

不服气的凯恩斯深刻总结经验教训后，找出版商预支了 1500 英镑版税，然后从一位相熟的银行家那里借来 5000 英镑，成立了新的投资主体——AD 信托投资公司，并开始接受投资者的委托理财。他的投资方向不仅有外汇、大宗商品，还有股票。这一次能力和运气都站在凯恩斯这边，一切顺风顺水。到 1922 年，39 岁的凯恩斯个人净资产达到 21558 英镑。

1921 年凯恩斯接受国王学院委托，负责管理学院的捐赠基金——切斯特基金。基金总额大约 22800 英镑。1922—1927 年，凯恩斯为基金赚取了 57600 英镑的净利润。1927 年底，凯恩斯卖掉了 AD 信托投资公司，个人身家达到了 39550 英镑。

很快，另一根针来了！1929 年全球股市大崩溃，凯恩斯这次失去了超过 80% 的财产，AD 信托投资公司则直接破产。凯恩斯被打服了，他开始怀疑自己无法利用有关经济周期的“超群知识”以及掌握的大量数据赚到钱。

凯恩斯回顾了自己基于宏观经济的投机活动，发现自己娴熟的信贷周期投资理论对自己的投资似乎没有起到什么作用。他说：“我们无法证明在不同经济周期，借助市场的系统波动买卖股票可以获得盈利。”几年后的另一封信里，他更加清晰地表达了对基于信贷周期理论择时策略的失望。他写道：“在将近 20 年时间，我在 5 个不同的投资组合里尝试过这种投资策略，却从未取得一次成功。”

大崩溃之后，凯恩斯放弃了通过预测宏观经济波动进行投机的模式，转而寻找经营稳定、每年都有高额分红的公用事业股。选择高分红公用事业股，是因为凯恩斯在大崩溃中观察到，当危机来临时，不直接创造短期现金流入的资产，总是最先被抛售。

这次转型支撑凯恩斯度过了大崩溃后更加残酷的大萧条。从1932年开始，凯恩斯持续获得良好回报。到1934年，凯恩斯新的投资哲学基本成型，当年8月15日，他在给朋友的信里写道，“随着时间的流逝，我越来越坚信，正确的投资之道是将大笔资金投到你了解并且对它的管理层有信心的企业当中”。这种表述代表凯恩斯彻底否定过去，犹如他从男同性恋者逆转为异性恋者。

1936年凯恩斯在《通论》序言里，写下一句后来经常被巴菲特引用的名言，“困难不在于想出新主意，而在于摆脱旧观念”，巴菲特是在摆脱烟蒂理念后，才深切体会到其中隐含的智慧。

凯恩斯管理国王学院切斯特基金的业绩，准确地记录了转型结果。1929年之后的业绩情况如表39－2。

表39－2　1929—1945年国王学院切斯特基金的业绩

年度	基金收益	净值	英国股指收益率	指数净值
1929		100.00		100.00
1930	－32.4%	67.60	－20.3%	79.70
1931	－24.6%	50.97	－25.0%	59.78
1932	44.8%	73.81	－5.8%	56.31
1933	35.1%	99.71	21.5%	68.41
1934	33.1%	132.71	－0.7%	67.94
1935	44.3%	191.51	5.3%	71.54
1936	56.0%	298.75	10.2%	78.83
1937	8.5%	324.15	－0.5%	78.44
1938	－40.1%	194.16	－16.1%	65.81
1939	12.9%	219.21	－7.2%	61.07
1940	－15.6%	185.01	－12.9%	53.19

续表

年度	基金收益	净值	英国股指收益率	指数净值
1941	33.5%	246.99	12.5%	59.84
1942	-0.9%	244.77	0.8%	60.32
1943	53.9%	376.70	15.6%	69.73
1944	14.5%	431.32	5.4%	73.50
1945	14.6%	494.30	0.8%	74.08
年化收益	10.5%		-1.9%	

1938 年 5 月，在基金又一次遭受严重损失时，凯恩斯写了份详细的备忘录交给学院，阐述自己在投资中坚持的三大原则：

①投资于经过认真挑选的对象，保证它们相对于真实和潜在的内在价值具有价格上的折扣，相对于同期的替代投资也更具性价比。

②坚定持有选定的组合，直到预期收益实现，或者有明显证据证明当初的决策是错误的。

③保持投资组合的平衡性。尽管集中投资股票会隐含一些风险，但不同的股票之间会形成风险的对冲。

1946 年凯恩斯因心脏病去世，享年 63 岁，去世时个人净资产 44 万英镑。

20 年后的 1966 年，凭借深入研究凯恩斯投资思想，并依赖《投资公司的经济角色》一文入职威灵顿基金公司的约翰·博格，已经奋斗为公司 CEO。但很快，一场内部的权力斗争，将博格逼到命运的十字路口。

第四十回　先锋集团一鸣惊人　伯克希尔渐显颓势

博格于1966年登上威灵顿基金公司CEO宝座，但不知是能力原因还是运气因素，无论是60年代后期的火爆牛市，还是70年代初期的全面股灾，威灵顿基金公司旗下基金规模持续稳定地——缩水。受损最严重的主力基金威灵顿基金，管理规模从1964年的21亿美元下降到1973年末的9亿美元。与规模下降同步的必然是利润，1973年公司利润仅190万美元。

受排挤成立先锋投资

失望中董事会发起了一场罢免博格的“政变”。1974年1月23日董事会召开会议，以10∶1的投票结果要求博格辞职，并愿意为博格辞职支付累计36万美元的补偿。唯一站在博格这边投出反对票的，是威灵顿旗下温莎基金的管理人约翰·聂夫。

博格拒绝辞职。董事会再次以10∶2的投票结果通过了解雇博格的议案。两张反对票来自博格本人和约翰·聂夫——以低市盈率选股著称的投资大师。他从1964年开始管理温莎基金直至1995年退休，年化收益率13.7%，期间标普500指数年化收益10.6%。

博格不肯认输，他从第二天起就展开了一场夺回基金控制权的运动。简单地说，就是他创造了一种新结构，鼓动威灵顿基金公司旗下11只基金成立一个基金管理子公司，所有权属于基金全体投资者。管理子公司本身不以盈利为目标，日常运行费用及按需购买投资顾问的费用，由基金持有人分摊。管理公司不再按年收取管理费——通常是基金净值的2%。

经过一年多的斗争，博格最终获胜。1975 年 5 月 1 日先锋投资集团[①]注册成立，并承接原威灵顿基金公司管理的 11 只基金。

先锋集团一鸣惊人

博格的先锋投资集团成立初期，借助先锋温莎基金约翰·聂夫良好的业绩和影响，度过了最艰难的转型期。其后，博格摒弃了寻找优秀基金管理人的方向，转而以获取市场平均收益为主要目标，以免佣金、低费率为主要特色，尽最大可能帮助基金持有人节约费用。其中 1976 年 8 月成立的“第一指数投资基金”（后改名“先锋 SP500 指数基金”）成为先锋投资集团的招牌，帮助先锋获得巨大成功。到 1995 年，先锋投资集团管理的基金平均费率低至 0.31%，而同期行业平均费率是 1.1%。

事实证明，最简单的跟随市场策略，确实打败了大部分主动管理基金。虽然挑衅和鄙视的基金经理不少，但以 1984—1994 年 10 年为例，先锋 SP500 指数基金有 7 年收益率超过一半以上的股票基金。在整个 10 年期，甚至超过了 78% 的股票基金。

无情的数据是最好的广告。先锋旗下指数基金获得飞跃式发展，先锋投资集团也不断推出跟踪各种指数的基金，尽最大努力压低费用[②]，为投资人提供丰富的选择。到今天，先锋投资集团已经是全球最大的基金公司，2019 年末管理资产高达 5.9 万亿美元。

---

① 博格这个先锋英文为 Vanguard，另外还有家叫 Pioneer 的基金，在国内也经常被翻译为先锋基金，但这俩先锋不是一家公司。Pioneer 基金公司由巴菲特的忘年交、《投机的艺术》（1930 年出版）一书作者、投资大师菲利普·卡雷特于 1928 年 2 月 13 日创立。从基金成立到 1983 年卡雷特退休，他管理 Pioneer 基金年化收益率 12.9%，期间标普 500 指数年化收益率 9%（含股息）。老先生 1998 年 5 月去世，享年 102 岁。

② 目前平均费率已经压低至约 0.2%。

博格于2019年1月16日去世，享年90岁。他被世人称为“指数基金教父”，以一己之力改变了一个行业。今天，指数基金正在成为全球市场增长最迅猛的投资品种，并成为巴菲特口中众多高薪基金经理无法逾越的高峰。

廉颇果真老矣？

巴菲特历史上多次炮轰基金经理，说他们绝大部分拿着高额管理费，却跑不过标普500指数。尴尬的是，最近10年巴菲特同样落后于标普500指数：2009—2018年的完整10年里，巴菲特掌控的伯克希尔总收益率210%，年化12%；伯克希尔自身股价涨幅242%，年化13.1%，均落后于标普500指数总收益率257%，年化13.6%的水平。

长达10年周期的落后，已经让很多投资者怀疑“股神”是不是真的廉颇老矣。毕竟巴菲特自己也写过：“我认为业绩衡量的时间最少为3年，5年则更佳。如果在3年甚至更长的时间，我们的表现都不尽如人意，那你们和我都应该考虑是不是需要把钱投到别的地方去。”2019年10月，有伯克希尔老股东通过媒体公开指责巴菲特“囤现金”不作为，且处理卡夫亨氏持仓迟缓，给股东造成重大损失。

巴菲特投资生涯中的两个阶段

纵观巴菲特整个投资生涯，若以投资主体划分，可以分为合伙基金阶段和伯克希尔阶段，以1969年基金散伙为界。其中1957—1969年合计13年，年化回报率29.5%；伯克希尔阶段则从1965年至今共计55年。55年年化回报率18.9%。伯克希尔股票55年27440倍，持股股东年化回报率20.3%。

但如果从投资理念角度，以公认的理念分水岭——1972年喜诗糖果收购案为界，划分为烟蒂股体系和陪伴优质企业成长体系两个阶段，其实更为合理，更有利于观察不同理念下的投资表现。

这种划分下，烟蒂股体系为1957—1971年，是15年41倍，年化回报率28.1%。[①] 这个阶段的代表性投资案例是桑伯恩、邓普斯特和伯克希尔。这期间年度收益率超过50%的有1年（1968年58.8%），超过30%的有6年，收益率最低是1957年10.4%，没有亏损年度。同期标普500指数年化收益率为9.6%。

这一阶段夹杂着一个特别的案例：美国运通。它虽然属于烟蒂股体系，但又不是正统烟蒂。这个案例展示了巴菲特对烟蒂概念做的探索性延伸，其中已经蕴含有后期陪伴优质企业成长思想的萌芽。

投资美国运通：陪伴优质企业成长的萌芽

美国运通案例发生在1964年，起因是一桩骗贷丑闻。1963年11月运通下属一家从事仓储保管的子公司，成为一桩骗贷丑闻的主角。一位色拉油期货市场的大庄家，将大量“装满色拉油的油罐”委托给运通仓储子公司保管，然后以仓储子公司出具的保管单为抵押，从51家银行骗取了总额约1.5亿美元的贷款，用于操纵色拉油市场。很不幸，“镰刀”被“韭菜”收割，庄家自己炒破产了（后被判入狱7年）。

债权银行凭仓单提取抵押品时发现，油罐里满满的都是海水，只有检测口有少量的油。很明显，骗子欺骗或收买了运通的检查人员。银行遂起诉出具保管单的仓储公司。仓储公司无力偿还债务，宣布破产。

本来按照有限公司的规则，仓储子公司只需要以自有资产为债务负责，银行能清算多少就是多少。但由于美国运通从事的是旅行支票业务，和整个银行体系有着广泛的业务联系，容不得企业信誉有任何瑕疵。因

---

① 1969年中基金清盘，当年回报率采用伯克希尔收益数据。

此，美国运通 CEO 主动承诺：运通将为这笔负债承担连带赔偿责任。

在市场人士看来，这笔巨额赔偿对于净资产仅 7800 万美元的运通，或许是灭顶之灾。部分运通股东甚至向法庭提起针对 CEO 的诉讼，认为他用股东资产为不必要的负债承担责任，严重损害股东利益。结果美国运通的股价从丑闻爆发后的 60 美元，一路下跌至 1964 年初的 35 美元，跌幅超过 40%。

此时巴菲特盯上了运通。必须注意到的是，这笔投资无论从什么角度看，都不像格式烟蒂。美国运通 1963 年财报显示，营业收入 1 亿美元，净利润 0.11 亿美元；总资产 10.2 亿美元，总负债 9.4 亿美元，净资产 0.78 亿美元。公司股本 446 万股，按照 35 美元股价计算，市值仍然有 1.56 亿美元，市盈率 14 倍，市净率 2 倍。如果考虑赔偿可能引发的损失，市盈率和市净率都可能飙升，完全和格式烟蒂不搭界。

巴菲特仔细阅读了运通披露的潜在赔偿估计。按照公司自查，公司可能承担责任的票据约 9700 万美元，其中 1500 万美元有争议，另有约 1300 万美元凭证是伪造的。虽然具体情况要由法院裁决，但依据管理层估算，赔偿数额可能落在 2000 万到 8000 万美元。巴菲特按最坏情况赔偿 8000 万美元考虑，所得税率 46% 的税盾效应①下，公司实际损失约 4300 万美元。

最坏情况下 4300 万美元的损失，对于净资产 7800 万美元的运通，是不是灭顶之灾？巴菲特继续阅读运通财报。他发现运通的仓储业务占公司营收和利润比都很小，公司主要业务是旅行支票和信用卡。运通的旅行支票，是当时全美接受范围最广的旅行支票，是唯一在全美 50 个州都可以使用的结算票据。其运行模式是客户首先在运通存款，然后使用运通旅行支票或信用卡支付，之后运通和收款银行结算。

---

① 假设公司正常经营税前利润为 100 元，税后净利润是 54 元。此时若产生意外损失 30 元，税前利润变成 70 元，税后净利润降至 37.8 元。意外损失 30 元只造成净利润减少 16.2 元，其中差异就是税盾效应。

巴菲特意识到，运通最值钱的资产其实是“美国运通”品牌。只要人们愿意相信运通，就会继续在运通存款。只要银行愿意相信运通，商户就愿意用商品或服务交换消费者手中的“纸”——运通旅行支票。巴菲特能从这个角度展开思考，是费雪和芒格潜移默化的影响。

正因为这样的商业模式，运通积存了大量客户存款，类似保险公司的浮存金。公司1963年度负债总额9.4亿美元，就是由这些客户存款构成的。运通拿这9.4亿美元购买了4.7亿美元债券，发放贷款（信用卡）1.7亿美元，其他流动投资0.3亿美元，保留现金2.7亿美元。

巴菲特经过分析后认为，色拉油丑闻最重要的影响，并不是赔偿金额的多寡，而是它是否会影响银行和客户对运通旅行支票和信用卡的信任。如果银行和客户受到影响，银行会担心支票无法兑付而拒收，客户会谨慎地提走存款。那么运通必须被迫抛售债券和其他投资品兑付客户挤提，并不断缩小旅行支票可使用范围。它们会互成因果形成恶性循环，最终运通很可能真的垮掉。

反之，如果银行和客户没有受到影响，客户无挤提，银行照常接受运通支票，伴随着运通旅行支票业务规模的不断扩大，在日益增长的客户群和存款额面前，即便最终损失真的高达4300万美元，分摊到多年里，事实影响并不大。巴菲特将其比喻为邮寄途中丢失的一张红利支票，从长期看无关紧要，并不影响企业的盈利能力。

银行和客户到底受影响没有？坐在家里读财报可读不出来答案。巴菲特委托他的经纪人亨利，大量探访旅行支票的使用者、银行职员、饭馆旅店以及信用卡持有人，了解运通的旅行支票和信用卡市场份额是否在下降。这是巴菲特对费雪闲聊法的首次实战运用。

亨利带回来超过5000页的调查报告。巴菲特分类阅读后做出判断：弥漫在华尔街的丑闻，并没有对运通旅行支票和信用卡业务产生影响，客户和其他银行依然非常乐意使用运通的服务。既然是这个结论，那就没啥说的了，买！

这笔投资可容纳资金可比以往的烟蒂大多了。巴菲特非常高兴，甚至专门说服合伙人同意修改基金条款，将单只股票投资上限从25%提升至40%，陆续投入了1300万美元买进美国运通股票。

运通后来以赔偿6000万美元为代价，结束了色拉油丑闻诉讼。伴随官司的明朗，股价不断攀升。大约在1967年股价超过70美元后，巴菲特开始抛售，最终在1968年清仓，期间股价最高涨至189美元。这笔投资具体获利数额未披露，但估计在两到三倍。

这个案例里确实已经有寻找优质企业的萌芽，但本质上它依然是“利用市场先生的情绪，在明显低估时买入，待其回归合理后卖出”的格雷厄姆体系。区别只是没考虑企业的清算价值，转而评估负面因素造成的实际损失与市场反应之间的差异。从巴菲特的卖出时间和位置观察，可以确定此时的他，还没有长期持有并分享企业成长的想法。

运通至今还是伯克希尔第五大持仓股，但那是1991—1998年期间，已经彻底转变思想的巴菲特，累计投入12.9亿美元重新买入的。截至2019年底，运通公司市值1015亿美元，伯克希尔持有的1.5亿股市值约188亿美元。

第二阶段的上半场与下半场

以1972年1月3日收购喜诗糖果为界，巴菲特转入陪伴优质企业成长的阶段。但这个阶段需要以2000年初为界再次分为上下半场，上半场从1972年初到1999年底，下半场从2000年初至今。

上半场的28年，伯克希尔账面净资产增长654倍，年化增长26.1%；公司股价从每股70美元涨到50600美元，股东持股年化收益率26.5%。同期标普500指数年化收益率是14%。

和烟蒂股阶段相同的有两点：一是收益率超过50%的也有1年（1976年59.3%），二是没有亏损年度，收益率最低是1973年的4.7%。28年间收益率超过30%的年份有13年，这也是伯克希尔55年来所有收益率超过30%的年份。

这28年，是伯克希尔最肥美的阶段。这期间巴菲特所选择的投资对象，所依据的投资逻辑，都是值得我们深度研究的好榜样。其中既有因为商业模式注定赚钱的优秀公司，如喜诗糖果、华盛顿邮报、可口可乐等，也有因为管理人员能力超群而介入的，如内布拉斯加家具商场、大都会通信、波仙珠宝等。至于大大小小的数十家保险公司，老唐个人认为，应该归为巴菲特依据自己的投资能力，配套的“借钱”手段，不属于可以模仿的“投资”案例。

2000年初至今，转入陪伴优质企业成长的下半场。2000年初至2019年底共计20年，年化收益率为10.1%，这期间最高收益率是2017年的23%，最低收益率是2008年的-9.6%。伯克希尔55年投资史，仅有的两次亏损都出现在这个阶段：2008年-9.6%和2001年-6.2%。

伯克希尔公司股价从1999年末的56100美元/股，上涨至2019年末的339590美元/股，持股股东20年年化收益率为9.4%。这期间标普500指数年化收益率6.1%。（年度收益率及股价波动见附录A）

下半场巴菲特投资收益率明显下降，是什么原因造成的呢？陪伴优质企业成长的体系不灵了吗？不是。综合分析来说，老唐认为导致下半场巴菲特收益率下降的罪魁祸首，主要有两大原因……

第四十一回　金钱束缚降低回报　投资正道共有四条

2000 年至今，巴菲特的投资收益率显著下降，罪魁祸首主要有两大原因：一是钱太多，二是投资方式受限。

钱太多的烦恼

1999 年 7 月 5 日的《商业周刊》上，巴菲特开始谈论钱多的烦恼了。他说："就在几年前，我们还因为资金不足，不得不经常卖掉这个去买那个。那时候我的主意比钱多，现在开始我的钱比主意多了。"

以 1999 年底巴菲特启动对中美洲能源①的收购为标志，伯克希尔彻底进入"钱太多"阶段。1999—2006 年，伯克希尔分三次投入 50 亿美元溢价收购全美第二大电力供应商中美洲能源，其后又在 2009 年和 2010 年投资 267 亿美元溢价收购全美第二大铁路公司北方伯灵顿铁路。这两家公司有个明显的共性，属于"价格被监管的重资本公司"，所以伯克希尔年报里将这两家公司单列一章汇报。

这两家价格被监管的重资本公司，仅靠折旧无法支持公司资本支出，需要将利润继续做固定资产再投资，甚至需要持续融资做再投入。同时，它们的定价和利润受到联邦政府和州政府的严格管制。政府通过价格管制，既保证它适当获利，又防止它获取过高利润。比如对于提供电力和天

① 中美洲能源现已更名为伯克希尔－哈撒韦能源公司，简称 BHE。

然气的中美洲能源公司，有些州规定，如果公司利润率超过12%，不仅不允许涨价，还要将超过部分反馈给消费者。至于涨价，那必须证明公司的利润率跌到某比例（如9%）以下才行。

引用巴菲特自己的说法，购买这些公司一方面是下注美国经济继续上行，另一方面也是为了赢得美国政府和人民的信任。它既展示了伯克希尔愿意承担更多社会责任，同时也是对监管机构投出的信任票，相信监管机构为了取信于资本，愿意让伯克希尔获取合理回报。

芒格在2008年的维斯科金融公司股东大会上，这样谈及钱太多的苦恼，他说，"沃伦和我在整个投资生涯里一直讨厌铁路，资本密集型、强势的工会、严格的管制，在与用柴油发动机和免费公路武装起来的卡车运输竞争中不断衰退。铁路长期以来就是可怕的生意，对投资人来说就是一大堆虱子。可后来我们改变了主意"，"由于我们的钱实在太多了，所以我们买了卡夫食品这样的企业。我们现在只能接受较低的回报"。

资产分为三大类：哪种值得投资？

巴菲特在2011年致股东信里，也明确表达了对此类投资的看法。他写道："我自己最青睐的是投资于有生产力的资产，无论企业、农场还是房地产。最理想的投资资产应该是这样的，它只需要很少的资本投入，就可以保证在通胀期间维持其产出的购买力。农场、房地产、可口可乐、IBM以及喜诗糖果这样的企业，都能满足这双重考验。其他公司，比如我们投的那些价格受管制的公共事业公司，不符合这两条标准。因为它们在通胀环境下需要大量资本。为了增加收益，股东必须增加投资才行。但即便如此，它们仍然会超越类现金资产和无生产力的资产。"

这段话里提到"有生产力的资产、类现金资产和无生产力的资产"，是巴菲特投资体系里一个重要模型。依赖这个模型，他可以迅速区分目标资产是否值得投资，需要考虑的重点是什么。

在巴菲特看来，投资是为了在未来更有能力消费而放弃今天的消费。因此实际购买力才是投资决策需要考虑的重点，而不是对应的货币数量。最典型的例子就是一战后德国恶性通胀时期，如果1918年的1马克变成1923年的1亿马克，货币数量大幅增加，但作为投资等于亏损超过85%。

包括银行存款、货币基金、债券在内的类现金资产，表面上看起来很安全，但事实上是一种极度危险的资产。因为它们是法币时代少数“购买力确定会不断减少”的资产。投资者如果持有类现金资产，已经确定必输，差别只是输多与输少。从1965年巴菲特入主伯克希尔至今，即便是币值比较坚挺的美元，也已经贬值超过87%。

除了类现金资产，还有一类资产也同样不适合持有——自身不产生任何现金流入，只是期望其他人未来会以更高的价格买走的资产，如黄金、艺术品、古董等。巴菲特将它们称为“无生产力资产”。与之对应的，是自身能够产出现金流的有生产力的资产。

就在2011年致股东信里，巴菲特以黄金为例来阐述两种资产的区别。他说全球黄金储量共计约17万吨，如果熔化重铸可以做成一个边长21米的立方体。这个立方体被人们从地球某处挖出来，提炼熔化后，再挖个洞[①]埋起来，然后派一堆人站在周围守着。它永远不会产出任何东西，大家买它只是期望未来会有更多人愿意出更高价格买它。

这个立方体市价9.6万亿美元（2011年金价1750美元/盎司），用这笔钱，投资者可以买下美国所有农田（4亿英亩，年产值2000亿美元）和16家相当于埃克森美孚石油（全球利润最高的公司，年利润超过400亿美元）的公司，还能剩下1万亿美元左右的零花钱。4亿英亩农田每年会生产出大量的玉米、小麦、棉花和其他作物，16家埃克森美孚每年分红超千

① 指银行的地下金库。

亿美元，它们将不断地增加拥有者的购买力。而哪怕是一个世纪后，17 万吨黄金还是冷冰冰的 17 万吨黄金，既不会膨胀，也不能创造任何产品。

事实上，我国股市里有很大一部分股票也属于此类。它们的共同特点就是资产本身不产生回报，或回报少得可怜。你如果买了，唯一的期望就是未来有“接盘侠”愿意以更高的价格接手。本质上，它们是披着各色外衣的庞氏骗局，依靠后来者的本金给前面的人兑现利润。一旦“接盘侠”数量不足，价格就出现闪崩。这恐怕也是很多人认为炒股这件事“不正经”的原因吧！

对于巴菲特而言，中美洲能源和北方伯灵顿铁路这种公司，并不符合优质企业标准，只是由于它们仍能提供超过类现金资产和无生产力资产的回报，而自己旗下源源不断的现金需要寻找出口，不得已做出这样的选择。符合标准的优质企业往往不需要新增投资，比如喜诗糖果从来不需要总部再投入，只是不断地向总部输送现金。

无奈中退而求其次

再往后，巴菲特投资了大量航空及金融企业，背后原因同样是钱太多。钱太多导致投资策略发生一种变化，即不需要再寻找优质企业，而是可以将潜在发展的行业全部或大部买下，只要确保最终赢家在买下的篮子里面即可。比如芒格 2017 年在每日新闻集团股东大会上，就明确回答过伯克希尔为何大量投资航空公司，他说：

我对单独哪家航空公司没有了解，沃伦和我一样。我们只知道现在的航空公司比以前更集中了，而且航空公司是不可替代的。人们始终要坐飞机，好像没什么可以替代飞机。我们是打包一起买的，买的是整个行业，不是押注于某一家航空公司。手里钱这么多，必须找地方投资，找不到过去的好机会，就只能投当下能找到的相对好的机会。

巴菲特甚至还会特意选择某些本身有经营缺陷，如果不是因为钱太多，根本就不适合作为投资对象的企业，如2003年收购的全美第二大活动房屋制造商克莱顿房屋公司。该公司的业务模式和银行发放房贷类似，只是资金来源是通过发行债券而非储户存款。从市场借债然后发放房屋贷款，推动活动房屋销售，本质上是借入短期债务再以长期期限借出。这种期限错配行为，本来是金融界众所周知的高风险行为，所以企业的估值会被打很大折扣。

然而，当它和长期保有大量资金，找不到投资目标的伯克希尔结合时，短处反而变成了优势。克莱顿不用向市场借款了，直接从伯克希尔总部借入即可，而且不需要担心中途被抽离资金。伯克希尔则一方面为过剩资金获取略高于无风险收益率的利息收入；另一方面通过确保子公司资金来源，扩大其在行业内的竞争优势。

人怕出名猪怕壮

回报率降低的另一个原因，是伯克希尔的投资方式受到了法规限制。2000年2月，美国证监会经过认真权衡，拒绝了伯克希尔申请对投资目标的名称、数量和价格保密的要求。伯克希尔以后必须和其他普通投资机构一样，按照信息披露规则如实、及时地披露相关交易，不能以减少对市场冲击或其他理由继续享受特权。

巴菲特再也无法像过去一样，长期、秘密、低价买入足够数量的股票。他的买入对象被迫只能限于市值巨大、日成交量活跃的企业。只有它们，才能让巴菲特抢在需要披露前，买到足够数量且不会引起市价大幅上涨。否则一旦伯克希尔披露信息，就很难有机会以满意的价格继续买入了。

对此，巴菲特不得不选择两条路，一是将更多投资资金分配给旗下经理人管控，如辛普森、泰德和托德；二是转向整体收购，一次性买下目标公司 80% 以上股份或者全部股份。如果是上市公司，就较市价溢价一定比例公开收购；如果是非上市公司，就与控股人达成合理的整体收购协议。中美洲能源、以色列伊斯卡工具、马尔蒙集团、北方伯灵顿铁路、化工巨头路博润、全球顶级航空零部件供应商精密铸件、卡夫亨氏食品集团，等等，这些单笔成交少则数十亿美元，多则数百亿美元的收购，都是这种策略转变的代表作。

即便如此，仍然无法消化伯克希尔账面越来越多的现金。伯克希尔旗下的保险公司和大量的控股子公司，都是一台台印钞机，日夜不停地创造并向总部输送现金。芒格说这是伯克希尔幸福的烦恼。

2019 年三季度末，巴菲特已经手持 1280 亿美元的类现金资产，找不到合适的投资方向。相比其他投资者而言，巴菲特的痛苦之处在于，过大的资金规模，连指数基金都无法成为合适的投资对象。自己的买入或者卖出本身就会造成指数的飙升和暴跌。

有复制价值的投资正道

通过以上回顾可以看出，伯克希尔 2000 年后的投资案例对绝大部分投资者而言，几乎没有观摩和学习价值。绝大部分投资者既没有钱太多的烦恼，也没有不能秘密买入的痛点。或许苹果是唯一的例外，它既有巨大的市值和交易量，同时还具备高黏性的产品和提价能力，以及良好的资产结构和优秀的管理层，与上半场的被投资企业惊人地相似。

由此，我们一路看下来，大师们演示给我们的有复制价值的投资正道可能就四条：①低费率指数基金模式，以先锋 SP500 指数基金为代表；②确定机会的套利，以格雷厄姆、巴菲特及索普等人为代表；③一揽子烟蒂模式，以施洛斯为代表；④陪伴优质企业成长模式，以 1972—1999 年的巴菲特为代表。

低费率指数基金模式，无须能力圈。牢记长期投资低费率宽基指数就够了，如国内的沪深300指数基金。或许资金量较大时，可以考虑适当分散到不同国家或地区的其他宽基指数上。

确定的套利机会，几乎所有的投资大师都会参与。最有代表性的就是格雷厄姆、巴菲特及索普等人。

烟蒂模式分为两种，一种以巴菲特合伙基金时期的桑伯恩、邓普斯特、伯克希尔等为代表的，低估买入，不涨就买成控股，然后入主董事会推动价值实现模式。但随着时代进步，目前法律环境发生了一些变化，股东意图通过清算和裁员拿走企业资产越来越困难。

芒格将目前清算和裁员，需要按照法律给出的额外补偿，称为“隐藏的裁员负债”。这种并没有记录在资产负债表上的负债，很可能会榨干账面记录的营运资产，让看上去是烟蒂的企业，实际是价值陷阱。因此，真正可以复制这种手法的机会，现在已经大大减少了。加上对资金和商业能力要求比较高，对于绝大多数人来说，学习困难很大。

比较容易学习的，是以施洛斯为代表的分散持有一揽子烟蒂，被动等待价值回归的模式。它对个人能力要求不高，有耐心，愿意做大量琐碎的财务数据统计和计算就足够了。要点是牢记格雷厄姆的教诲：“烟蒂必然是肮脏的，花时间去检验每一个烟蒂的成色是没有必要的。只要通过分散法则，保证这些烟蒂大多数还能免费地吸一口就好。”

陪伴优质企业成长模式也分为两种，学习2000年之后的巴菲特是误区。真正值得我们学习的是1972—1999年的巴菲特。相比而言，它对商业理解能力要求最高，是难度最大的一条投资道路，但也是最有乐趣、最有成就感、最可能获得超额回报的一条路。走这条路的投资者，不仅可能享受到赚钱的乐趣，还能发现自己越来越懂商业，越来越能理解商业社会的运作规律，能够和不同行业的人士深入地聊下去。更关键的是，学无止境，这条路上的投资人的生活永远是充实和满足的。

走哪条路，由性格和价值观决定，任何人都无法替你做出决定。但可以肯定地说，这四条路都是投资正道，选好一条并坚定不移走下去，必富无疑！

第四十二回　农地案例投资真谛　别瞅傻子坚持瞅地

巴菲特最终从烟蒂股模式转型为陪伴优质企业成长模式。本质上讲，后者其实更符合老师格雷厄姆所传授的核心概念：股票不是一个交易筹码，它是企业所有权的凭证。它甚至可以说是老师理念的升华，因为这种模式甚至已经不再需要依赖股市是否开市，不再需要依赖“接盘侠”是否出现，完完全全地将关注点放在了企业上。

同时，这种模式既有足够的资金容量，又能够让自己始终和优秀的人一起跳着踢踏舞走完人生。这正是巴菲特所梦想的生活。老唐完全认同这种看法，所以我选的也是这条路。

在本书即将结束的时刻，让我们通过巴菲特分享的一个超简单实例，汇总一下陪伴优质企业成长模式的几个要点。

巴菲特在 2013 年致股东信里，举过一个自己买农地的真实案例。这个简短的例子里，几乎包含了投资的一切要素。老唐认为，思考透彻这个例子，就基本掌握了巴菲特投资体系的精髓。

农地投资案

例子大约是这样的：1986 年，巴菲特花 28 万美元买下一块 400 英亩的农地。巴菲特自己对农业一窍不通，只是从喜欢农业的大儿子口中，知道了玉米和大豆的产量，还有对应的运营成本。根据这些数据，巴菲特大致估算出28万美元买下农场，年净收益率约有10%。同时，未来产量还可能提高，农作物的价格还会有一定幅度的上涨。巴菲特解释说：

> 我并不需要有特别的知识，来判断此时是不是农地价格的底部。可以肯定的是，未来一定会遇到糟糕的年份，农作物的价格或者产量都可能偶尔令我失望，但那又怎样呢？一样会遇到一些好得异常的年份，并且我又不用迫于压力出售农地。
>
> 现在，28年过去了，农地年利润翻了3倍，农地价格是我当初买价的5倍。我依然对农场一窍不通。而且，直到最近，我才第二次去过这个农场。

这个简单的例子里，包含了如何估值，如何面对市场波动，如何看待宏观，如何看待增长等投资体系核心要素。

估值就是比较

巴菲特买入时关注的是农地产出，这块地每年的净回报至少有10%，比拿着一笔“钱”享受约3%～4%的回报高，所以选择买地，这就是估值。估值就是在可选投资对象之间，比较真实回报率的大小，就像在两个苹果之间选择明显较大的那个一样，与此时农地价格究竟是不是底部无关。

投资和估值，不是要在某投资对象上赚一倍或赚十倍的思考方式，而是一个永续的思维模式：永远只在两个可以理解的投资对象之间，选择产出更高的那个。它是比较，是选择，不是精确计算。农地产出高，选择让财富以农地的形态存在。反之，如果农地产出还不如类现金资产高，那就让财富以类现金资产的形态存在。

永远比较，永远选择，永远让财富以收益率更高的资产形态存在。至于回报更高的资产，市值提升得更快，最终导致投资者市值高增长，那只是由于资本在逐利天性推动下，同样也在追逐盈利能力更强的资产，最终导致资产市价被推高的被动结果。这就是巴菲特反复强调过的真经，他说，“我从 11 岁开始就在做资金分配这个工作，直到现在从未改变”。

宏观预测是废纸

对巴菲特而言，他买入农地时完全不考虑宏观经济或天气变化这些不可预测因素。是的，未来一定会遇到糟糕的年份，农作物的价格或者产量都可能偶尔令人失望，但那又怎样呢？一样会遇到一些好得异常的年份。从长期视角看，这些糟糕的年份和好得异常的年份可以视为相互对冲，直接忽略。

在我们的投资里也一样，宏观因素确实会在短期带来明显的市场波动。但对投资者而言，面对这个事实，究竟是选择将投资周期拉长，让宏观因素相互对冲？还是通过掌握周期，利用它的影响获利呢？前者，已经有无数成功的投资大师走通。而后者，宏观经济学的创立者凯恩斯本人的受挫经历，以及长期资本两位诺贝尔经济学奖得主的实证，难道还不足以提醒我们吗？

巴菲特说：“我不看宏观经济预测。所有宏观经济预测类的文章，对我而言是废纸。”（《商业周刊》1999 年 7 月 5 日）

芒格说：“我从来没有通过预测宏观经济的变化而赚到过一分钱。”（《穷查理宝典》第四章第七讲）

巴菲特说：“对于一般投资人和商业人士迷信的政治经济分析预测，我们继续保持视而不见的态度。30 年来，没有人预测到越战继续扩大、工资与价格管制、两次石油危机、总统辞职、苏联解体、道琼斯指数一天之内大跌 508 点或者是国债利率在 2.8% 和 17.4% 之间巨幅波动。”（1994 年度伯克希尔致股东信）

巴菲特说："对于买进股份我们注意的只是价格而非时间。我们认为，因为忧虑短期不可控的经济或股市变量，放弃买进一家长期前景可预期的好公司，是一件很愚蠢的事。为什么仅仅因为短期不可知的猜测，就放弃一个很明显的投资决策呢?"（1994 年度伯克希尔致股东信）

巴菲特说："大约在 1890 年，可口可乐整个公司以 2000 美元出售。今天它的市值是 500 多亿美元。如果有人对 1890 年的买主提醒，'我们将要面临两次世界大战；1907 年会有大恐慌；1929 年股市会崩溃……这些事情都将发生，还是等一等吧'！等待是个错误，代价太昂贵了，谁都承受不起。"（1994 年度伯克希尔股东大会问答）

增长因素

在农地案例里，巴菲特预测农地未来产量还可能提高，农作物的价格还会有一定幅度的上涨。这两个预测都不需要什么高深的知识，只是对技术进步的信心和对法币时代必然通胀的理解。

巴菲特没有明确表达的，还有一个增长因素，那就是每年的收成还可以用于再投资。他在 1999 年太阳谷峰会上，除了调侃唐・基奥夫妇忙着制造克拉克・基奥，还推荐了一本书，1924 年出版的《用普通股进行长期投资》，作者是埃德加・史密斯。巴菲特说："史密斯用这本书证明了股票收益总是高于债券。他发现了五个原因，其中最新颖的一个原因是，公司可以保留盈利的一部分，然后用同样的回报率进行再投资。这就是利润再投资——1924 年的创新理念。"

是的，农地本身的产出不依赖新增额外的资本，意味着每年约 10% 的产出可以做利润再投资，这是农地 10% 回报中潜藏的增长因素。巴菲特这样描述这类生意："它给我们贡献很多资金，我们可以用这些资金去买别的生意。因此即使它本身没有增长，但我们可利用的资本在增长。这种情况，要比某些需要大量资金投入才能增长，却不能给我们提供高回报的企业的投资更为有利。”

别瞅傻子，瞅地！

因此，农地投资真正值得关心的事情就两件，其一是农地产出是否持续令人满意；其二是用农地产出再投资，比如购买新的农地时，有没有买贵。这和其他股票投资所要关心的事情是一样的：第一，企业经营收益是否持续令人满意；第二，企业留存利润再投资的预计回报率如何。这一切，均只需要研究农地或企业，完全不需要去猜测农地或企业的交易者之间如何上蹿下跳地报价。

在农地交易市场，很少有 28 万美元买下一块农地，很快就有人出价 128 万美元的事儿。毕竟买地时大家都不傻，知道考虑产出性价比。但股票市场有个巨大的优势：有傻子。傻子们亢奋了，真拿出 128 万美元甚至更多钱，要买你那块地。这时你发现 128 万美元存银行可以得到 $128 \times 4\% = 5.12$ 万美元，远高于每年 2.8 万美元的农地净收入，好像挺划算的，可以考虑是否要将农地卖给傻子了。这就是面对市场高估后的处理，正如格雷厄姆所说，“对投资者有用的是市场先生的口袋，而不是脑袋”。

在大多数时候，傻子们或许还不够亢奋，比如最多只肯出价 70 万美元。70 万美元存银行（假设你只有这个次优选择），只能拿 $70 \times 4\% = 2.8$ 万美元，和农地年回报一样，没有便宜占。那怎么办呢？很简单，不搭理不够亢奋的傻子，让他哪儿凉快去哪儿待着！这并不耽误你继续从农地获得收入。这就是市价处于合理区间的处理方法。衡量是否合理，是对比两种资产的产出能力，而不是用农地的买入成本和傻子的出价对比。

有时候，傻子可能莫名其妙地惊恐，他们之间开始以 14 万美元，甚至 7 万美元的价格，交易同样品质和大小的地块。这并不意味着巴菲特就亏损了，他确实没有预测到傻子能傻成这样，没有拿着 28 万美元继续等待。这非常正常，就像他没有能力算出彩票开奖号码一样。

只要不是借钱买入，没有债权人要求按照傻子间的成交价，比如 14 万或 7 万美元追加保证金，巴菲特“不用迫于压力出售农地”。此时耳边的 14 万或者 7 万美元，丝毫不影响农地的产出。甚至于巴菲特还可能用农地产出换来的钱，去和傻子交易，再买一块年收益 20% 甚至 40% 的农地。此时傻子们之间的交易价格越低，巴菲特的收益会越高。

所以，从买下农地的那一瞬间开始，巴菲特就只面临两种选择：A 是持有农地，获取高于持有“钱”的收益，赚；B 是傻子出价实在太高，将农地卖给傻子，然后获取比持有农地更高的无风险收益，更赚。这就是巴菲特所说的投资两大原则：第一绝不亏损，第二不要忘了第一条。

做好投资，并不需要次次正确

投资者真的只有赚和更赚两种情况吗？其实也没那么容易，至少还可能遇到：①买进农地时计算失误，后来农地产出没有估计的高；②买的时候好好的，买进之后，农地盐碱化了，产出大幅下降。这时候怎么办呢？凉拌！“股神”也不能保证百发百中，一样有错的时候。

比如 2018 年给伯克希尔造成有史以来最大季度亏损、迄今尚未出现转机的卡夫亨氏。

比如 2012 年投资英国零售巨头特易购（Tesco）亏损 4.44 亿美元。

比如 2008 年 24.4 亿美元买入爱尔兰银行的股票，当年亏损 89% 斩仓。

比如 2007—2008 年初巴菲特错判油价方向，投入 70 亿美元买入康菲石油公司股票，造成几十亿美元损失。有趣的是，更广为人知的是巴菲特买入中国石油净赚 23 亿美元的成功案例，其实两者都建立在看好油价的基础上，差别或许只是运气。

比如1993年发行25203股伯克希尔A股（2019年底市值超过85亿美元）换购德克斯特鞋业公司。起初夸“德克斯特是我和查理职业生涯里见过的最好的公司之一”，收购后德克斯特业绩持续稳定地下滑，然后不断亏损，直至一文不值。

……

但是，上面的失败案例，加上之前谈过的伯克希尔、通用再保、可口可乐等案例的误判，恰恰证明：获取令人满意的良好回报，并不需要每次都正确！正如彼得·林奇在他的《彼得·林奇的成功投资》一书里所说的：“只要有60%的股票表现和预期的一样，就足以在华尔街创造一个骄人的投资业绩纪录了。”

投资者只要抛开猜对傻子想法的幻想，坚持每次决策都对农地品质及农地产出有深入研究和回报测算，通过不断地学习和修正，让判断失误越来越少，让单次错误造成的损失越来越小，就足够了。剩下的，相信组合和复利的威力就好。

所谓组合和复利的威力，指组合和复利规律可以放大正确的影响力，同时缩减错误的杀伤力。举个简化例子，如果初始资金100万元，投资两家公司各50万元。假设判断一对一错，未来10年其中一家公司的净利润每年增长20%，另一家则每年下跌20%。假设一头一尾市盈率不变，10年后账户是什么状况呢？

直觉似乎相互抵消了，但事实出乎你的意料：账户总值315万元，年化收益率12.2%。其中对的从50万元变成超过309万元，错的从50万元跌成不足6万元。如果其他条件不变，将时间拉长为20年，那么，账户终值会超过1917万元，年化收益率15.9%。这就是组合和复利的威力！

简化例子中假设的是对错概率各50%，它已经足以让投资者获得满意的，甚至是媲美世界级投资大师的回报。而投资者要做的、也可以做到的，是通过持续学习和研究，努力让自己的判断正确率高于50%，让组合和复利规律，在超过50%正确率的前提下释放更大威力。不断重复，从成功走向更大的成功。

就这么简单！

说穿了，投资的真谛就六个字：别瞅傻子，瞅地！

附录A　大师们的收益率

年度	巴菲特基金	伯克希尔	伯克希尔-哈撒韦股价(美元)	沃尔特·施洛斯	查理·芒格	李克·古瑞恩	纳普&布朗	比尔·鲁安	爱德华·索普	彼得·林奇	路易斯·辛普森	标普500
1956				6.8%								7.5%
1957	10.4%			-4.7%								-10.5%
1958	40.9%			54.6%								42.1%
1959	25.9%			23.3%								12.7%
1960	22.8%			9.3%								-1.6%
1961	45.9%			28.8%								26.4%
1962	13.9%			11.1%	30.1%							-10.2%
1963	38.7%			20.1%	71.7%							23.3%
1964	27.8%		12.7	22.8%	49.7%							16.5%
1965	47.2%	23.8%	19	35.7%	8.4%	32.0%						10.0%
1966	20.4%	20.3%	17	0.7%	12.4%	36.7%						-11.7%
1967	35.9%	11.0%	20	34.4%	56.2%	180.1%						30.9%
1968	58.8%	19.0%	37	35.5%	40.4%	171.9%	27.6%					11.0%
1969	6.8%	16.2%	42	-9.0%	28.3%	97.1%	12.7%		4.0%			-8.4%
1970		12.0%	39	-8.2%	-0.1%	-7.2%	-1.3%	12.1%	16.3%			3.9%
1971		16.4%	70	28.3%	25.4%	16.4%	20.9%	13.5%	33.3%			14.6%
1972		21.7%	73	15.5%	8.3%	17.1%	14.6%	3.7%	15.1%			18.9%
1973		4.7%	71	-8.0%	-31.9%	-42.1%	8.3%	-24.0%	8.1%			-14.8%
1974		5.5%	37	-6.2%	-31.5%	-34.4%	1.5%	-15.7%	11.3%			-26.4%

续表

年度	巴菲特基金	伯克希尔	伯克希尔－哈撒韦股价（美元）	沃尔特·施洛斯	查理·芒格	李克·古瑞恩	纳普＆布朗	比尔·鲁安	爱德华·索普	彼得·林奇	路易斯·辛普森	标普500
1975		21.9%	38	52.2%	73.2%	31.2%	28.8%	60.5%	13.1%			37.2%
1976		59.3%	94	39.2%		127.8%	40.2%	72.3%	20.2%			23.6%
1977		31.9%	137	34.4%		27.1%	23.4%	19.9%	18.1%	20.0%		－7.4%
1978		24.0%	157	48.8%		37.9%	41.0%	23.9%	15.5%	29.9%		6.4%
1979		35.7%	320	39.7%		48.2%	25.5%	12.1%	19.1%	51.0%		18.2%
1980		19.3%	425	31.1%		24.1%	21.4%	12.6%	26.7%	69.9%	23.7%	32.3%
1981		31.4%	560	24.5%		8.0%	14.4%	21.5%	28.3%	18.5%	5.4%	－5.0%
1982		40.0%	775	32.1%		32.0%	10.2%	31.2%	27.3%	48.1%	45.8%	21.4%
1983		32.3%	1310	51.2%		24.8%	35.0%	27.3%	13.1%	38.6%	36.0%	22.4%
1984		13.6%	1275	8.4%					14.5%	2.0%	21.8%	6.1%
1985		48.2%	2470	25.0%					14.3%	43.1%	45.8%	31.6%
1986		26.1%	2820	15.9%					29.5%	23.7%	38.7%	18.6%
1987		19.5%	2950	26.9%					33.3%	1.0%	－10.0%	5.1%
1988		20.1%	4700	39.7%					4.0%	22.8%	30.0%	16.6%
1989		44.4%	8675	2.9%						34.6%	36.1%	31.7%
1990		7.4%	6675	－12.8%						－4.5%	－9.9%	－3.1%
1991		39.6%	9050	37.3%							56.5%	30.5%
1992		20.3%	11750	12.3%							10.8%	7.6%
1993		14.3%	16325	26.9%							4.6%	10.1%
1994		13.9%	20400	15.2%							13.4%	1.3%
1995		43.1%	32100	28.3%							39.8%	37.6%
1996		31.8%	34100	22.1%							29.2%	23.0%
1997		34.1%	46000	30.1%							24.6%	33.4%
1998		48.3%	70000	－5.9%							18.6%	28.6%
1999		0.5%	56100	29.8%							7.2%	21.0%
2000		6.5%	71000	37.3%							20.9%	－9.1%
2001		－6.2%	75600	14.8%							5.2%	－11.9%
2002		10.0%	72750	7.6%							－8.1%	－22.1%

续表

年度	巴菲特基金	伯克希尔	伯克希尔－哈撒韦股价（美元）	沃尔特·施洛斯	查理·芒格	李克·古瑞恩	纳普 & 布朗	比尔·鲁安	爱德华·索普	彼得·林奇	路易斯·辛普森	标普 500
2003		21.0%	84250								38.3%	28.7%
2004		10.5%	88500								16.9%	10.9%
2005		6.4%	88600									4.9%
2006		18.4%	109900									15.8%
2007		11.0%	141600									5.5%
2008		-9.6%	96600									-37.0%
2009		19.8%	99200									26.5%
2010		13.0%	120450									15.1%
2011		4.6%	114755									2.1%
2012		14.4%	134060									16.0%
2013		18.2%	177900									32.4%
2014		8.3%	226000									13.7%
2015		6.5%	197800									1.4%
2016		10.7%	244121									12.0%
2017		23.0%	297600									21.8%
2018		0.4%	306000									-4.4%
2019		23.1%	339590									31.5%
年化	29.50%	18.9%	20.3%	20.1%	19.8%	32.9%	20.0%	18.2%	19.1%	29.2%	20.3%	10.0%

注：①所有收益率均为扣费前口径，SP500 指数收益包含分红收益。

②伯克希尔股票于 1979 年在纳斯达克挂牌，1988 年在纽约证券交易所挂牌。1979 年之前的股价缺乏统一资料，不同来源有微小差异。

③由于会计制度的重大改变，伯克希尔自 2019 年起不再单独披露账面资产增幅，此处的 23.1% 是直接用报表净利润/年初净资产模拟所得。

附录 B 美元价值速算

年份	1914	1915	1916	1917	1918	1919	1920	1921	1922	1923
指数	100	101	109	128	150	173	200	179	168	171
年份	1924	1925	1926	1927	1928	1929	1930	1931	1932	1933
指数	171	175	177	174	172	172	167	152	136	129
年份	1934	1935	1936	1937	1938	1939	1940	1941	1942	1943
指数	134	137	139	144	141	139	140	147	163	173
年份	1944	1945	1946	1947	1948	1949	1950	1951	1952	1953
指数	176	180	195	223	240	238	241	260	266	268
年份	1954	1955	1956	1957	1958	1959	1960	1961	1962	1963
指数	269	268	272	281	289	292	296	299	303	306
年份	1964	1965	1966	1967	1968	1969	1970	1971	1972	1973
指数	310	315	325	334	348	367	388	405	418	444
年份	1974	1975	1976	1977	1978	1979	1980	1981	1982	1983
指数	493	538	569	606	652	726	824	909	965	996
年份	1984	1985	1986	1987	1988	1989	1990	1991	1992	1993
指数	1039	1076	1096	1136	1183	1240	1307	1362	1403	1445
年份	1994	1995	1996	1997	1998	1999	2000	2001	2002	2003
指数	1482	1524	1569	1605	1630	1666	1722	1771	1799	1840
年份	2004	2005	2006	2007	2008	2009	2010	2011	2012	2013
指数	1889	1953	2016	2073	2153	2145	2181	2249	2296	2330
年份	2014	2015	2016	2017	2018	2019				
指数	2349	2365	2415	2420	2466	2510				

注：以格雷厄姆跨入华尔街的1914年为基数100，根据美国劳工部披露的历年CPI数据计算得出。2019年度CPI暂按1.8%估算。

参考资料

本杰明·格雷厄姆相关参考文献

[1]本杰明·格雷厄姆. 格雷厄姆:华尔街教父回忆录[M]. 杨宇光,等,译. 上海:上海远东出版社,2011.

[2]本杰明·格雷厄姆,戴维·多德. 证券分析[M]. 崔世春,译. 上海:上海财经大学出版社,2009.

[3]本杰明·格雷厄姆,戴维·多德. 证券分析[M]. 巴曙松,等,译. 北京:中国人民大学出版社,2008.

[4]本杰明·格雷厄姆. 聪明的投资者[M]. 王中华,等,译. 北京:人民邮电出版社,2011.

[5]杰森·茨威格. 格雷厄姆精解证券分析[M]. 汪涛,等,译. 北京:中国人民大学出版社,2015.

[6]罗德尼·克莱因,戴维·达斯特. 格雷厄姆谈投资[M]. 张岩,等,译. 北京:中信出版社,2010.

[7]珍妮特·洛尔. 价值再发现[M]. 李琰,等,译. 北京:机械工业出版社,2000.

[8]珍妮特·洛尔. 本杰明·格雷厄姆论价值投资[M]. 吴全昊,等,译. 海口:海南出版社,1999.

沃伦·巴菲特相关参考资料

[9] 1956 至 2019 年巴菲特致合伙人/股东的信及历年股东大会问答。

[10]劳伦斯·坎宁安.巴菲特致股东的信:投资者和公司高管教程[M].3 版.杨天南,译.北京:机械工业出版社,2018.

[11]爱丽丝·施罗德.滚雪球:巴菲特和他的财富人生[M].覃扬眉,等,译.北京:中信出版社,2009.

[12]罗杰·洛温斯坦.巴菲特传:一个美国资本家的成长[M].蒋旭峰,等,译.北京:中信出版社,2008.

[13]安德鲁·基尔帕特里克.投资圣经:巴菲特的真实故事[M].何玉柱,等,译.北京:机械工业出版社,2007.

[14]陆晔飞.巴菲特的估值逻辑:20 个投资案例深入复盘[M].李必龙,等,译.北京:机械工业出版社,2017.

[15]罗伯特·哈格斯特朗.巴菲特之道[M].3 版.杨天南,译.北京:机械工业出版社,2015.

[16] 丹尼尔·皮考特.波克夏大学[M].李佑宁,译. 大牌出版.

[17]叶允平.资本帝国:巴菲特和芒格的伯克希尔[M].上海:上海远东出版社,2017.

[18]罗伯特·迈尔斯.投资大师沃伦·巴菲特的管理奥秘[M].许林海,译. 沈阳:辽宁人民出版社,2004.

[19]陈惠仁.巴菲特的幕后智囊团[M].北京:中信出版社,2010.

[20]卡萝尔·卢米斯.跳着踢踏舞去上班:巴菲特的快乐投资与人生智慧[M].张敏,译.北京:北京联合出版公司,2017.

[21]黄建平.巴菲特投资案例集[M].北京:中国经济出版社,2013.

[22]任俊杰.穿过迷雾:巴菲特投资与经营思想之我见[M].北京:中国经济出版社,2016.

[23]瓦罕·简吉恩. 巴菲特也会错[M]. 马慧,译. 北京:中华工商联合出版社,2009.

[24]罗伯特·迈尔斯. 伟大的事业:沃伦·巴菲特的投资分析[M]. 张明喜,等,译. 上海:上海财经大学出版社,2008.

[25]埃琳娜·奇科娃. 巴菲特投资与经营哲学[M]. 石艳蕊,译. 北京:中国人民大学出版社,2017.

[26]艾伦·波尼洛,迈克尔·比玛. 集中投资:巴菲特和查理·芒格推崇的投资策略[M]. 肖凤娟,译. 北京:中国青年出版社,2017.

[27]杰里米·米勒. 巴菲特致股东的信(投资原则篇)[M]. 郝旭奇,译. 北京:中信出版集团,2018.

[28]普雷姆·杰恩. 价值投资之外的巴菲特:为什么巴菲特在投资时注重公司成长与管理[M]. 汪涛,等,译. 北京:中国青年出版社,2019.

[29]格伦·阿诺德. 巴菲特的第一桶金[M]. 杨天南,译. 北京:机械工业出版社,2019.

查理·芒格相关参考资料

[30]珍妮特·洛尔. 查理·芒格传[M]. 邱淑然,译. 北京:中国人民大学出版社,2009.

[31]彼得·考夫曼. 穷查理宝典:查理·芒格智慧箴言录[M]. 李继宏,译. 上海:上海人民出版社,2010.

[32]罗伯特·哈格斯特朗. 查理·芒格的智慧:投资的格栅理论[M]. 郑磊,等,译. 北京:机械工业出版社,2015.

[33]特兰·格里芬. 查理·芒格的原则:关于投资与人生的智慧箴言[M]. 黄延峰,译. 北京:中信出版集团,2017.

[34]维斯科金融公司股东大会实录。

[35]每日新闻集团公司股东大会实录。

其他参考资料

[36]约翰·加尔布雷思. 1929 年大崩盘[M]. 沈国华,译. 上海:上海财经大学出版社,2006.

[37]伯纳德·巴鲁克. 在股市大崩溃前抛出的人:巴鲁克自传[M]. 张伟,译. 北京:机械工业出版社,2008.

[38]威廉·曼彻斯特. 光荣与梦想:1932—1972 年美国叙事史[M]. 李龙泉,等,译. 北京:中信出版集团,2015.

[39]沃尔特·施洛斯访谈集。

[40]约翰·布鲁克斯. 沸腾的岁月[M]. 万弹,译. 北京:中信出版社,2006.

[41]罗杰·洛温斯坦. 赌金者:长期资本管理公司的升腾与陨落[M]. 毕崇毅,译. 北京:机械工业出版社,2017.

[42]杰克·施瓦格. 对冲基金怪杰[M]. 何澍鑫,等,译. 北京:机械工业出版社,2018.

[43]巴顿·比格斯. 对冲基金风云录[M]. 张桦,等,译. 北京:中信出版社,2007.

[44]王旸. 华尔街第一个华人大亨:蔡至勇和美国金融百年兴衰[M]. 北京:中国纺织出版社,2014.

[45]约翰·戈登. 伟大的博弈:华尔街金融帝国的崛起[M]. 祁斌,译. 北京:中信出版社,2005.

[46]罗伊·R. 纽伯格. 忠告:来自 94 年的投资生涯[M]. 王维群,译. 上海:上海财经大学出版社,2008.

[47]凯瑟琳·格雷厄姆. 我的一生略小于美国现代史:凯瑟琳·格雷厄姆自传[M]. 萧达,译. 北京:民主与建设出版社,2018.

[48]蒂莫西·米德尔顿. 债券之王:比尔·格罗斯的投资秘诀[M]. 陈

利贤,译.上海译文出版社,2007.

[49]威廉·桑代克.商界局外人:巴菲特尤为看重的八项企业家特质[M].许佳,译.北京:北京联合出版公司,2016.

[50]菲利普·费雪.怎样选择成长股[M].冯治平,译.北京:地震出版社,2013.

[51]迈克尔·刘易斯.大空头[M].何正云,译.北京:中信出版集团,2015.

[52]格里高利·祖克曼.史上最伟大的交易[M].绿窗小语,等,译.北京:中国人民大学出版社,2018.

[53]詹姆斯·B.斯图尔特.贼巢:美国金融史上最大内幕交易网的猖狂和覆灭[M].张万伟,译.北京:北京联合出版公司,2016.

[54]迈克尔·刘易斯.说谎者的扑克牌:华尔街的投资游戏[M].孙忠,译.北京:中信出版社,2007.

[55]康妮·布鲁克.垃圾债券之王:迈克尔·米尔肯投资传奇[M].赵国,等,译.北京:中信出版社,2013.

[56]莫尼卡·兰利.花旗帝国:金融奇才桑迪·韦尔传奇[M].刘晶晶,译.北京:中信出版社,2005.

[57]查尔斯·埃利斯.高盛帝国[M].卢青,等,译.北京:中信出版社,2010.

[58]杰里米·J.西格尔.股市长线法宝[M].马海涌,等,译.北京:机械工业出版社,2015.

[59]E·迪姆森,等.投资收益百年史[M].戴任翔,等,译.北京:中国财政经济出版社,2005.

[60]伯顿·G.马尔基尔.漫步华尔街[M].张伟,译.北京:机械工业出版社,2012.

[61]乔尔·格林布拉特.股市天才:发现股市利润的秘密隐藏之地

[M]. 王正林,等,译. 北京:中国青年出版社,2011.

[62]乔尔・格林布拉特. 股市稳赚:战胜市场的小册子[M]. 李佳,等,译. 北京:中信出版社,2007.

[63]乔尔・格林布拉特. 价值投资的秘密:小投资者战胜基金经理的长线方法[M]. 朱振坤,等,译. 北京:机械工业出版社,2018.

[64]爱德华・O. 索普. 击败庄家:21 点的有利策略[M]. 徐东升,等,译. 北京:机械工业出版社,2018.

[65]爱德华・O. 索普. 战胜一切市场的人[M]. 陈铭杰,等,译. 北京:中信出版集团,2019.

[66]威廉・庞德斯通. 赌神数学家:战胜拉斯维加斯和金融市场的财富公式[M]. 李春梅,译. 北京:机械工业出版社,2017.

[67]彼得・林奇. 战胜华尔街[M]. 刘建位,等,译. 北京:机械工业出版社,2007.

[68]彼得・林奇,约翰・罗瑟查尔德. 彼得・林奇的成功投资[M]. 刘建位,等,译. 北京:机械工业出版社,2007.

[69]罗伯特・斯莱特. 约翰・博格与先锋集团:一个人改变一个行业[M]. 博格 Fans 团,译. 北京:中国工信出版集团,2019.

[70]李易斯・布雷厄姆. 约翰・博格传:一个基金行业的批判者[M]. 毕崇毅,译. 北京:机械工业出版社,2012.

[71]理查德・达文波特 - 海因斯. 凯恩斯传:一个利他主义者的七面人生[M]. 任颂华,译. 北京:中国工信出版集团,2016.

[72]约翰・F. 瓦辛科. 在股市遇见凯恩斯:“股神级”经济学家的投资智慧 [M]. 郭武文,译. 北京:机械工业出版社,2015.

致 谢

感谢伟大的沃伦·巴菲特和查理·芒格。

感谢两位智者传授我价值投资的理念，并用数十年的投资实践向我证明这是一条可复制的光辉大道。两位伟大的老人改变了无数人的人生轨迹，包括我。希望也包括正在阅读这本书的您。

感谢这个时代。

严谨的研究数据显示，按照可比价格计算，1979 年中国人均真实收入仅仅与南宋时期持平，落后西欧人均水平约 1000 年。而从 1980 年至今的 40 年时间里，这个国家创造了人类历史上最伟大的经济奇迹。用 40 年时间走完西欧社会 900 多年的发展史，将人均真实收入从落后 1000 年变成仅仅落后几十年。

我们生逢其时，或许很容易以为这一切都是正常和必然的。其实不是，它是无数奇迹和无数努力的结合物。身处其中，除了感叹幸运之外，必须感谢这个伟大的时代。

感谢鼠年春节抗击新冠肺炎疫情的英雄们。

鼠年春节，中国遇上了新冠肺炎疫情。在我们被迫自闭于家中的时候，无数的医护人员、后勤支持人员、公安武警、政府机构工作人员、抗疫物资生产员工……义无反顾地逆流而上，与可怕的病毒面对面展开了殊死搏斗，用他们的负重前行，甚至是生命为代价，为我们换来了岁月静好。这个时代最伟大的英雄就在我们身边。向所有抗疫战线上默默奉献的英雄及其家人致敬，感谢你们！盼疫情早日结束，英雄们安全归来。

感谢亦师亦友的杨天南兄。

天南兄是北京金石致远投资管理有限公司 CEO，是具有二十多年成功投资经验的金融投资家，是规模庞大的私募基金管理人，并在工作之余在北京理工大学兼职教授 MBA 投资学课程。

天南兄不仅著有《规划财富人生》《一个投资家的二十年》等畅销书，而且还借助对投资领域的深刻理解、娴熟的中英文水平，为广大读者翻译了《巴菲特之道》《巴菲特致股东信》《戴维斯王朝》《巴菲特的第一桶金》等经典著作。

天南兄的自律精神及时间管理能力，令人景仰。实际上，本书的动笔也起源于天南兄的敦促，书名为天南兄所建议，写作过程中亦承蒙天南兄分享和补充了很多资料，并帮助斧正了书中的一些错漏。不仅如此，天南兄还拨冗以诗歌般优美的行文风格为本书作了推荐序。感激之情，无以言表。谢谢天南兄！

感谢唐书房的读者朋友们。本书的原始框架，来自微信公众号“唐书房”里的《散打巴菲特》系列文章。这些文章几乎都是在众多书房读者的鼓励和推动下产生的，谢谢朋友们。

感谢十几年的老友潘壬子兄在本书写作中，帮助联络哥谭资本公司查询资料。

感谢书房读者王冠亚从奥马哈带回来的伯克希尔－哈撒韦公司英文财报合订本。在本书的写作中，这本英文财报合订本（以及老唐超级渣的英文阅读能力）帮助确认了很多相互矛盾的中文数据。对了，还要谢谢冠亚带回来的喜诗巧克力，好吃。

特别感谢书房读者刘浪兄在本次新冠疫情最为严重的时候，从海外寄来无比珍贵的医用口罩。谢谢刘浪兄的雪中送炭。

感谢本书的编辑燕丽丽博士。燕博士热爱出版事业，做事追求完美，是一位非常认真负责的编辑。她始终以支持和鼓励的态度纵容老唐在写作上的各种尝试。若非如此，这本“奇怪”的章回体投资书籍可能不会诞生。谢谢燕博士。

感谢夫人小琴。感谢二十八年的相知相伴，感谢二十八年的鼓励和信任，感谢一直以来你为我维护的舒适环境。正是因为你几乎包办了一切，这本书才得以在短短三个月内完成创作。谢谢夫人。

谢谢本书所有的读者，祝你们陪自己喜欢的人，做自己喜欢的事，直到永远。

唐朝

2020 年 2 月 23 日于成都